Liberté, égalité, incertitude

Ce livre a été publié avec le soutien
de la Fondation Heinrich-Böll

978-2-85061-101-8

Jan-Werner Müller

Liberté, égalité incertitude

Puissance de la démocratie

Traduit de l'anglais
par Cécile Dutheil de la Rochère

Premier Parallèle

Des représentants républicains
– respectant la distanciation sociale obligatoire –
avant une conférence de presse au Capitole.
(Saul Loeb / AFP)

Préface

> La démocratie ? C'est un rêve que de croire savoir déjà en quoi elle consiste, que ce soit pour se féliciter de notre état présent ou pointer ses aspects misérables. Il s'agit simplement d'un jeu de possibilités ouvertes, qui a été inauguré dans un passé qui nous est encore proche, et nous n'avons qu'à peine commencé à l'explorer.
>
> Claude Lefort

La démocratie est en crise, tout le monde le sait. Mais combien parmi nous peuvent dire avec certitude ce qu'*est* la démocratie ? Cette impression de crise, omniprésente, a plusieurs raisons : des régimes autoritaires toujours plus nombreux ; dans les régimes démocratiques, une insatisfaction grandissante à l'égard de la politique ; et, au-delà de l'abstraction des chiffres, le double trauma de l'année 2016 lié au Brexit et à l'arrivée d'une star de la téléréalité à la présidence de la démocratie la plus ancienne et (pour l'instant encore) la plus puissante du monde.

Le fait qu'un candidat manifestement inapte à la fonction suprême parvienne à s'en emparer témoigne-t-il d'une crise de la démocratie ? Ou preuve concluante est-elle le fait que cet homme-enfant a, aux derniers jours de son mandat, encouragé une poignée de ses partisans à violenter le pouvoir législatif ? Et si, ce jour-là, la démocratie américaine avait au contraire révélé son pouvoir de résilience en absorbant le choc et en le diluant dans le système politique ? Un choc ne témoigne pas nécessairement d'une crise. La *krisis* grecque désignait à l'origine le moment où il était nécessaire de faire un choix crucial : le sort d'un malade ou d'un accusé en dépendait (*krisis* était aussi synonyme de « jugement »)[1]. L'élection de Trump peut-elle donc être présentée comme un moment historique où les électeurs se révélèrent inaptes à la démocratie ? Nous le savons, avoir un président qui tweete en rafales des informations fausses ou qui les débite en conférence de presse peut être une question de vie ou de mort – notamment lorsque, en pleine pandémie, certains le prennent au sérieux, voire à la lettre. Raconter n'importe quoi au sujet du Lysol sape-t-il la démocratie ? Quitter une organisation supranationale à la suite d'un référendum

1. L'historien Reinhart Koselleck écrit que « dans l'Antiquité grecque, le mot "crise" revêtait des significations clairement distinctes selon les domaines – juridique, théologique, médical, etc. Cette notion impliquait des alternatives dures : légal ou illégal, salut ou damnation, vie ou mort ». Voir « Krise » *in* Otto Brunner *et alii* (dir.), *Geschichtliche Grundbegriffe: Historisches Lexikon zur politisch-sozialen Sprache in Deutschland*, Stuttgart, Klett-Cotta, 1982, p. 617-650 (p. 617 pour cette citation).

initié par l'un des plus anciens partis politiques du monde, en l'occurrence les Tories au Royaume-Uni, lui porte-t-elle un coup fatal ? La vie politique d'une démocratie a bien des aspects que l'on peut juger détestables – mais supposer avec plus ou moins de désinvolture qu'ils vont tuer le système, c'est « jaser sur la crise », comme l'écrivait un Saul Bellow ironique. Quels sont les critères qui permettent d'affirmer que le moment que nous vivons est une « question de vie ou de mort » ? Et comment de tels critères pourraient-ils ne pas nous sembler partiaux ?

On ne peut répondre à ces questions sans se faire une idée précise de ce qu'est la démocratie. C'est vrai, on croit la connaître parce qu'on la voit tous les jours à l'œuvre. Hélas, de nombreux dirigeants décidés à la subvertir excellent dans l'art de nous faire croire qu'elle persiste à exister sur leur sol alors qu'ils l'ont déjà enterrée. Qu'est-ce qui est véritablement essentiel à la démocratie ? Des élections ? Un ensemble de droits fondamentaux tels que la liberté d'expression ? Ou bien un ensemble d'attitudes collectives, difficilement saisissable – par exemple, la tendance des citoyens à traiter leurs semblables de façon civile et respectueuse ?

Nos tentatives de réponse ne nous mèneront pas bien loin si nous n'en revenons pas aux fondamentaux. C'est là le mouvement que recommandait Machiavel quand il écrivait que l'analyse d'une crise ne requiert rien de moins qu'une *riduzione verso il principio*, un « retour aux premiers principes ». C'est une telle feuille de route que le présent ouvrage va s'efforcer d'offrir à son lecteur. Inévitablement, nous avançons en tournant le dos à l'avenir. Mais avoir une certaine idée de notre origine et de ce à quoi ressemble le chemin déjà parcouru peut nous aider à savoir si nous nous sommes réellement perdus en route (ce qui ne veut pas dire qu'il n'existe qu'une seule route).

Il est faux de se dire que toute réflexion sur la démocratie doit désormais être conçue comme une réponse adressée aux nouveaux adeptes de l'autoritarisme. Mais nous ne pouvons pas prétendre qu'il ne s'est rien passé. Hillary Clinton a intitulé l'ouvrage écrit au lendemain de sa défaite *Ça s'est passé comme ça*. Le premier chapitre de ce livre se demandera donc *comment ça s'est passé*. Mais aussi : pourquoi cela perdure-t-il, alors que de nombreux défenseurs autoproclamés de la démocratie ont tiré la sonnette d'alarme ?

Deux réponses commodes ont été apportées à ces questions, mais elles se sont révélées tout à fait illusoires. L'une consiste à rejeter la responsabilité de la crise que traverse la démocratie sur les populations. C'est la réaction des libéraux, qui privilégient les droits individuels, se satisfont plus ou moins du capitalisme et tendent à accorder de la valeur à la diversité en tant que telle – mais peinent à se départir d'une idée dont ils ont hérité, selon laquelle la démocratie serait perpétuellement menacée de dégénérer en une tyrannie de la majorité[2]. Ils se réclament de ce qui

2. Le qualificatif « libéraux » ne désigne ici aucunement les partisans d'un quelconque libéralisme économique, même si, comme l'écrit l'auteur, ces mêmes libéraux peuvent s'en accommoder. (*N.d.T.*)

a souvent été appelé « l'avènement mondial du populisme de droite » pour ressusciter un certain nombre de clichés relevant de la psychologie des masses du XIXe siècle – le genre d'idées que l'on s'interdit de proférer en bonne compagnie, même lorsqu'on est convaincu que le catéchisme civique ne correspond jamais à la réalité politique. Les masses seraient à l'origine de toutes sortes de désastres qui les affecteraient. Les gens ordinaires – mal informés et, même bien informés, parfaitement irrationnels – seraient toujours susceptibles d'être induits en erreur par des démagogues. On en conclura qu'il importe de redonner du pouvoir à ceux que l'on qualifiera prudemment de « garde-fous » – un terme qui, bien souvent, désigne les élites traditionnelles[3]. Plus concrètement, il s'agirait de repenser les primaires au sein des partis politiques afin de réduire au maximum l'influence sur la prise de décision politique de ceux qui, aux États-Unis, sont souvent (et étrangement) appelés *everyday citizens*, les « citoyens de tous les jours »[4]. Autrement dit, d'en finir avec les référendums et autres pratiques irresponsables de démocratie directe, et de reconnaître une fois pour toutes que la politique est un

3. Charles Taylor, l'un des philosophes les plus influents au monde (et qui n'est pas précisément un homme de la droite démophobe), n'hésite pas à diagnostiquer « un "nivellement par le bas" des électorats, au sens où la compréhension des enjeux et questions afférentes décline dans des pans entiers de la population ». Voir Charles Taylor, « Is Democracy Slipping Away ? », https://items.ssrc.org/is-democracy-slipping-away/.

4. Il est ici facile de perdre tout sens des proportions : 6 % des citoyens américains avaient choisi Donald Trump comme candidat républicain, et 28 % des grands électeurs l'ont ensuite conduit à la présidence des États-Unis.

métier[5]. Après tout, n'oublions pas que les deux tiers des Américains peuvent citer au moins un membre du jury de l'émission télévisée « American Idol », mais que seuls 15 % d'entre eux identifient le juge en chef des États-Unis[6]. On peut laisser les amateurs de débats télévisés applaudir une performance « politique » particulièrement virtuose, mais il faudrait les tenir à l'écart de ce qui s'y joue. De crainte d'être taxés de bons vieux démophobes – d'être accusés d'avoir peur des gens ordinaires –, les tenants de cette vision des choses s'empressent d'étayer les soupçons que leur inspirent les masses au moyen de considérations intemporelles relevant de la psychologie sociale : les gens seraient enclins au tribalisme ; toute politique attiserait l'inimitié entre les groupes ; les exercices psychologiques du type « pleine conscience » seraient le seul moyen d'atténuer de tels penchants[7]. Les plus pessimistes invoquent des études censées démontrer que les citoyens seraient,

5. Voir par exemple Jonathan Rauch et Benjamin Wittes, « More professionalism, less populism: how voting makes us stupid, ans what to do about it », https://www.brookings.edu/wp-content/uploads/2017/05/more-professionalism-less-populism.pdf.

6. [Qui préside entre autres la Cour suprême des États-Unis. (*N.d.T.*)] Voir Geert Corstens, *Understanding the Rule of Law*, trad. A. Mills, Oxford, Hart, 2017, p. xx.

7. L'analyse politique – et surtout cette discipline académique qu'est la science politique – semble toujours avoir massivement recours à quelque chose de plus consistant et scientifique en apparence : longtemps, ce fut l'économie ; désormais, c'est la psychologie. Ezra Klein, par exemple, prône le recours à la « pleine conscience » comme réponse à l'inimitié entre les groupes ; voir Ezra Klein, *Why We're Polarized*, New York, Avid Reader, 2020.

partout dans le monde, de plus en plus enclins à porter au pouvoir des « leaders forts », des régimes militaires.

En quoi ce tableau pose-t-il problème ? D'abord, la plupart des études sont au mieux ambiguës ; dans tous les cas, elles ne sauraient prédire l'avenir de la démocratie et elles ne démontrent pas que les gens auraient définitivement tourné la page des idéaux d'autonomie[8]. Si les instigateurs de coups d'État militaires – que ce soit en Thaïlande ou en Égypte – ne désavouent pas officiellement la démocratie, c'est pour une bonne raison. Comme le général al-Sissi en Égypte, ils « contrefont » la démocratie ou, comme en Thaïlande, ils promettent de renouer lentement, dès que les conditions le permettront, avec des procédures démocratiques (même s'il y aura toujours des raisons d'ajourner ce retour)[9]. Il est faux d'affirmer que nous assistons à une vague de populisme autoritaire irrépressible – ou encore, pour citer un terme utilisé

8. Comme l'observe sur un mode pince-sans-rire Adam Przeworski, « le fait d'inférer de réponses à une enquête d'opinion que la démocratie montrerait une stabilité certaine relève du tour de force publicitaire, mais en rien d'une procédure scientifique valide ». Voir son ouvrage *Why Bother with Elections?* (Cambridge, Polity, 2018, p. 131).

9. Il est vrai qu'il n'y a rien de bien neuf dans tout cela. Orwell observait déjà en 1946 la chose suivante : « Le sentiment presque universel est que lorsque nous appelons un pays "démocratique", nous le louons : en conséquence, les défenseurs de toutes sortes de régimes prétendent qu'il s'agit de démocraties, et craignent d'avoir à cesser d'utiliser ce mot s'il était réduit à une seule signification. Les mots de cette sorte sont souvent utilisés d'une manière consciemment malhonnête. Cela signifie que la personne qui les utilise en a une définition propre, mais autorise son interlocuteur à penser qu'il veut dire quelque chose de substantiellement différent. »

par le « brexiter » Nigel Farage (pour qui, à l'évidence, la simple image d'une vague ne rendait pas justice à son rôle historico-mondial), d'un « tsunami ». Il est vrai que les partis qui peuvent à bon droit être qualifiés de populistes – et j'en dirai plus sur cette qualification très contestée – ont amélioré leurs scores électoraux dans de nombreux pays. Mais l'idée que les majorités réclameraient à cor et à cri des dirigeants autoritaires néglige un fait, pourtant décisif : jusqu'à présent, dans les pays occidentaux, pas un seul parti ou dirigeant populiste autoritaire de droite n'est parvenu au pouvoir sans le soutien actif des élites conservatrices[10]. Qui plus est, les partisans de ces élites, qui n'entendent pas se débarrasser de la démocratie, votent pour des partis conservateurs et de centre droit.

Un rapide passage en revue (qui, bien sûr, ne suffit pas) permettrait d'ores et déjà de conclure que les majorités démocratiques ayant clairement décidé de renoncer à la démocratie sont très peu nombreuses, voire inexistantes dans l'Histoire. Si les brutes fascistes ont marché sur Rome, Mussolini, lui, y est arrivé en voiture-lit depuis Milan, parce que les élites libérales et le roi avaient décidé de donner sa chance au futur *Duce*, chargé de pallier les dégâts de la politique parlementaire. À l'évidence, son parti fasciste pouvait s'appuyer sur de fervents partisans, très impliqués, comme les nationaux-socialistes en Allemagne. Là aussi, la décision cruciale de porter Hitler au pouvoir fut le fait d'une partie de l'*establishment*

10. À la possible exception (passablement complexe) de l'Italie.

conservateur de l'époque. Quiconque entend retenir les leçons de l'Histoire devrait prendre note de ceci : apparemment, ce ne sont pas les gens ordinaires qui décident de se débarrasser de la démocratie, mais les élites[11].

Bien sûr, cette idée semble conforter ceux qui attribuent aux puissants la responsabilité des soulèvements politiques de notre temps. De fait, on peut parler d'une *sécession* des plus privilégiés, et bien des critiques peuvent être formulées à leur endroit ; mais se contenter d'affirmer que les difficultés sont le seul fait des riches et des puissants, des corrompus, des « pourris » – peu importe que ce genre d'accusations soit lancé à gauche ou à droite –, ce n'est pas rendre justice à la complexité de la situation qui est la nôtre. Les puissants font ce qu'ils font parce qu'ils disposent du pouvoir de le faire ; et ce pouvoir leur a été octroyé par les institutions de nos démocraties. Il vaut donc mieux réexaminer ces dernières plutôt que s'attaquer à des figures publiques (même si c'est souvent justifié, voire amusant : pensons à ce milliardaire éclatant en sanglots sur un plateau de télévision à la seule idée d'une augmentation pourtant minime des impôts). Pour le dire autrement : viser des individus est une erreur et induit en erreur, que ces individus soient en grand nombre (par exemple, lorsqu'on méprise les masses sous prétexte qu'elles seraient irrationnelles et protoautoritaires) ou

11. On trouvera un bon nombre de preuves venant étayer ce constat dans l'ouvrage de Nancy Bermeo, *Ordinary People in Extraordinary Times*, Princeton, Princeton University Press, 2003.

en petit nombre (lorsqu'on attaque les « élites égoïstes », attaques qui procurent toujours un sentiment de satisfaction, mais qui sont un peu trop faciles).

Réfléchir aux institutions, ce n'est pas réduire la politique à des processus et à des procédures ; il s'agit d'analyser les principes qui inspirent et justifient les règles du jeu démocratique, ainsi que ses normes informelles[12]. Ces normes non codifiées peuvent être au moins aussi importantes que les lois ; elles garantissent dans les faits le fonctionnement du jeu démocratique (et contraignent mieux les joueurs que les règles codifiées)[13]. Mais ni les règles ni les normes ne sont en elles-mêmes et d'elles-mêmes une bonne chose ; en particulier lorsqu'elles autorisent un jeu fondé sur des injustices explicites ou non. Les gentlemen du sud des États-Unis qui siégeaient au Congrès au siècle dernier observaient probablement volontiers les règles de civilité (et consentaient à des compromis sur un certain nombre d'enjeux, contribuant ainsi à « fluidifier » avec bonhomie la politique bipartisane). Mais le système d'exclusion raciale qu'ils défendaient était fondamentalement incompatible avec les principes démocratiques. Comme l'a écrit le professeur de droit américain Jedediah Britton-Purdy, « les normes sont comme les statues de dirigeants du passé : vous ne pouvez savoir si vous êtes

12. Ou, pour reprendre une distinction familière nous venant du droit public : l'important est de se concentrer sur les principes *[standards]* tels qu'opposés aux règles spécifiques.

13. Steven Levitsky et Daniel Ziblatt, *How Democracies Die*, New York, Crown, 2018.

pour ou contre elles sans savoir quelles valeurs elles incarnent[14] ». Nous avons besoin d'aller au-delà des règles et des normes et de nous interroger sur les principes qui les inspirent – ou, comme l'auraient affirmé certains penseurs politiques à une époque aujourd'hui révolue, sur l'*esprit* qui les anime. Il ne suffit pas d'en appeler au respect de la règle dans l'espoir de réenclencher un processus (ou un jeu) bloqué par des personnalités plus ou moins autoritaires. Après tout, le processus démocratique ne se résume pas à permettre aux élites politiques d'entrer et sortir à leur guise du « jeu » inhérent à la lutte pour le pouvoir[15].

À quoi sert-il, alors ? Une réponse classique consiste à affirmer que la démocratie ne peut être justifiée que par l'invocation des principes de liberté et d'égalité. Une règle du type « la majorité décide » n'est pas bonne parce qu'elle génère les meilleurs résultats ou parce qu'elle est la plus efficace ; elle l'est parce qu'elle témoigne d'un respect de l'égalité des citoyens et parce qu'elle prend en considération chaque voix individuelle. Cette règle est à l'opposé de l'acclamation par la foule, dans la mesure où nous

14. Et d'ajouter ceci : « L'idée même qu'il serait possible d'analyser les évolutions politiques en termes de déclin des normes stabilisantes, trans-partisanes, plutôt qu'en termes d'idéologie substantielle, est une position politique. » Voir Jedediah Britton-Purdy, « Normcore », *Dissent*, été 2018, https://www.dissentmagazine.org/article/normcore-trump-resistance-books-crisis-of-democracy. Corey Robin est allé jusqu'à dire que la démocratie *est* l'érosion de la norme. Je n'irais pas jusque-là, mais il y a du vrai dans cet aphorisme.

15. *Ibid.*

affirmons que tout un chacun importe (et supposons que tout un chacun est capable de jugement politique)[16].

La démocratie ne se résume pas au droit de vote. Il y a aussi la liberté d'expression et la liberté de réunion – et la liberté d'association. Les regroupements politiques décuplent la valeur des droits individuels d'expression politique ; mais, de façon moins évidente, ils fragilisent aussi l'égalité : ceux qui disposent de plus de ressources ou avancent de meilleurs arguments, plus évocateurs, exerceront plus d'influence lors des prises de décision collectives. La démocratie ne se résume pas à une égalité irénique ; elle est faite de frictions, parce que les gens y font usage de leurs libertés. Pourtant, sans associations – et je pense ici avant tout aux partis politiques –, il n'y a pas moyen de corriger les inégalités. Les outils qui ont permis de construire la maison du maître peuvent servir à en faire une maison d'individus égaux en droits.

Qu'on le veuille ou non, les conflits démocratiques sont encore largement structurés par les institutions intermédiaires, les partis politiques et les grands médias. Depuis le XIXe siècle, ces corps sont jugés essentiels au bon fonctionnement de la démocratie représentative. Tout le monde sait que les partis et les médias traversent une crise profonde – et j'entends par crise une crise gravissime : nombre de médias et de partis sont tout simplement *en train de disparaître*. Toutefois, avant d'être en mesure

16. Melissa Schwartzberg, *Counting the Many: The Origins and Limits of Supermajority Rule*, New York, Cambridge University Press, 2013.

de traiter cette double crise, nous devrions prendre du recul et nous demander – *riduzione verso il principio* – de quelles manières exactement ces institutions fournissent (ou du moins fournissaient) une infrastructure critique à la démocratie : un moyen pour les citoyens d'atteindre les autres et d'être en retour atteints par eux – un moyen qui pourrait être comparé au service postal que Trump, persuadé d'être condamné à la défaite à cause d'une infrastructure permettant de voter par correspondance dans le cadre d'élections libres et impartiales, a cherché à détruire. Une fois que nous aurons envisagé les principes qui sous-tendent cette infrastructure et, plus largement, les institutions démocratiques, nous aurons moins peur de voir certains d'entre eux remplacés par d'autres. Reconstruire la démocratie après un épisode populiste autoritaire ne suppose pas de recourir aux recettes du passé, mais bien à des dispositifs innovants conçus pour fonctionner en accord avec les principes sous-tendant la démocratie[17].

Penser qu'*un seul* produit de cette industrie de l'innovation démocratique – vote par Internet, assemblées de citoyens choisis au hasard, etc. – nous sortira de nos difficultés actuelles relève d'un solutionnisme politique très naïf. Néanmoins, la rénovation de l'infrastructure critique de la démocratie est une étape d'une importance cruciale. N'en déplaise aux démophobes, ce premier pas peut être

17. Comme l'avançait John Dewey, « la vieille devise selon laquelle davantage de démocratie permettrait de guérir les maux de la démocratie

accompli sans que soient simplement réinstaurés les traditionnels « garde-fous » ; comme je l'expliquerai dans le dernier chapitre, les gens sont tout à fait capables de réfléchir pour savoir comment repenser les institutions intermédiaires – et, avant tout, les partis et les médias.

Il est certain que les pouvoirs intermédiaires – ou, d'ailleurs, tout nouveau rouage démocratique – ont besoin d'être contraints par un principe non négociable : ils ne peuvent nier que les citoyens sont tous, à titre personnel, des membres libres et égaux de la communauté politique. Lorsqu'on nie un tel statut, c'en est fini du jeu démocratique, de ce jeu dans le cadre duquel tout – des intérêts matériels aux identités sexuelles – peut devenir sujet de conflit sans que le lien civique en tant que tel soit affecté. Dans un combat politique, il est permis de lancer toutes sortes de propos inamicaux aux autres citoyens sans leur manquer de respect ; mais il n'est pas permis de les traiter de « citoyens de second ordre » ni de leur affirmer qu'ils ne sont pas « véritablement d'ici » (comme Trump l'a fait en suggérant à plusieurs femmes progressistes membres du Congrès de « retourner dans [leurs] pays »). Certains États ont voté des

---

n'est en rien pertinente si elle signifie qu'il serait possible de remédier aux maux en introduisant en plus grand nombre encore les mêmes mécanismes que ceux déjà existants ou en redéfinissant et perfectionnant ces mécanismes. Mais la phrase pourrait aussi témoigner du besoin de retourner à l'idée elle-même [...] et d'utiliser la conception que nous nous faisons de sa signification pour critiquer et refaçonner ses manifestations politiques ». John Dewey, *Le Public et ses problèmes,* trad. de l'anglais (États-Unis) et présentation de J. Zask, Paris, Gallimard, coll. « Folio », 2010.

lois qui permettent de pénaliser, voire, tout simplement, d'interdire les partis qui, dans les faits, cherchent à saboter le jeu démocratique ou à violer les droits fondamentaux. Le bannissement de certains acteurs politiques a une longue histoire, qui remonte à la démocratie athénienne – mais est-il réellement justifiable au regard du danger évident que de telles mesures, destinées à défendre la démocratie, font planer sur cette démocratie qu'elles sont censées protéger ? Après tout, un pays où est bafoué le droit fondamental de libre association ou dans lequel certaines personnes se voient opposer une fin de non-recevoir (et se voient donc ostracisées, rejetées, comme dans l'Athènes de l'Antiquité) ne peut guère se présenter comme une démocratie véritable, quand bien même toutes ces mesures seraient prises au nom de la sauvegarde de la démocratie.

Si des règles permettent, tout en contraignant, le jeu démocratique, les enfreindre doit être répréhensible. Mais est-ce bien le cas ? La politique démocratique ne se résume jamais au respect des règles et il est parfois nécessaire de les renverser ; ce n'est pas par hasard que les Athéniens de l'Antiquité louaient leur organisation politique pour sa capacité d'innovation, alors que leurs ennemis les accusaient d'inconstance[18].

Toutes les infractions aux normes n'ont pas la même portée. Les règles peuvent être enfreintes alors même que

18. Voir ici Christian Meier, *Die Entstehung des Politischen bei den Griechen* (Francfort-sur-le-Main, Suhrkamp, 1980) et Melissa Schwartzberg, *Democracy and Legal Change* (New York, Cambridge University Press, 2007). Comme l'observe le philosophe Raymond Geuss, « une

l'on reste fidèle aux principes les sous-tendant ; ou alors, afin de préserver le sens même du jeu, certains décident de s'engager dans des formes de désobéissance. Aux yeux des sceptiques, une telle désobéissance est le prélude à l'anarchie ou à l'autoritarisme, puisqu'aucune collectivité de citoyens n'a jamais toléré longtemps l'anarchie (et que des critiques de la démocratie, depuis Platon, expliquent que « trop de liberté » aboutit à la tyrannie). Là encore, nombre de ceux que les simagrées des ennemis actuels de la démocratie révulsent se demandent : pourquoi ne sommes-nous pas en train de défiler dans les rues et de défier ceux qui veulent nous imposer leurs penchants autoritaires ? Pourquoi ne mettons-nous pas un terme à

action politique réellement significative [...] est une action qui, pour le meilleur ou pour le pire, ne se conforme pas simplement aux règles existantes ni ne consiste [...] à trouver des solutions de bric et de broc à des problèmes spécifiques : elle change une situation d'une manière qui ne saurait être considérée comme une pure et simple instantiation d'un ensemble de règles préexistant ». Et d'ajouter ceci : « Elle crée de nouveaux faits, elle enfreint, ignore ou même change les règles. [...] Le fait qu'un tel changement disruptif des systèmes d'action existants relève toujours au moins de la possibilité est l'une des choses qui donne à la politique sa spécificité. » Voir Raymond Geuss, *Politics and the Imagination*, Princeton, Princeton University Press, 2010, p. 41. David Graeber établissait un contraste quelque peu semblable entre, d'un côté, le *jeu* [*play*] véritablement libre – et potentiellement terrifiant – et, d'un autre, les *jeux* [*games*] dont les règles sont sans ambiguïté : « Qui n'a pas rêvé d'un monde où chacun connaît les règles, où chacun respecte les règles et – plus encore – où ceux qui respectent les règles peuvent malgré tout vraiment gagner ? Le problème est qu'il s'agit d'un fantasme aussi utopique qu'un monde de "libre jeu" absolu. » Voir David Graeber, *Bureaucratie. L'utopie des règles*, trad. de l'anglais (États-Unis) de F. et P. Chemla, Paris, Les Liens qui libèrent, 2015. Il est difficile de restituer dans d'autres langues que l'anglais ce contraste entre *play* et *game*.

tout cela ? Comment en sommes-nous venus à être obnubilés par les leçons de l'Histoire sans arriver à nous défaire de la passivité de nombre de nos aïeux ? Y a-t-il un seuil à partir duquel la désobéissance démocratique devient légitime, où elle serait le parfait symétrique de l'attitude du mauvais perdant contestant les résultats d'une élection ? Et, dans le pire des scénarios, y a-t-il un seuil à partir duquel il devient légitime de risquer la guerre civile au nom de ses convictions partisanes ?

Ce livre n'est pas un manuel politique. J'y fais plusieurs paris, dont l'un consiste à supposer que nous disposons encore du temps nécessaire pour réfléchir aux principes premiers de la démocratie – et que nous devrions le prendre. Il ne s'agit pas de préconiser des institutions extrêmement précises ni des règles politiques détaillées ; la démocratie ne se résume pas à une seule chose, et il existe plus d'une manière de la pratiquer (de même qu'il existe plus d'une manière de la contrefaire). Comme le soulignait Claude Lefort, ce grand philosophe de la chose politique, certaines des façons de pratiquer la démocratie ne nous sont sans doute pas venues à l'esprit (comme d'ailleurs certaines stratégies visant à la saper). Un autre pari consiste à supposer que la démocratie n'a pas encore été supplantée – au sens où elle est considérée aux quatre coins du monde comme profondément désirable. On l'envisage encore largement comme un système politique qui trahit certes des défauts considérables et récurrents, mais qui est le plus apte à éviter la domination et à donner aux populations la chance de mener une existence décente.

La démocratie du *« fake »* : Quand tout le monde a ses raisons

« Tu comprends, sur cette Terre, il y a quelque chose d'effroyable, c'est que tout le monde a ses raisons. »

Octave dans *La Règle du jeu* de Jean Renoir

« J'ai vécu ce dernier mois [...] en ayant le sentiment de souffrir d'une perte immense et indéterminée. Je ne savais pas au départ ce qui m'affligeait. Et puis il m'est apparu que ce que j'avais perdu, c'était un pays. »

Henry David Thoreau

Ils ne se ressemblent pas tous. Nombre de détails les différencient, mais réunis, ils forment une même famille politique : Orbán, Erdoğan, Kaczyński, Modi, peut-être Netanyahu, à coup sûr Jair Bolsonaro, le président du Brésil, et l'ex-président Trump. Il est indispensable de bien comprendre ce phénomène souvent décrit comme une tendance mondiale à l'autoritarisme.

Le risque évident d'un tel effort de pédagogie est d'homogénéiser ce qui relève fondamentalement de trajectoires nationales différentes. Les raisons justifiant la montée en puissance du populisme de droite en particulier ne sont pas les mêmes partout. Mais les populistes d'extrême droite ont élaboré une stratégie commune et même un type de gouvernance autoritaire-populiste qu'ils partagent incontestablement – d'où cet air de famille.

La diffusion de ce « type » populiste a mis fin à une illusion propre aux lendemains de la guerre froide : non pas l'idée d'une fin de l'Histoire (y avait-il seulement quelqu'un pour y croire *vraiment* ?), mais la conviction selon laquelle seules des démocraties pourraient mutuellement apprendre de leurs erreurs et de leurs expériences respectives. Les régimes autoritaires, supposait-on, ne pouvaient ni s'adapter aux changements d'environnement ni innover ; tous étaient condamnés à finir comme l'Union soviétique en 1991. La nouvelle Internationale autoritaire – dont les membres peuvent expérimenter et parfaire les méthodes de la droite radicale – discrédite cette conception complaisante que les démocrates libéraux se faisaient : les pratiques autoritaires les mieux éprouvées (ou devrions-nous dire les pires ?) peuvent être copiées ailleurs.

De manière générale, ce type de gouvernance autoritaire-populiste est fondé sur le nationalisme (souvent teinté de racisme), sur l'appropriation de l'appareil d'État, placé entre les mains de fidèles et, de façon moins manifeste, sur l'instrumentalisation de l'économie, en vue de « sécuriser » le pouvoir politique – soit une combinaison de guerre culturelle, de patronage et de clientélisme de masse. Le nationalisme se résume souvent à un simulacre de souveraineté et à une mise en scène calculée d'affirmation collective de soi, alors que, dans les faits, rien n'a véritablement changé. La rhétorique antimondialiste est parfaitement compatible avec la dérégulation continue des flux financiers transfrontaliers et autres mesures enrichissant les élites d'autres pays.

Ces spécificités échappent à ceux qui assimilent le populisme de droite actuel au fascisme. Ces derniers l'envisagent comme une nouvelle idéologie ayant un succès international, ou affirment que les « gens ordinaires » en seraient à l'origine à cause de leur supposé besoin impérieux d'autoritarisme. Des historiens ont cherché des précédents au phénomène auquel nous assistons aujourd'hui, souvent pour « tirer les leçons du passé ». Bien sûr, ces exercices comparatifs sont précieux et on ne peut leur interdire de dresser des parallèles entre les temps présents et les atrocités du siècle passé : nous ne pourrions apprécier les différences entre hier et aujourd'hui sans opérer un certain nombre de comparaisons. Pourtant, les analogies conduisent trop souvent à des raccourcis du jugement politique – en procédant ainsi, nous risquons d'accentuer les similitudes ou même d'adopter un raisonnement biaisé, en ne gardant que ce qui va dans le sens de la stratégie politique que nous privilégions pour notre temps. Comme l'affirma en 1920 l'historien et homme politique britannique James Bryce – aujourd'hui oublié, alors que le regard qu'il portait sur les démocraties a eu une influence considérable –, « le principal usage pratique de l'Histoire consiste à nous délivrer des analogies historiques *a priori* convaincantes ». Cette prudente mise en garde vaut toujours. Plus proche de nous, Tony Judt affirmait que nous excellons à tirer les leçons de l'Histoire, mais rechignons à apprendre l'histoire contemporaine.

En vérité, les menaces qui pèsent aujourd'hui sur la démocratie riment fort peu avec les expériences funestes du siècle passé. Nombre de ceux qui, le 8 novembre 2016, jour de l'élection de Donald Trump, se sont rués dans les librairies pour y acheter *1984* ou *Les Origines du totalitarisme* ont probablement abandonné au bout de quelques pages. Ce n'est pas à une réapparition du fascisme – comme phénomène politique distinct de l'autoritarisme ou du racisme en général – que nous assistons aujourd'hui : nous ne sommes pas les témoins d'une mobilisation et d'une militarisation générales de nos sociétés[1]. Si la haine contre les minorités vulnérables est attisée, il n'y a pas d'instauration d'un culte systémique de la violence qui glorifierait le combat à mort en le présentant comme l'apothéose de l'existence humaine. On ne peut pas non plus affirmer que certains États seraient entièrement refondus sur la base

1. À la possible exception de l'Inde : le Rashtriya Swayamsevak Sangh (RSS) y représente une force politique considérable, issue d'un effort réussi de mobilisation de masse, qui est systématiquement impliquée dans des actes de violence.

d'un racisme d'État – même s'il est clair qu'une hostilité raciale (et religieuse) a été légitimée par le sommet de l'État en Hongrie, au Brésil et aux États-Unis.

Nous croyons tous aux enseignements de l'Histoire, mais nous supposons implicitement que seuls les « gens bien » en bénéficient. Or, si nous n'assistons pas au second avènement d'un passé foncièrement antidémocratique, c'est notamment parce que les ennemis actuels de la démocratie ont eux aussi tiré des leçons de l'Histoire. Ils savent parfaitement que des violations manifestes et à grande échelle des droits de l'homme ne sauraient faire partie de l'arsenal autoritaire contemporain : ce serait un fâcheux rappel des dictatures du XXe siècle. Une répression à grande échelle, telle que perpétrée par Erdoğan en 2016, doit donc être envisagée comme un signe de faiblesse et non de force. Quant à l'épisode qui a vu Trump envoyer son « armée » de piteux guerriers d'extrême droite, de théoriciens complotistes et de deux ou trois républicains propres sur eux envahir le Capitole, c'était plus un geste de désespoir que l'indice d'un réel projet de prise de pouvoir fasciste. C'est précisément parce qu'on identifierait ces événements à un précédent historique inacceptable qu'ils sont si rares aujourd'hui.

Mais qu'est-ce donc que le populisme de droite (ou de gauche) ?

J'ai parlé de « populisme » comme si la signification de ce terme relevait de l'évidence. Ce n'est pas le cas.

Assimiler le populisme à la « critique des élites » ou à des « attitudes anti-*establishment* » induit en erreur. Alors qu'une telle assimilation est devenue banale, elle se fonde sur un argument plutôt étrange. Tout bon vieux manuel d'éducation civique nous dira qu'avoir l'œil sur les faits et gestes des puissants est un signe de bonne santé démocratique. Pourtant, de nos jours, on nous répète qu'une telle attitude est « populiste » (et donc, à en croire de nombreux observateurs, dangereuse pour la démocratie et l'État de droit). Il est vrai que les populistes, lorsqu'ils sont dans l'opposition, ne cessent de critiquer les gouvernements en place (mais aussi, généralement, les autres partis). Ce qu'ils font surtout, cependant – et c'est là le point décisif –, c'est affirmer, d'une manière ou d'une autre, *être les seuls* à représenter ceux qu'ils appellent les « vraies gens » ou la « majorité silencieuse ».

À première vue, une telle prétention n'est pas particulièrement infamante ; impossible *a priori* de l'assimiler à, mettons, du racisme ou à une haine viscérale de l'Union européenne, ou encore à la dénonciation obsessionnelle des juges et des journalistes comme « ennemis du peuple ». Et pourtant cette prétention à un monopole de la représentation – une prétention aux accents résolument moraux – a deux conséquences préjudiciables pour la démocratie. À l'évidence, en affirmant être les seuls à représenter le peuple, les populistes accusent tous les autres prétendants aux responsabilités gouvernementales d'être fondamentalement illégitimes. Il ne s'agit jamais simplement de se quereller sur les politiques à mener ni même sur les valeurs – de tels désaccords sont parfaitement normaux et participent même, dans l'idéal, au bon fonctionnement de la vie démocratique. Le problème est plutôt que les populistes disent de leurs rivaux qu'ils sont corrompus et, parce qu'ils seraient « pourris », incapables de servir les intérêts de leur peuple. Ce que Donald Trump a dit de sa rivale en 2016 (puis de son nouvel adversaire en 2020) allait très loin, mais n'avait rien d'exceptionnel : tous les populistes tiennent de tels propos.

De façon plus insidieuse, les populistes affirment que ceux qui ne partagent pas leur construction symbolique du « peuple » (et qui ne les soutiennent pas politiquement) n'appartiennent pas véritablement au peuple. Affirmer qu'il existe un « vrai peuple », c'est sous-entendre que certains n'en font pas partie – ceux qui prétendraient appartenir à la nation, mais qui, dans les faits, contribueraient à la saper, ou, dans le meilleur des cas, seraient des citoyens de seconde zone[2]. Songeons à Trump traitant de « non-Américains » ceux qui le critiquent, à Kaczyński accusant certains de ses compatriotes d'avoir « la trahison

2. Il peut être utile de comparer ce message symbolique (qui n'est jamais seulement symbolique puisqu'il a des conséquences très concrètes) à l'attitude adoptée dans tel ou tel cas par les pouvoirs publics (américains en l'occurrence) à l'égard de telle ou telle religion. La juge Sandra Day O'Connor, dans la décision de justice *Lynch v. Donnelly*, affirma ainsi que « l'approbation implicite d'une religion par les pouvoirs publics envoie un message à ceux qui n'adhèrent pas à cette religion, en leur faisant comprendre qu'ils sont des "outsiders", qu'ils ne sont pas pleinement membres de la communauté politique ; concomitamment, un autre message est envoyé à ceux qui pratiquent cette religion, leur laissant entendre qu'ils sont des "insiders", des membres privilégiés de

dans les gênes », ou encore à ces politiciens du Bharatiya Janata Party (BJP) prétendant que « la division n'est recherchée que par certaines personnalités politiques, l'Inde, elle, en tant que société, étant une et harmonieuse ».

Les populistes affirment vouloir unifier le peuple ou lui révéler une unité qui était là depuis le début – mais, dans les faits, leur « modèle économique » consiste à diviser les citoyens autant que possible. Quant à l'idée que seuls certains appartiendraient authentiquement au peuple, elle sape de façon systématique les positions et statuts de certains citoyens. Les minorités (dont le statut au sein de la communauté politique est déjà fragile) et les immigrés installés depuis peu, dont la loyauté à l'égard du pays d'accueil est toujours jugée suspecte, en sont des exemples évidents. Songeons à la décision de Modi de créer un registre des « citoyens véritables », censé aider à identifier les immigrés en situation irrégulière (que Amit Shah, lorsqu'il était à la tête du BJP, qualifiait de « termites dans la terre du Bengale »). Les nationalistes hindous savent parfaitement qu'il s'agit de conforter le peuple « authentique », c'est-à-dire hindou, et d'instiller la peur chez une minorité bien précise – musulmane, en l'occurrence.

Là où les populistes parviennent au pouvoir, cette propension à exclure certains citoyens peut avoir pour conséquence de les priver d'une pleine égalité juridique

---

la communauté politique ». Comme si souvent, le fait de traiter certains comme des inférieurs et de les exclure peut générer l'élément probant semblant justifier l'inégalité de traitement.

(ou même de toute protection juridique) : ils sont traités différemment des autres, et ce ouvertement – peut-être pas par des magistrats au cours d'audiences publiques, mais par des bureaucrates qui ont parfaitement compris ce qu'on attendait d'eux au sommet de l'État[3]. Sans parler des déferlements de haine dans les rues et les jardins publics. Aux États-Unis, il a été démontré que les rassemblements de partisans de Trump s'accompagnaient très souvent d'agressions motivées par des raisons politiques. Les Américains d'origine asiatique ont été agressés plus fréquemment pendant la pandémie de Covid-19. Les spots électoraux du Parti républicain, comme celui où un couple aisé racontait avoir pointé des armes sur des manifestants du mouvement Black Lives Matter qui défilaient à proximité, ont certainement conforté les groupes d'autodéfense trumpistes dans leur agressivité. Et n'oublions pas que les « incidents » antisémites ont atteint en 2019 des proportions jusqu'alors inconnues aux États-Unis[4].

3. Pour des exemples de manifestations très concrètes, « sur le terrain », du populisme de Trump, voir Dylan Matthews, « Donald Trump, the family separation crisis, and the triumph of cruelty », *Vox*, 19 juin 2018, https://www.vox.com/2017/1/28/14425354/donald-trump-cruelty ; voir aussi Seth Harp, « I'm a Journalist but I Didn't Fully Realize the Terrible Power of U.S. Border Officials Until They Violated My Rights and Privacy », *The Intercept*, 22 juin 2019, https://theintercept.com/2019/06/22/cbp-border-searches-journalists/ et A. C. Thompson, « Inside the Secret Border Patrol Facebook Group Where Agents Joke About Migrant Deaths and Post Sexist Memes », *Pro Publica*, https://www.propublica.org/article/secret-border-patrol-facebook-group-agents-joke-about-migrant-deaths-post-sexist-memes.

4. Larry Diamond, *Ill Winds: Saving Democracy from Russian Rage, Chinese Ambition, and American Complacency*, New York, Penguin, 2019, p. 106.

L'expression « agression par ruissellement » *[« trickle-down aggression »]*, forgée par la philosophe Kate Manne, saisit à la perfection, me semble-t-il, ce phénomène[5].

Notons que cette radicalisation de la droite au nom du peuple ne saurait être assimilée au nationalisme en tant que tel. Ce dernier postule que toute nation culturelle est en droit d'avoir son propre État, que des devoirs moraux et politiques spécifiques incombent aux membres de cette nation et à eux seuls, et il confère un poids moral tout particulier à l'impératif de la protéger[6]. Il est certain que tous les populistes ont besoin de savoir ce qu'est selon eux le « peuple », et ce n'est guère par hasard que les populistes de droite s'attachent souvent à définir la nation en termes ethniques (ou optent pour un nativisme absolu). Mais il est en principe possible d'être populiste et de définir avant tout le peuple en termes politiques ou idéologiques – pensez, pour ce qui est de notre siècle, au socialisme bolivarien de Chávez. Ce qui importe alors, c'est que ceux qui sont en désaccord avec les soi-disant seuls véritables représentants du peuple soient déclarés illégitimes et, dans bien des cas, mis *hors la loi*.

---

5. Kate Manne, « The Logic of Misogyny », *Boston Review*, 30 juin 2016, http://bostonreview.net/forum/kate-manne-logic-misogyny.
6. David Miller, *On Nationality*, Oxford, Oxford University Press, 1995.

Un art de gouverner

Les régimes autoritaires-populistes cherchent donc constamment à diviser leur société et s'attachent plus particulièrement à forger des idéaux d'authenticité – idéaux du « Turc authentique », du « vrai Indien », du « véritable Américain », etc. Mais ces tentatives visant à consolider une domination culturelle s'accompagnent d'une composante plus prosaïque : une propension à un capitalisme de copinage. Nombre de régimes autoritaires actuels sont en effet des kleptocraties (un terme forgé à la fin des années 1960 par le sociologue britannique d'origine polonaise Stanislav Andreski). Pour l'expliquer simplement : l'absence de contrainte juridique et politique facilite les délits d'initiés, ce qui rend plus nécessaire encore le contrôle des institutions judiciaires et politiques afin d'éviter que ces abus puissent être ultérieurement sanctionnés. Mais une logique politique est aussi à l'œuvre ici : impliquer des gens dans des activités criminelles, c'est contraindre leur loyauté à l'égard du régime en place. Le clientélisme de masse – qui consiste à « récompenser » ses obligés – garantit une allégeance de masse. Et la stratégie consistant à menacer les rétifs – de leur faire perdre leur emploi ou certains avantages – permet d'exercer un contrôle sur la société sans avoir recours à une répression politique trop directe.

Ce sont précisément de telles stratégies – qui vont au-delà de la kleptocratie traditionnelle – que le sociologue hongrois Bálint Magyar a à l'esprit lorsqu'il évoque l'apparition dans son pays d'un « État mafia[7] ». Ce qui caractérise un État mafia, ce ne sont pas les dessous-de-table, mais l'usage de ses structures et dispositifs juridiques – notamment en matière de marchés publics où, bien souvent, un seul soumissionnaire participe à la procédure d'appel d'offres, quand ce n'est pas un « copain » qui joue le rôle du pseudo-concurrent. Un État mafia est contrôlé par des « familles politiques » (un terme de Bálint Magyar) qui sont les premières à en tirer profit. Et, semble-t-il, en premier lieu, celle du chef de l'État lui-même ; il suffit de penser aux rôles éminents joués par les enfants respectifs de Trump, Orbán, Bolsonaro et Erdoğan – et aux rôles particulièrement infâmes qui incombent toujours aux gendres... Une loyauté absolue envers le régime est récompensée matériellement et, tout aussi important, par une protection à durée indéterminée. Comme l'a noté un observateur hongrois, « contrôler un État bureaucratique moderne n'a pas pour avantage majeur de pouvoir persécuter l'innocent, mais de pouvoir protéger le coupable[8] ».

Ici, l'idéologie fonctionne comme un indicateur fiable de la soumission politique et familiale : l'attitude adoptée devant les provocations et les transgressions outrancières du leader est le test décisif. Y souscrire, c'est montrer à la « famille » que l'on a définitivement cessé de croire aux critères démocratiques. Comme le fait d'enfreindre les

7. Bálint Magyar, *Post-Communist Mafia State: The Case of Hungary*, Budapest, CEU Press & Noran Libro, 2016.
8. Cité *in* David Frum, *Trumpocracy*, New York, Harper Collins, 2018, p. 53.

normes compromet les membres de la famille politique, ceux-ci doivent s'efforcer de se protéger mutuellement, ce qui contribue à faire naître des sentiments de confiance et de complicité réciproques – un trait constitutif de la mafia.

Non seulement les nouveaux États autoritaires-populistes ne sont pas fascistes au sens historique usuel, mais, à un certain égard, ils subvertissent entièrement le modèle du régime nazi. Comme l'a montré le politologue allemand exilé Ernst Fraenkel, l'État nazi ne se caractérisait pas par une anarchie et un chaos complet, contrairement à ce que sous-entendaient les analyses traditionnelles des régimes tyranniques et totalitaires. De nombreux domaines de la vie quotidienne n'avaient pas été bouleversés par l'arrivée des nazis au pouvoir : les mariages étaient contractés et annulés, les contrats commerciaux rédigés et appliqués. Mais, à côté de ces domaines régulés dans une relative normalité juridique, planait en permanence la menace de l'« État de la prérogative », qui agissait de façon imprévisible et arbitraire. Fraenkel forgea le terme d'« État double » pour désigner cette scission entre une existence ordinaire, en conformité avec les règles établies, et une sphère de la répression, parfaitement imprévisible[9].

Et si nous avions affaire à des États doubles, mais d'un nouveau genre ? Le domaine de la politique est encore d'une normalité relative – mis à part certaines

9. Ernst Fraenkel, *The Dual State: A Contribution to the Theory of Dictatorship*, New York, Oxford University Press, 2017.

manipulations en apparence légales – tandis que l'économie se voit soumise à l'arbitraire du pouvoir. Exercice du pouvoir qui n'est peut-être pas si arbitraire que cela. En effet, si l'on peut affirmer que la loyauté à l'égard de la famille politique conditionne la réussite économique, les sanctions, elles, sont tout à fait prévisibles. Au lieu d'envoyer des « gros bras » collecter de l'argent liquide, le gouvernement demande aux administrations fiscales des audits supplémentaires. Et ces audits permettent toujours de découvrir quelque chose. En conséquence, de puissants hommes d'affaires insuffisamment acquis au régime se voient demander de céder les parts de leur société, ce qu'ils ne peuvent refuser – les oligarques hongrois suspectés par le pouvoir d'être proches de l'opposition socialiste en ont régulièrement fait l'expérience. Comme l'a souligné la sociologue Kim Lane Scheppele, il n'est pas toujours facile de se faire une idée exacte de ces méthodes, dans la mesure où des manœuvres aux motifs éminemment politiques peuvent toujours être présentées comme des initiatives dictées par des impératifs économiques et financiers (comme lorsque Trump a éhontément attaqué le service postal américain en invoquant des questions de rendement alors qu'il s'agissait d'éviter que les électeurs américains puissent voter par correspondance aux présidentielles[10]).

10. Kim Lane Scheppele, « Hungary and the End of Politics », *The Nation*, 6 mai 2014.

Tous les gouvernements populistes de droite ne mettent pas sur pied des « États mafias ». Par ailleurs, il est plus difficile d'imposer ces pratiques dans les secteurs économiques exposés à la concurrence internationale. Une idée reçue veut que les populistes de droite soient hostiles au néolibéralisme, mais une personnalité comme Orbán a à l'évidence pactisé avec les investisseurs étrangers. Il offre à l'industrie automobile allemande ce qu'un observateur hongrois a qualifié de « conditions chinoises » au cœur de l'Europe : des syndicats – quand ils existent – accommodants et une volonté politique d'étouffer dans l'œuf toute amorce de protestation écologique, comme à Györ, où l'installation d'une grande usine Audi avait été critiquée – si bien qu'on peut, selon la formule d'un détracteur[11], qualifier le système en place d'« Audicratie » autant que d'autocratie. Mateusz Morawiecki, le chef du gouvernement populiste de droite polonais, insiste sur ce point : « Nous sommes pragmatiques. Nous avons des problèmes avec une partie de l'élite politique européenne et avec les journalistes, pas avec les gens normaux. 97 % des investisseurs étrangers seraient prêts à retourner en Pologne. »

Lorsqu'ils ont suffisamment de pouvoir, les populistes tentent de coloniser l'État lui-même. L'une des premières choses que Orbán et son parti, le Fidesz, ont essayé de changer en 2010 fut les textes de loi régissant la fonction publique – le but était de placer leurs affidés à des positions clés dans des administrations censées être impartiales.

11. Je dois cette observation à Daniel Kelemen.

Cela au motif que la gauche libérale contrôlait l'État et que celui-ci devait être purgé de son influence. Conformément à l'idée qu'ils se font d'eux-mêmes – les seuls vrais représentants du peuple –, les populistes ont pu aussi affirmer que l'État était là pour servir le peuple et que s'emparer de l'appareil d'État, c'était restituer au peuple ce qui lui revenait de droit. Trump a mis un peu plus de temps que Orbán à intégrer cette logique, mais il a fini par écarter de la fonction publique les hauts fonctionnaires chargés de traquer les fraudes et le favoritisme dans les couloirs du gouvernement fédéral.

Le Fidesz en Hongrie, comme le parti Droit et Justice (PiS) en Pologne, s'est empressé de mettre la main sur les tribunaux et les médias d'État. On a fait comprendre aux journalistes que leurs reportages ne devaient plus aller à l'encontre des « intérêts de la nation » – intérêts se confondant avec ceux du parti au pouvoir. À l'instar de ce qui se passait sous Napoléon III, tout juriste ou journaliste émettant une critique du pouvoir en place se voit automatiquement rétorquer : « Qui vous a élu ? » En Inde, le ministre des Finances a ainsi déclaré que « la démocratie ne saurait être la tyrannie des non-élus ». Le ministre polonais de la Justice, qui ne cesse d'attaquer les magistrats soucieux de protéger leur indépendance, s'est senti obligé d'expliquer que la Pologne était une démocratie et non une « tribunocratie ».

Quant à Trump, il n'est jamais en reste lorsqu'il s'agit de traiter les médias indépendants d'« ennemis du peuple ». Mais l'emprise des populistes autoritaires sur les médias ne saurait être totale ; là encore, une *Gleichschaltung* – une homogénéisation du contenu politique – serait contre-productive parce qu'elle rappellerait aux citoyens et à « ceux qui n'en sont pas » le souvenir de ces dictatures indissociables du siècle passé. Pour ne citer que ces exemples, des sites Internet indépendants et une grande chaîne de télévision commerciale allemande continuent de diffuser leurs programmes en Hongrie, mais presque tous les titres de la presse régionale hongroise sont aux mains d'oligarques proches du régime. Nombre d'entre eux ont d'ailleurs eu l'amabilité, à la fin de l'année 2018, de « céder » leurs parts à une fondation, créée peu avant, dont la mission officielle consiste à « promouvoir les activités servant la création de valeurs hongroises et renforçant l'identité nationale dans la presse écrite, dans les médias radiotélévisés ainsi que sur les plateformes en ligne dédiées à la communication de masse hongroise ». À en croire le chercheur en sciences sociales Gábor Polyák, cette fondation – qui regroupe environ 500 entreprises du secteur et dont les statuts ont été rédigés dans la maison de vacances d'un allié majeur d'Orbán – contrôle environ 16 % de l'ensemble des revenus dégagés par cette activité en Hongrie. Sur la base d'une clause spéciale modifiant le droit de la concurrence, le gouvernement a déclaré que la fusion des médias était d'une « importance stratégique nationale » afin de prévenir toute initiative des instances officiellement chargées de réguler la concentration dans les médias.

Dans certains pays, des médias critiques – voire simplement *potentiellement* critiques – à l'égard du pouvoir ont été fermés. La pandémie de Covid-19 a été l'occasion pour les gouvernements de se ménager de nouvelles prérogatives pour mettre un terme à la diffusion de fausses informations, voire à une franche désinformation. Mais dans les pays gouvernés par ces dirigeants autoritaires, toute critique de la gestion gouvernementale de la pandémie a été souvent assimilée à la « diffusion de *fake news* » et à de l'« alarmisme ». En Hongrie, des citoyens qui avaient critiqué sur les réseaux sociaux l'attitude du gouvernement face à la pandémie ont été arrêtés, et la police a confisqué leurs téléphones et leurs ordinateurs en prenant soin de poster des vidéos de ces interventions sur Facebook.

Dans les pays où il est trop risqué de menacer aussi ouvertement les libertés, ce sont souvent les gouvernements eux-mêmes qui tentent de désinformer. L'éventail des stratégies de Trump en la matière est large : si l'intimidation individuelle des journalistes (et particulièrement des femmes journalistes) en fait partie, il est également important d'« inonder la zone de merde », comme l'a élégamment formulé Steve Bannon, l'ancien stratège en chef de la Maison-Blanche, accusé ensuite de félonie par son patron. Pour des journalistes professionnels, il est pratiquement impossible de contrer une telle « fabrique de la confusion » (pour citer une expression de Jay Rosen, un spécialiste des médias) organisée au sommet de l'État. S'ils savent parfaitement que les déclarations du chef de l'État sont fausses, ces journalistes ne peuvent que les relayer – c'est du moins ce qu'ils croient – puisqu'elles sont le fait du chef de l'État. Il leur est également très difficile de faire avec une personnalité comme Bannon, pour qui les médias professionnels sont « l'opposition » et qui, en conséquence, ne cesse de les enjoindre à démontrer leur impartialité. On s'efforcera alors désespérément, avec moult contorsions, de faire preuve d'« équilibre » et d'« objectivité » (quitte à trouver des « experts » capables d'affirmer sur des plateaux que le fait d'injecter à certains malades du désinfectant pourrait aider à lutter contre le Covid-19...). Certains se sont érigés en porte-voix de la démocratie et en défenseurs de la vérité, alors qu'une telle attitude de « résistance » confirmait les griefs formulés par Trump et Bannon contre leur profession (nous reviendrons sur ce point dans le dernier chapitre ; il est possible de renforcer les règles de base de la démocratie contre les populistes de droite tout en continuant de s'engager de façon crédible pour un traitement objectif de l'actualité – l'objectivité n'est pas la neutralité).

Les critiques issues de la société civile posent un problème particulier aux populistes : elles peuvent anéantir leur prétention à un monopole de la représentation du peuple. Ici, leur échappatoire consiste à adopter une stratégie initialement perfectionnée par Vladimir Poutine (à maints égards un modèle à suivre aux yeux des populistes de droite actuels et un véritable novateur quand il s'agit de compléter la boîte à outils du kleptocrate) : tenter de « démontrer » que la « prétendue société civile » ne l'est en rien et que la « prétendue opposition populaire » manifestant dans les rues n'a rien à voir avec le « vrai peuple ». À un certain niveau, cette stratégie est parfaitement cohérente avec la logique du populisme : lorsque le régime en place affirme « être le seul à représenter le peuple », les personnes qui défilent dans les rues contre lui ne sauraient être « le peuple ». Il ne peut s'agir que d'un « faux peuple » pour ainsi dire.

Mais « faux » en quoi ? La réponse à cette question est toujours à portée de main. Les régimes populistes de droite se sont échinés à présenter les organisations non gouvernementales et les manifestants « ordinaires » qui menaçaient leur règne comme des gens manipulés par des puissances extérieures ; certains ont même fait voter des textes de loi les déclarant « agents de l'étranger ». Lorsque des millions d'Américains ont protesté contre le projet de Trump de refuser aux musulmans tout accès au territoire américain, celui-ci les a traités d'« activistes soudoyés » – une expression qu'il a de nouveau utilisée contre tous ceux qui critiquaient sa décision de nommer Brett Kavanaugh à la Cour suprême (pour faire bonne mesure, il les a aussi accusés d'incarner « le mal »).

Si les régimes en question égrènent toujours la liste des *« usual suspects »* – la CIA, qui est toujours derrière tout, George Soros... –, pour un théoricien de la conspiration véritablement créatif, il n'existe aucune limite. Un conseiller de Erdoğan a affirmé sans vergogne que les manifestations du parc Gezi étaient le fait de la Lufthansa, qui craignait la concurrence toujours plus vive de Turkish

Airlines depuis l'ouverture du nouvel aéroport d'Istanbul (lequel, selon certains calculs, serait désormais le plus grand du monde, ou en tout cas suffisamment immense pour pousser les Allemands à recruter et mobiliser de faux Turcs).

Dans le même temps, les populistes pourraient bien, à certains égards, apprécier les protestations qui les visent : elles sont de l'huile jetée sur le feu des guerres culturelles dont ils vivent. Voilà pourquoi, la première année de l'administration Trump, Bannon a parlé de la « résistance » à Trump comme de leur « amie » – même chose pour les *« fake media »*, proches de l'opposition, mais eux aussi « amis » des trumpistes. Bien évidemment, il ne s'agit pas d'en déduire qu'il ne faut pas descendre dans la rue pour manifester sa désapprobation ; il faut simplement être conscient de l'habileté des populistes à retourner à leur propre avantage les critiques qui leur sont adressées et à justifier des décisions qui sont toujours une forme de politique identitaire excluante.

Cette politique identitaire a peu à voir avec des convictions idéologiques ; ce qui importe, c'est de prouver que l'on appartient au « vrai peuple ». C'est un legs souvent oublié de la guerre froide : nous supposons que les termes de tout conflit politique trouvent leurs racines profondes dans les idées de penseurs importants. Vous voulez comprendre Poutine ? Lisez le philosophe « eurasianiste » Alexandre Douguine, érigé par des experts occidentaux au rang de « philosophe le plus dangereux du monde ». Vous cherchez vraiment à comprendre la bizarrerie de Bolsonaro ? Regardez de près la chaîne YouTube de Olavo de Carvalho, philosophe brésilien autodidacte, ancien astrologue et théoricien de la conspiration, fumant comme un pompier (qui vit au milieu de vrais Américains en Virginie). Enfin, on nous serinait que, si l'on voulait appréhender le trumpisme, Bannon était l'homme à suivre, ce sage de la politique – très friand, paraît-il, des livres de Julius Evola, un traditionaliste italien exerçant une influence majeure sur la nouvelle droite européenne.

Ce genre d'histoire intellectuelle immédiate part du principe que nous avons affaire à des acteurs politiques s'inspirant de grandes visions du monde. Elle conduit aussi à attribuer les succès des partis d'extrême droite à l'attrait qu'exerceraient certaines pensées philosophiques sur le grand nombre[12]. En fait, les dirigeants n'ont aucune envie d'être contraints par des intellectuels qui pourraient leur reprocher de ne pas mettre en œuvre leurs idées ; et, dans tous les cas, la plupart des citoyens

12. À coup sûr, des noms plus ou moins prestigieux sont lancés ici ou là par des dirigeants et peuvent servir à marquer telle ou telle orientation politique – en ce sens, le « *name-dropping* » est important, même s'il ne s'agit pas ici de traduire instamment dans la pratique telle ou telle ambitieuse vision du monde. Mais la question cruciale est alors la suivante : des signes à l'intention de quels publics ? Et pourquoi précisément ces publics-là ? En Russie – le pouvoir russe tout particulièrement semble aujourd'hui montrer certaines prétentions philosophiques –, le « *name-dropping* » semble plus destiné à complaire aux nationalistes militants (et dans une certaine mesure aux *siloviki*, les représentants des organismes sécuritaires d'État) qu'à spécifier les sources véritables de l'entité collective politique. Je suis redevable à Guillaume Sauvé et Ivan Krastev pour ces éclairages.

savent peu de choses des divagations ésotériques de tel ou tel penseur autoproclamé assis derrière le trône de Poutine.

Il n'est pas difficile de comprendre pourquoi les penseurs libéraux (une nouvelle fois, dans l'acception la plus large du terme) ont sans le vouloir érigé leurs adversaires au rang de géants philosophiques de l'illibéralisme : cela donne du grain à moudre à ces spécialistes de la théorie politique. Et même si Bannon, interrogé au sujet de la philosophie traditionaliste de Julius Evola, a pu répondre par un *« I'm just some fuckin' guy, making it up as I go along »* [« Je suis juste un brave mec qui adapte son discours au jour le jour »], cette manière de renier des idées politiques « profondes » peut être interprétée comme une stratégie sournoise de dissimulation[13].

Un « vrai peuple » à qui on demande simplement de « cocher la bonne case »

Tous les libéraux ne souhaitent pas explorer les territoires ésotériques de l'astrologie et les théories sur les origines arctiques des Aryens – domaines de prédilection des Douguine et autres Carvalho. Certains préfèrent se complaire dans l'idée selon laquelle les gens seraient mal informés, irrationnels et désireux d'être gouvernés par des dirigeants autoritaires – une position adoptée

13. Benjamin R. Teitelbaum, *War for Eternity: Inside Bannon's Far-Right Circle of Global Power Brokers*, New York, Dey Street Books, 2020.

par de nombreux libéraux depuis le début du XIXe siècle. Comme Hillary Clinton l'a affirmé lors d'un entretien où rien n'était étayé, le populisme de droite répondrait à « un désir ardent, tant psychologique que politique, de se voir donner des ordres ».

Mais les citoyens appellent-ils réellement de leurs vœux de tels « hommes forts » ? De larges franges de la population ont-elles vraiment été converties aux visions du monde de l'extrême droite ? Contrairement à la théorie des dominos avancée par les experts et par les populistes eux-mêmes – d'abord le Brexit, puis Trump, Le Pen, etc. –, aucun populiste de droite n'a jamais pu parvenir au pouvoir – en Europe occidentale comme en Amérique du Nord – sans la collaboration active des élites conservatrices en place. Farage n'a pas déclenché le Brexit tout seul ; il avait besoin d'un Michael Gove et d'un Boris Johnson pour convaincre l'électorat de la pertinence du projet. Quant à Trump, il n'a pas été élu, comme le veut le cliché, par un mouvement apparu spontanément et composé pour l'essentiel de mâles blancs aigris issus de la classe ouvrière et de régions rurales. Il était le candidat d'un parti particulièrement « installé » et dont les poids lourds – je pense notamment à Chris Christie, Rudy Giuliani et Newt Gingrich – se portèrent garants de ses compétences. Ce qui s'est produit le 8 novembre 2016 peut s'expliquer par la notion la plus banale de la science politique : l'esprit de parti. Les sympathisants du parti républicain ont fait ce que la plupart des électeurs font un jour d'élection : ils ont voté pour leur parti – une attitude absolument normale, à ceci près que le candidat, à l'évidence, ne l'était pas tout à fait.[14]

Cette anormalité ne manqua pas d'être relevée, mais d'autres préoccupations l'emportèrent. Certains républicains déclarèrent publiquement qu'à leurs yeux, Trump n'était pas apte à devenir président. Avant de révéler avoir voté pour lui. Cette position apparemment schizophrène s'explique par le fait que désormais, les élections consistent de moins en moins à confier un mandat à un candidat avec enthousiasme : il s'agit de plus en plus souvent de rejeter quelqu'un ou quelque chose, et si possible avec fracas. On se regroupe politiquement, non pas en raison de « sympathies communes », pour citer une expression de John Stuart Mill, mais en raison de ce qu'on pourrait appeler des « antipathies communes » – les chercheurs en sciences politiques parlent d'« identité négative ». Il est bien clair que pour de nombreux Américains de droite (et certains de gauche, d'ailleurs), Hillary Clinton ne devait à aucun prix accéder à la Maison-Blanche[15] ; de même, pour

14. Larry Bartels, « 2016 was an ordinary election, not a realignment », *The Washington Post*, 10 novembre 2016, https://www.washingtonpost.com/news/monkey-cage/wp/2016/11/10/2016-was-an-ordinary-election-not-a-realignment/.

15. Un long chemin avait été nécessaire pour en arriver là (il avait été pavé d'abord et avant tout par le propre mari d'Hillary). Newt Gingrich recommanda aux républicains d'utiliser le chapelet de termes suivants lorsqu'ils parlaient des démocrates : « tromperie, bizarrerie, déclin, destruction, dévoration prédateurs ?, avidité, mensonge, pathétiques, radicaux, égoïstes, honte, malades, vol et traîtres ». Voir Lilliana Mason, *Uncivil Agreement: How Politics Became Our Identity*, Chicago, University of Chicago Press, 2018, p. 132.

de nombreux Brésiliens, il était crucial de faire obstacle au Parti des travailleurs de Lula[16]. En Hongrie et en Pologne, Orbán et Kaczyński n'ont pas fait campagne, lors des élections décisives de 2010 et 2015 qui les portèrent chacun au pouvoir, en promettant de démanteler l'État de droit. Au lieu de cela, ils se sont attachés à présenter leurs formations respectives comme des partis du centre droit (dans le cas de la Hongrie, cette mise en scène s'est vue certifiée par les démocrates-chrétiens européens les plus influents – ceux de Bavière, avec leur industrie automobile). Plus que l'expression d'un désir d'autoritarisme profond, les citoyens ont fait très exactement ce que la théorie de la démocratie recommande de faire dans un système bipartisan où l'un des deux partis prétendant au pouvoir s'est discrédité – en Hongrie, en raison de la corruption des socialistes et de résultats économiques désastreux, et en Pologne parce que Plateforme civique, le parti démocrate-chrétien de Donald Tusk, se montrait d'une rare suffisance après de trop nombreuses années passées au pouvoir[17]. Ce n'est qu'au lendemain de leur victoire retentissante que Orbán et Kaczyński ont déclaré qu'il était temps de refonder les institutions politiques.

Une fois au pouvoir, les populistes affirment que leur triomphe électoral ne peut qu'obliger chacun à reconnaître qu'*eux seuls* représentent la volonté du peuple (et

16. Je suis redevable à Cristóbal Rovira Kaltwasser pour ses réflexions sur ce sujet.

17. C'est à Kim Lane Scheppele que je dois cette observation.

l'essentiel est à leurs yeux que l'on reconnaisse le bien-fondé de cette prétention, le reste n'étant qu'anecdotique : comme me le précisa une connaissance vivant en Inde, « tant que vous soutenez Modi, vous pouvez vous goinfrer au Burger King »). Peu importe que ces personnalités politiques n'aient, bien souvent, pas remporté de véritable majorité (et *a fortiori* de super-majorité) : en Inde, le BJP, par exemple, n'a remporté que 37 % des suffrages lors des élections de 2019, mais, conséquence du système uninominal à un tour, il s'est vu accorder une majorité au Parlement. Un constat semblable a été observé en Pologne en 2015, où le parti Droit et Justice a pu obtenir la majorité à la Diète et s'en réclamer comme d'un blanc-seing pour démanteler l'État de droit, alors même qu'il n'avait obtenu que 37 % des parts de voix (soit 19 % des électeurs admissibles).

En Hongrie, Orbán a déclaré que les élections de 2010, à l'issue desquelles son parti avait obtenu une majorité des suffrages et s'était vu accorder une super-majorité au Parlement, avaient été une « révolution par les urnes ». Il a présenté cette victoire comme une sorte de vaste mandat l'autorisant à mener à bien des changements non seulement constitutionnels, mais aussi sociaux et politiques de grande ampleur, alors qu'une nouvelle Constitution n'avait jamais été évoquée dans son programme électoral.

C'est une erreur que d'attribuer les bons résultats électoraux des formations autoritaires à quelque volonté mystique du peuple, en s'en tenant à l'idée que tout ce qui peut se produire sous de tels régimes correspond aux desiderata des citoyens. C'est aussi une erreur de penser que ces populistes ont pour objectif d'impliquer la population dans les décisions politiques. Il est vrai que Orbán a beaucoup vanté ses « consultations nationales » – des enquêtes d'opinion réalisées à intervalles réguliers dans tout le pays sur des questions politiques précises. Ces exercices démontrent selon lui que les « gens ordinaires » sont désormais « plus à même » de résister aux diktats des élites libérales, et tout particulièrement de ceux qu'il nomme les « nihilistes libéraux » de Bruxelles, c'est-à-dire le siège de l'Union européenne. Mais ces exercices sont manipulés à l'extrême : ils comportent des questions orientées ou n'ont même aucun sens – pour ne prendre que cet exemple, les Magyars s'étaient vu demander de s'exprimer au sujet d'un « plan Soros » pour les réfugiés qui n'a jamais existé. Tout de même, afin de s'assurer que les gens répondraient correctement aux questions posées, le gouvernement a dépensé des millions en propagande afin d'attiser la haine des migrants et de l'Union européenne. De façon tout à fait éloquente, lorsqu'une de ces consultations s'est révélée non valide en raison d'un taux de participation insuffisant, Orbán a revendiqué le monopole de la représentation de la volonté populaire. Si les populistes de droite ne respectent pas les règles qu'ils instaurent, c'est parce qu'il leur est toujours possible d'invoquer une conception quasi mystique de la volonté du « vrai peuple » et de l'opposer aux simples résultats chiffrés des enquêtes d'opinion et des urnes.

Tout cela nous en apprend beaucoup quant au rapport entre le populisme et la démocratie directe. Nous devrions faire fi du poncif voulant que les populistes auraient à cœur, par principe, de laisser les gens s'exprimer directement, sans représentants ni intermédiaires. Car les référendums revêtent aux yeux des populistes une signification très précise : ils ne les envisagent certainement *pas* comme des processus ouverts dans le cadre desquels les citoyens échangeraient vues et arguments, etc. La réponse collective à apporter à la question posée est plutôt toujours connue d'avance, parce qu'elle peut être déduite de la conception – en définitive symbolique – que se font les populistes des « vraies gens ». Le rôle du peuple ne consiste pas à participer inlassablement à la vie politique ; il consiste plutôt à cocher la bonne case et à avaliser ce que les dirigeants populistes ont depuis toujours affirmé au sujet de la volonté populaire. L'issue de l'exercice doit être certaine.

Ce n'est donc pas un hasard si, dans les pays évoqués jusqu'ici, les régimes populistes n'ont pas transformé le système politique pour le rendre plus accessible aux « gens ordinaires » – au contraire, là où c'était possible, ils se sont efforcés de rendre les résultats des élections aussi prévisibles que possible, que ce soit en supprimant ou redécoupant des cartes électorales ou en recourant aux différents modes de gouvernement populistes évoqués dans les pages qui précèdent.

Mais tout cela ne vient-il pas alors confirmer la vision des choses de Clinton ? Les gens ne désireraient-ils pas des hommes forts ou, du moins, ne seraient-ils pas disposés à s'en accommoder ? Il est vrai que certains des dirigeants évoqués ici peuvent se prévaloir d'un véritable soutien populaire ; mais un tel soutien ne doit pas être interprété comme un franc désir collectif d'autoritarisme. Le problème, ce n'est pas que les « gens ordinaires » souhaitent en finir avec la démocratie – ce n'est pas vrai. Le problème touche à l'offre politique dans des sociétés de plus en plus fragmentées et polarisées[18].

Une double sécession

Le populisme n'est pas le seul responsable de cette polarisation, mais il est important de comprendre que la principale stratégie des populistes *est* la polarisation. Ces derniers cherchent à diviser la sphère politique pour régner sur des groupes homogènes, puis à insinuer que certains groupes sont illégitimes, voire qu'ils seraient une menace existentielle. Plutôt que de baliser le monde politique en fonction d'identités et d'intérêts qui transcendent les groupes, ils le simplifient en accentuant un clivage majeur qui serait d'une importance vitale (sous-entendu, « si c'est le mauvais camp qui gagne, on est mort »). La victoire du camp adverse n'est plus seulement une défaite provisoire, elle menace la vie en commun,

18. Kim Lane Scheppele, « The Party's Over », *in* Sanford Levinson, Mark Graber, et Mark Tushnet (dir.), *Constitutional Democracy in Crisis?*, New York, Oxford University Press, 2018, p. 495-513.

voire le système politique en tant que tel (une enquête Pew de 2016 montrait que 45 % des républicains et 41 % des démocrates considéraient le parti adverse comme une « menace pour le bien-être de la nation[19] »).

Contrairement aux nombreuses doléances rapportées, surtout aux États-Unis, cette polarisation n'est pas gravée en nous de toute éternité. Nos cerveaux n'ont pas été programmés pour le « tribalisme ». Les promoteurs de la polarisation prospèrent davantage dans les sociétés très fragmentées. Mais pourquoi les sociétés sont-elles fragmentées ? Pourquoi ont-elles tant de mal à s'accorder sur ce que sont les uns et les autres et ce qui fait qu'ils se retrouvent dans une entité politique ? On peut toujours répondre en évoquant le nombre croissant de réfugiés et d'immigrants dans certains pays (qui sont les pays où les personnes qui peuvent s'offrir le luxe de commenter les questions d'identité se font remarquer). Les gens sont aussi inquiets à cause du prétendu déclin démographique ou, plus exactement, de l'évolution de la répartition ethnique du *demos* liée aux écarts des taux de natalité des différents groupes ethniques (deux phénomènes qui attisent l'imagination des populistes de droite, soucieux d'alimenter les craintes d'un « grand remplacement » des populations actuelles[20]). Ces réponses sont simplistes.

19. Faut-il s'étonner de voir qu'un tiers des Américains disent avoir perdu des amis à cause de questions politiques ? Roderick P. Hart, *Trump and Us*, New York, Cambridge University Press, 2020, p. 239.

20. Ivan Krastev, « The Fear of Shrinking Numbers », *Journal of Democracy*, vol. 31, n° 1, 2020, p. 66-74.

Une fois de plus, elles reposent sur l'idée qu'un défi politique précis déterminerait les divisions politiques de la société.

Le Brexit et Trump sont couramment associés pour illustrer la montée du populisme, ou tout simplement son pouvoir. Rares sont ceux qui ont remarqué que les campagnes en faveur de Hillary Clinton et du *Remain* avaient le même slogan – slogan qui a largement échoué à mobiliser des pans entiers de l'électorat : *Stronger Together* (« Plus forts ensemble »). Il est clair que beaucoup de citoyens estiment qu'ils sont plus forts en *n*'étant *pas* ensemble.

Je ne m'attarderai pas trop sur cette coïncidence, d'autant moins que les slogans de campagne ne sont pas déterminants pour les résultats. Mais cette similitude révèle un point essentiel : le sens de cet « ensemble » est profondément chahuté. En France, 35 % des personnes affirment ne *rien* avoir en commun avec leurs concitoyens[21]. *Pourquoi* vivons-nous ensemble ? se demandent beaucoup de gens. Qu'est-ce que j'ai à voir avec le sort de ces *autres*-là ?

Qu'est-ce qui a donc changé pour que la question du peuple soit un enjeu plus important aujourd'hui qu'au début de l'après-guerre ? Ce n'est pas seulement l'immigration (laquelle ne date pas des dernières années). C'est ce que j'appellerais une « double sécession » liée à un environnement social de plus en plus précaire.

---

21. Jérôme Fourquet, *L'Archipel français. Naissance d'une nation multiple et divisée*, Paris, Seuil, 2019.

La première sécession, pour le dire crûment, est celle des très privilégiés. Ce sont ceux que l'on regroupe dans la catégorie des « élites libérales cosmopolites », une invective lancée par les leaders populistes de droite, de plus en plus souvent reprise par les experts et les chercheurs en sciences sociales. La désignation est trompeuse à double titre : d'abord, s'il est vrai que de nombreuses élites sont très mobiles (du moins potentiellement, si ce n'est dans les faits), elles ne sont pas toujours cosmopolites au sens moral ou au sens fort du terme – par cosmopolites, nous n'entendons pas les grands voyageurs, mais les personnes attachées à l'idée que les êtres humains sont liés par un même contrat moral ou, plus simplement, que les frontières n'ont pas de vrai sens moral. Il est évident qu'être mobile ne signifie pas être universaliste – on le sait depuis la fin des illusions sur l'éradication du nationalisme grâce aux chemins de fer, un phénomène qui date du XIXe siècle. Par ailleurs, un des plus grands philosophes moralistes et universalistes – Emmanuel Kant – n'a jamais quitté sa ville natale de Königsberg, en Prusse orientale[22].

Certes, des membres éminents de diverses élites – y compris des stars mondiales – font grand cas d'associations caritatives internationales. Mais on cherche en vain parmi eux des défenseurs de ce qu'en philosophie politique, on appelle la justice mondiale : une vraie redistribution mondiale des ressources et des espérances de vie. Je

22. Ivan Krastev, *Est-ce déjà demain ? Le monde paradoxal de l'après-Covid-19*, Paris, Premier Parallèle, 2020.

note que dans les années 1990 et au début des années 2000, les *cheerleaders* de la mondialisation la justifiaient en soulignant non pas ses effets bénéfiques à l'échelle *mondiale*, mais ses avantages à l'échelle nationale.

Le mot « cosmopolite » est également trompeur dans la mesure où la « mobilité » des privilégiés est plus une question d'options et d'expérience quotidienne de déplacement que de vraie migration. Dans la plupart des pays occidentaux, les élites économiques et administratives suivent des parcours éducatifs et professionnels propres à leur nation[23]. En même temps, elles donnent l'impression de pouvoir se passer du reste de la société (elles « donnent l'impression de » puisqu'elles dépendent toujours de la police, des routes en plus ou moins bon état, etc.). Tous ces gens ne vivent pas dans des résidences avec gardien, mais les tendances au « tri » et à l'homogénéisation des enclaves dorées sont avérées : les personnes instruites et aisées se marient entre elles, vivent dans les mêmes espaces et reproduisent leurs privilèges au fil des générations. Rien d'immoral en soi (vous préféreriez revenir à l'époque glorieuse où les patrons épousaient leur secrétaire ? Vous pensez qu'interdire l'embourgeoisement serait la garantie d'avoir des centres-villes aussi beaux que jadis ?), mais cela a des conséquences sur la façon dont nous percevons la société et, plus précisément, dont les

23. Pour l'analyse des élites fonctionnelles et leur reproduction au sein des contextes nationaux, voir, par exemple, les travaux de Michael Hartmann, dont *Die Abgehobenen: Wie die Eliten die Demokratie gefährden*, Francfort, Campus, 2018.

citoyens se perçoivent. Les gens qui pratiquent effectivement la « distance sociale » ne pensent pas qu'ils sont dans la même galère que les autres. Il n'est donc pas question d'interdépendance morale, ni même de savoir pourquoi on a *besoin* de ses concitoyens. Les chaînes d'approvisionnement étant mondialisées, les travailleurs n'ont pas besoin d'appartenir à la même sphère politique. Le régime de « libre-échange » régnant en maître, les consommateurs n'ont plus besoin de vivre dans le même pays. Enfin, les grandes armées de la guerre froide ayant été abandonnées, personne n'est tenu de compter sur ses concitoyens pour qu'ils servent sous les drapeaux[24]. La pandémie de 2020 a montré que même les travailleurs « essentiels » sont plus essentiels pour certains que pour d'autres. Les plus aisés ont recours à une médecine entièrement privée, dite *concierge medicine*, qui leur permet d'avoir accès à des médecins, des infirmières et, bien sûr, des tests dont les résultats sont disponibles en une demi-heure, tout ça en exclusivité.

Je donnerai un exemple parfaitement assumé, mais grotesque, de cette sécession des élites économiques : Peter Thiel, le milliardaire de la Silicon Valley. Le personnage se qualifie de libertarien (non seulement il a été conseiller de Donald Trump, mais il fait partie de ceux qui ont essayé

24. Je remercie Ivan Krastev pour ces commentaires stimulants. La technologie joue aussi un rôle : après les deux guerres mondiales, les aristocrates britanniques avaient le sentiment d'être redevables vis-à-vis de ceux qui étaient morts dans les tranchées. Aujourd'hui, personne n'aurait l'idée de remercier un drone.

de donner du contenu au trumpisme, après avoir dit que son candidat devait être pris au sérieux, mais pas littéralement[25]). Voici ce qu'il écrivait en guise de programme : « Aujourd'hui, la mission des libertariens est de trouver le meilleur moyen d'échapper au politique sous toutes ses formes – des catastrophes totalitaires et fondamentalistes au *demos* irréfléchi qui sert de guide à la prétendue "social-démocratie[26]". » Peter Thiel compte sur « un processus nouveau et jamais éprouvé qui nous conduira vers un pays inconnu ». Hélas, comme il y a peu de « pays inconnus », il mise sur le « cyberespace », l'« espace extérieur » et la colonisation des océans appelée *seasteading*. D'autres comptent sur la conquête du temps plus que sur celle de l'espace et investissent dans la cryogénie (« Congelez-moi maintenant et ressuscitez-moi plus tard »). Une sécession hors de portée pour les mortels ordinaires.

Les déclarations dédaigneuses de Thiel sur le *demos* ne sont pas passées inaperçues, en particulier l'affirmation selon laquelle, « depuis 1920, l'augmentation du nombre de personnes bénéficiant d'une aide sociale et l'extension du droit de vote aux femmes – deux catégories d'électeurs connues pour leur résistance aux libertariens – font que la notion de "démocratie capitaliste" est un oxymore ».

25. C'est évidemment l'inverse qui s'est révélé vrai : Trump était très sérieux quand il parlait du mur, mais pas quand il promettait d'agir en faveur des plus défavorisés.
26. Voir Peter Thiel, « Education of a Libertarian », https://www.catounbound.org/2009/04/13/peter-thiel/education-libertarian.

Peter Thiel a nuancé son propos en précisant qu'il ne préconisait pas de retirer le droit de vote à quiconque. Au fond, ce qu'il veut dire, c'est qu'il n'y a pas grand-chose à tirer du *demos* ; même réduit, il est de toute façon sans espoir. Au mieux peut-on espérer garder ses distances. Là aussi, il s'agit d'un désir de sécession. Il est rarement exprimé aussi directement (et encore moins justifié par des techno-clichés pseudo-philosophiques comme chez Peter Thiel). Mais la sécession des riches a bel et bien eu lieu[27]. La réalité sordide que cache la nostalgie de Thiel pour des pays inconnus se traduit par l'acquisition de seconds passeports, des sièges dans des paradis fiscaux plus ou moins prestigieux, des résidences secondaires et tertiaires dans des lieux soi-disant préservés de l'apocalypse, type Nouvelle-Zélande, et des combines de comptabilité transnationale au moyen d'entités totalement apatrides. Comme le disent deux éminents économistes, en 2016, les grandes entreprises américaines ont « déclaré plus de 20 % de leurs bénéfices non américains dans des “entités apatrides” – des sociétés-écrans qui ne sont rattachées à aucun pays. C'est comme si elles avaient réalisé 100 milliards de dollars de bénéfices sur une autre planète[28] ». Ces actes de sécession ne sont pas le fait de « citoyens de nulle part » (l'argent n'arrive pas non plus nulle part). Ce cosmopolitisme n'est ni moral ni culturel,

27. Voir aussi Evan Osnos, « Doomsday Prep for the Super-Rich », *The New Yorker*, 30 janvier 2017.

28. Emmanuel Saez et Gabriel Zucman, *Le Triomphe de l'injustice : Richesse, évasion fiscale et démocratie*, Paris, Seuil, 2020, p. 124.

même si les leaders populistes de droite, volontiers enclins aux croisades culturelles, le présentent ainsi. La critique des élites contient pourtant un noyau de vérité : certains citoyens arrivent à échapper à tout ce qui ressemble de près ou de loin à un contrat social.

Rien de nouveau sous le soleil. L'abbé Sieyès, un grand révolutionnaire, écrivait à propos des aristocrates : « Oui, les privilégiés en viennent à se regarder comme une espèce d'hommes. » Jusqu'au jour où ces heureux élus ont compris qu'ils ne l'étaient pas, comme aujourd'hui quand certains découvrent qu'il n'y a pas de pays inconnus et qu'en temps de pandémie, même avec des services à domicile, personne ne sera jamais complétement en sécurité (sachant qu'un virus peut sévir *n'importe où*).

Mais la distanciation sociale n'est pas exactement la même aujourd'hui qu'aux âges d'or de jadis. Là encore, nous n'avons pas affaire à un vrai « retour du passé ». Les inégalités sont plus souvent cachées qu'exhibées, comme au temps de l'aristocratie. Dans les sociétés complexes, où la division du travail est très élaborée, l'opacité des politiques démocratiques donne l'impression que nous sommes tous dans le même bateau, alors que la réalité est la suivante : des règles différentes pour des personnes différentes.

Les chercheurs en sciences sociales tranchent dans le vif de cette complexité (et brisent un tabou) quand ils se demandent si certaines démocraties – notamment les États-Unis – ne seraient pas *de facto* des oligarchies. Il ne s'agit pas d'assimiler l'Amérique à la kleptocratie russe des années 1990 ni au Liban de l'après-guerre civile où, quel que soit le résultat des élections, les postes politiques clés étaient attribués aux mêmes leaders religieux et politiques qui s'enrichissaient. Une oligarchie a deux caractéristiques qui ne vont pas toujours de pair. Un oligarque, selon Aristote, n'est pas seulement quelqu'un d'immensément riche, c'est quelqu'un qui est mû par ses appétits et le besoin d'en avoir toujours plus (ce que les Grecs appelaient la pléonexie). Le candidat Trump n'a pas hésité à le dire dans un discours prononcé à Las Vegas en février 2016. Il venait de remporter les primaires républicaines :

> J'ai du mal à refuser l'argent parce que depuis toujours, j'empoche, j'empoche et j'empoche. Je vous préviens, je suis devenu cupide ; de l'argent, j'en veux, j'en veux toujours plus. Je vais vous dire ce qu'on va faire, d'accord ? On va devenir cupides pour les États-Unis, on va en empocher un max. On va se faire un pognon fou et même plus[29].

Tous les riches – ni tous ceux qui sont mus par la cupidité – ne sont pas des oligarques (il n'est pas sûr que Trump le soit, n'était le fait qu'il empoche tout ce qu'il peut). Car la seconde caractéristique d'un oligarque – également soulignée par Aristote –, c'est qu'il exploite sa richesse pour créer des allégeances et fausser le processus politique. Autrement dit, les individus qui disposent d'une richesse énorme (et facilement accessible) vivent dans un

29. Discours visible sur https://www.tampabay.com/opinion/columns/transcript-trumps-winning-winning-winning-speech/2266681/.

univers politique à part. Le politologue Jeffrey Winters a mis en évidence la ligne de démarcation qui sépare les riches ordinaires de ceux qui ont un tel excédent de liquidités qu'ils peuvent s'offrir les services de ce qu'il appelle l'« industrie de la défense des revenus[30] ». Seules les personnes pouvant embaucher des comptables et des avocats capables d'imaginer des montages fiscaux dans les îles Caïmans payent moins d'impôts que leurs secrétaires (dont le tristement célèbre de Warren Buffett)[31].

Loin du cliché des ultrariches qui seraient des libéraux mondialistes et bien-pensants, ces 0,1 % optent pour des politiques économiques archiconservatrices. Et ils font en sorte que leurs préférences pèsent nettement plus que celles du reste de la population – peu importe qu'ils ne s'intéressent pas à toutes les facettes de la vie politique : les oligarques n'influencent pas plus que les autres la réglementation sur les armes à feu et l'avortement, par exemple. Pour ce qui concerne les impôts et les affaires, en revanche, ils pèsent lourd dans la balance et comme la politique est un jeu extrêmement complexe – souvent à dessein –,

30. Jeffrey Winters, *Oligarchy*, New York, Cambridge University Press, 2011.

31. Nous laissons ici de côté la question qui consiste à savoir si les ultrariches ont hérité de leurs ressources ou s'ils sont ce que Daniel Markovits appelle les riches méritocratiques et travailleurs qui domineraient les États-Unis aujourd'hui. Daniel Markovits remarque qu'« un huitième des Américains les plus riches doivent leur fortune non pas à un héritage ni aux dividendes d'un capital hérité, mais aux compensations obtenues grâce à l'entreprenariat et au management ». Voir Daniel Markovits, *The Meritocracy Trap: How America's Foundational Myth Feeds Inequality, Dismantles the Middle Class, and Devours the Elite*, New York, Penguin Press, 2019, p. 89.

la majorité des citoyens et de nombreux professionnels ne comprennent pas exactement comment ces fortunes exceptionnelles tirent profit de certaines décisions (sans jamais apparaître comme des profiteurs éhontés affirmant que leur but est « d'empocher, empocher, empocher »[32]). Et même s'ils le comprennent, ils ont du mal à se mobiliser contre, par exemple, les républicains qui avaient truffé les mesures d'urgence liées à la pandémie de 2020 de cadeaux aux entreprises, notamment au secteur immobilier.

Aux États-Unis, ceux que l'on qualifierait d'oligarques s'alignent sur une droite de plus en plus radicale, malgré des contre-exemples frappants. Ils se sont montrés tout à fait prêts à accepter la stratégie populiste d'un Trump, qui n'a finalement accouché d'aucun vrai mur pour le « vrai peuple », mais d'une réduction d'impôts pour Wall Street : plus de 80 % des économies d'impôts permises par la Tax Cuts and Jobs Act (la loi sur les réductions d'impôts et les emplois) de 2017 ont directement bénéficié aux 1 % les plus riches (les donateurs républicains ayant fait savoir que, si les impôts n'étaient pas réduits, ils mettraient fin à leur financement). Trump avait promis de ne pas laisser entrer les Mexicains ; en vérité sa plus grande réussite a été de permettre aux Américains les plus puissants d'échapper aux obligations fiscales communes et de

32. Pour Aristote, il s'agissait de distinguer les oligarques des aristocrates. La richesse pouvait être une preuve de cupidité et de corruption, mais aussi de vertu. Voir l'excellente contribution de Gordon Arlen, « Aristotle and the problem of oligarchic harm: Insights for democracy », *European Journal of Political Theory*, vol. 18, n° 3, 2019, p. 393-414.

vivre dans un enclos surprotégé. Fitzgerald écrivait dans sa nouvelle intitulée *Le Garçon riche* : « Laissez-moi vous parler des riches. Ils sont différents de vous et de moi. » Hemingway répondit qu'ils étaient effectivement différents : ils avaient plus d'argent. Il s'avère qu'ils ont surtout davantage de pouvoir pour le mettre à l'abri.

Notons que cette sécession n'est pas liée à une quelconque conspiration, mais à la mainmise exercée sur un des deux grands partis (et à l'influence exercée sur l'autre). Comme le rappellent Jacob S. Hacker et Paul Pierson, les républicains et leurs soutiens financiers savent très bien que leur sensibilité politique a peu la cote au sein de l'électorat. Leur feuille de route économique dépend d'une guerre culturelle et stratégique permanente, qui leur assure la possibilité de gagner. Et encore, leur victoire n'est possible que grâce aux avantages structurels dont bénéficient les électeurs des régions rurales, dont la surreprésentation au Sénat est sidérante[33]. En dernière instance, ils peuvent toujours faire en sorte que les électeurs puissent à peine voter *(« voter suppression »)* et user de tous les moyens qui permettent à une démocratie de devenir de fait une tyrannie de la minorité – un scénario redouté par les Pères fondateurs que les républicains disent pourtant vénérer.

Mais ne nous préoccupons pas trop de la psychologie des personnes riches et célèbres – oublions Aristote. Il est

33. Jacob S. Hacker et Paul Pierson, *Let them Eat Tweets: How the Right Rules in an Age of Extreme Inequality*, New York, Simon and Schuster, 2020.

plus important de réfléchir à l'infrastructure sous-jacente de la démocratie, en particulier à la nature du système des partis et aux règles de financement des campagnes électorales, qui influent très largement sur ce système. S'il existe une sécession des plus riches, c'est parce que cette infrastructure le permet.

La seconde sécession qui me préoccupe est beaucoup moins visible. Elle est loin de la *secessio plebis* de la République romaine, qui voyait les plébéiens quitter la ville en signe de protestation et organiser une forme de grève générale pour provoquer des changements politiques et déstabiliser les patriciens. Elle est aussi loin des citoyens pauvres de l'Athènes démocratique découvrant que les riches n'étaient bons à rien. C'est ainsi que Platon (qui n'est pas un observateur impartial) décrivait ces épisodes de prise de conscience :

> Souvent au contraire lorsqu'un homme pauvre, maigre, tanné par le soleil, est placé dans la bataille à côté d'un homme riche élevé à l'ombre, avec sur lui toute une chair en trop, et qu'il le voit essoufflé et embarrassé, ne crois-tu pas qu'il pense que c'est bien de leur faute, à eux les pauvres, si de tels hommes sont riches ? Et ne crois-tu pas que les pauvres, quand ils se retrouvent entre eux, se passent le mot : « Ces hommes sont à notre merci ! Ils ne sont rien ![34] »

34. Platon, *La République*, livre VIII, 556D, trad. d'É. Chambry, Paris, Les Belles Lettres, 2003. À Athènes, les plus riches servaient en principe

Ce type de retournement – terrifiant pour ceux qui s'inquiètent de voir que la démocratie implique la possibilité que les pauvres engloutissent les riches – est loin de ce à quoi nous assistons aujourd'hui.

Cette seconde sécession correspond plutôt à l'hypothèse suivante : un nombre croissant de citoyens situés au bas de l'échelle des revenus (pour le dire sobrement) ne votent plus ou ne participent plus au jeu politique, sous quelque forme que ce soit. Je ne suis pas en train dire que ce retrait s'appuie sur un programme conscient, comme c'est le cas avec les délires intersidéraux (et complètement à l'ouest) de Peter Thiel. Ces citoyens n'ont pas de « pays inconnus ». Ils n'ont qu'un pays nommé privation et désespoir tranquille, qui existe autant dans leur esprit que sur les cartes de ce qu'on appelle pudiquement les « communautés défavorisées[35] ».

---

dans la cavalerie, les hoplites (que les historiens qualifient parfois de « classe moyenne ») dans l'infanterie, et les thètes (journaliers) étaient souvent rameurs dans la marine. La démocratie radicale signifie qu'il y avait une majorité de thètes dans l'assemblée. Mogens Hansen, *La Démocratie athénienne à l'époque de Démosthène,* trad. de S. Bardet, Paris, Tallandier, coll. « Texto », 2009, p. 121.

35. Wolfgang Merkel parle de « société des deux tiers » à propos de ce phénomène – le tiers inférieur ayant effectivement disparu de la vie politique. Voir aussi Brice Teinturier, *« Plus rien à faire, plus rien à foutre. » La Vraie Crise de la démocratie,* Paris, Robert Laffont, 2017. Pour des preuves empiriques, voir Armin Schäfer et Hannah Schwender, « "Don't play if you can't win": does economic inequality undermine political equality? », *European Political Science Review,* vol. 11, 2019, p. 395-413. Les auteurs concluent sans ambages : « La courbe qui va des pays les plus égalitaires aux pays les moins égalitaires révèle une baisse du taux de participation – toutes choses étant égales par ailleurs – de 7 % à 15 % (cela dépend du modèle adopté), dont la magnitude est comparable à

Cette sécession est invisible et n'a aucun mal à s'auto-alimenter : les partis n'ont aucune raison de se soucier de ceux qui ne se soucient pas de voter, ce qui conforte les plus déshérités (encore faut-il qu'ils puissent se permettre d'y prêter attention) dans l'idée que la politique n'a plus rien à leur apporter. D'où une participation en baisse et de plus en plus *faussée*. Un engrenage que le politologue allemand Claus Offe résume ainsi : « Plus les gens sont conditionnés à "gaspiller" leurs droits et leurs ressources politiques, et plus les élites et les partis concurrents *comprennent* que certains segments de l'électorat sont moins susceptibles d'user de leurs droits, plus ces mêmes élites concentrent leurs plateformes, leurs campagnes et leurs stratégies de mobilisation sur les segments qui "comptent" au sens propre et négligent les autres[36]. » Un cercle vicieux qui

---

celle que produit le vote obligatoire. En Allemagne, où les variables institutionnelles ne divergent pas, les régions relativement défavorisées ont un taux de participation nettement inférieur. Plus généralement, dans les pays inégalitaires, le taux de participation diminue pour toutes les catégories de revenu, mais il diminue beaucoup plus pour les catégories ayant un revenu faible. Nos résultats confortent sans ambiguïté la notion de pouvoir relatif – et celle d'abstention rationnelle – qui veut que l'inégalité ait un impact négatif sur l'engagement politique. Nos analyses montrent que dans les pays plus inégaux, les gens sont moins nombreux à participer et à voter. L'idée que l'inégalité mobilise et incite les pauvres à militer parce qu'« ils ont plus d'enjeux » est dépourvue de fondement empirique ».

36. Claus Offe, « Participatory Inequality in the Austerity State: A Supply-Side Approach », *in* Armin Schäfer et Wolfgang Streeck (dir.), *Politics in the Age of Austerity*, Cambridge, Polity, 2013, p. 196-218 ; ici, p. 203. Thomas Piketty précise que rien ne permet de dire que les personnes qui font sécession et s'abstiennent seraient racistes par défaut. Au contraire, comme il l'écrit : « Si les catégories populaires étaient pleinement convaincues par les mouvements anti-immigrés, alors leur

pousse les élites politiques et les citoyens les plus démunis à s'éloigner de plus en plus.

La pandémie de 2020 a joué le rôle d'un test de Rorschach : chacun a pu en tirer les leçons politiques qu'il avait envie d'en tirer (« Il faut renforcer l'État ! »). Mais elle a aussi servi de radiographie : elle a mis en évidence les problèmes structurels (qu'elle n'a pas créés). Les privilégiés ont pu se retirer chez eux. Les très privilégiés ont pu se retirer dans leur résidence secondaire (la France en compte 3,4 millions). Les oligarques ont pu se réfugier dans de luxueux complexes offrant des services dignes d'hôtels cinq étoiles ou, pour établir plus de distance encore, s'éloigner sur leurs yachts (même s'ils devaient résoudre la question existentielle de savoir si – et comment – il fallait mettre les domestiques en quarantaine). À l'autre extrémité du spectre, les plus défavorisés continuaient de mourir, ce qui confirme qu'aux États-Unis, la démocratie – de nom – est à bien des égards une société de castes racialisées : les pauvres sont beaucoup plus susceptibles de souffrir de pathologies et de vivre dans des espaces exigus. Même le fait que les plus aisés dépendaient de la bonne santé des coursiers n'a pas donné lieu au sentiment que « nous étions dans la même galère » et que nous dépendions les uns des autres (ce fut pourtant une période où nous devions « nous aimer

---

participation électorale devrait être à son zénith. Que cette participation se situe actuellement à des niveaux très bas montre clairement que ces électeurs ne se sont pas satisfaits des choix proposés. » *Capital et Idéologie*, Paris, Seuil, 2019, p. 875.

les uns les autres ou mourir », pour paraphraser le poète W. H. Auden). Reconnaître cette dépendance ne signifiait pas acter la fin des conflits ou des différends politiques, mais cela aurait mis en évidence le côté absurde de nos guerres culturelles – où même le fait de porter un masque pour se protéger et protéger les autres a été interprété comme un geste politiquement douteux. Hélas, la description de la Grande-Bretagne du XIXe siècle que proposait Benjamin Disraeli s'applique encore à certains pays occidentaux du XXIe siècle :

> Deux nations entre lesquelles il n'y a ni relation ni sympathie, aussi ignorantes l'une que l'autre de leurs habitudes, de leurs pensées et de leurs sentiments que si elles habitaient des zones différentes [...], produits d'un élevage différent, nourries par une alimentation différente, commandées de différentes façons et nullement gouvernées par les mêmes lois.

Aujourd'hui, la nation d'en haut compte des citoyens politiquement très engagés qui n'ont malheureusement nulle part où aller. Et la nation d'en bas est composée d'hommes et de femmes désabusés qui n'ont guère de lieu où aller eux non plus. Évidemment, je schématise. Que dire du défi que représente une classe moyenne de plus en plus sous pression qui, dans certains pays, comprend ce qui serait une classe moyenne supérieure de cadres aisés ? Aux États-Unis, ces derniers sont de plus en plus inquiets de voir la hausse des frais de scolarité et la raréfaction des voies d'accès à l'université (donc des moyens de reproduire leurs privilèges). Dans leur esprit, le « grand remplacement » n'est pas celui des musulmans, mais celui des machines qui assurent de plus en plus de tâches de comptabilité et de gestion.

Les preuves du pessimisme croissant des citoyens face à leur avenir économique et celui de leurs enfants sont nombreuses : 60 % des Américains et 64 % des Européens pensent que leurs enfants vivront moins bien. Comme l'écrit le politologue Adam Przeworski, « l'effondrement de la croyance dans le progrès intergénérationnel est un phénomène d'ordre civilisationnel ». On ne peut pas comprendre la passivité de la classe moyenne vis-à-vis des entorses aux principes démocratiques et à l'État de droit sans avoir en tête ce sentiment de menace et cette peur du déclassement. La plupart sont plus ou moins conscients qu'un Orbán et qu'un Trump ne se privent pas d'attenter à la démocratie. Il n'empêche, dans des sociétés très polarisées et de plus en plus inégales, ils ferment les yeux au nom de leurs intérêts économiques personnels (illusoires ou réels[37]). Le problème est d'autant plus grave que les

37. Milan W. Svolik, « Polarization versus Democracy », *Journal of Democracy*, vol. 30, 2019, p. 20-32. Comme l'écrit Svolik, « l'intuition de Chávez, Orbán ou Erdoğan est d'avoir su fixer les lignes de bataille politiques suivant des clivages sociétaux qui étaient à peine sensibles quand ils ont été élus. Une fois au pouvoir, les élections ont mis leurs soutiens au pied du mur : soit ils défendaient des intérêts partisans, soit ils défendaient les principes démocratiques ». Pour avoir plus de données sur les électeurs prêts à agir, ou pas, comme rempart contre le comportement antidémocratique de politiciens appartenant à un parti auquel ils s'identifient, voir Matthew H. Graham et Milan W. Svolik, « Democracy

populistes alimentent le sentiment que « c'est nous ou eux » et exploitent l'idée angoissante qu'on leur « vole » leur pays. Le politologue Larry Bartels évoque l'« antagonisme ethnique » – l'inimitié à l'égard des non-Blancs qui menacent de prendre le pouvoir ou, du moins, demandent trop à l'État – qui explique le déclin de l'attachement aux principes démocratiques chez beaucoup d'Américains se revendiquant républicains. Non seulement ils ne s'embarrassent pas de subtilités pour défendre ce qu'ils considèrent comme une forme d'« ethno-État », mais ils assument ouvertement le non-droit, voire la violence[38].

Un certain nombre de citoyens sont donc prêts à accepter un compromis entre ce qu'ils pensent être avantageux pour eux – ou qui leur permet d'offrir un meilleur avenir à leurs enfants – et certaines atteintes à la démocratie. Cette tendance à échanger la démocratie contre autre chose n'est pas seulement le fait de majorités économiquement (ou racialement) fragiles, ni de classes moyennes anxieuses. Les plus fortunés n'hésitent pas à affirmer qu'ils sont épris de démocratie et qu'il convient de militer en sa faveur – si et seulement si leurs impôts n'augmentent

in America? Partisanship, Polarization, and the Robustness of Support for Democracy in the United States », *American Political Science Review*, vol. 114, 2020, p. 392-409. Les auteurs notent que « les électeurs sont plus indulgents à 50% environ quand c'est un candidat de leur parti qui viole les principes démocratiques ».

38. Larry M. Bartels, « Ethnic antagonism erodes Republicans' commitment to democracy », *Proceedings of the National Academy of Sciences*, https://www.pnas.org/content/pnas/early/2020/08/26/2007747117.full.pdf.

pas. Le sens original de la démocratie n'était pas loin de l'idée de tout un peuple « faisant route ensemble » ; dans la Grèce antique, les ennemis de la démocratie redoutaient déjà que les pauvres menacent les riches, car les premiers risquaient de mettre en avant leurs intérêts matériels (exactement comme les oligarques[39]). L'engagement des plus aisés envers la démocratie a toujours été très relatif.

Pendant la campagne des primaires de 2020, Lloyd Blankfein, ancien PDG de Goldman Sachs et soutien démocrate patenté, l'a reconnu : « Je trouve plus difficile de voter pour Bernie que pour Trump. » Interrogé sur la sortie de Sanders contre la « classe des milliardaires », il a répondu : « Je n'aime pas qu'on fustige des catégories. J'estime que c'est antiaméricain. Que c'est destructeur et inutile. Je trouve que quelqu'un comme Trump, qui dénigre des catégories de gens qu'il ne connaît pas, va à l'encontre du caractère américain. Mais lui, au moins, il s'intéresse à l'économie. »

Les oligarques ont toujours quelque chose à sauver dans les partis populistes de droite puisque ceux-ci défendent leurs intérêts économiques (« lui, au moins, il s'intéresse à l'économie »). C'est même le cœur du populisme

39. Josiah Ober, *Athenian Legacies: Essays on the Politics of Going On Together,* Princeton, Princeton University Press, 2005, et Andreas Kalyvas, « Democracy and the Poor », *in* Nadia Urbinati (dir.), *Thinking Democracy Now: Between Innovation and Regression,* Milan, Feltrinelli, 2019, p. 57-76. Nadia Urbinati rappelle que la démocratie plébéienne ne consistait pas à priver les riches de leurs biens, mais à contrer la possibilité qu'ils avaient de transformer leur pouvoir économique en pouvoir politique.

ploutocratique. De leur côté, les classes moyennes sont persuadées que ces partis protègent les « vraies gens » contre ceux qui ne le méritent pas, les pauvres ou les minorités ethniques (ou les deux). Comme l'a dit un dirigeant du parti d'extrême droite allemand, « nous avons besoin de gens qui ont peur pour faire bouger les majorités[40] ». Les plus mal lotis ne votent pas, et quand ils votent, c'est en signe de protestation, comme si les candidats populistes représentaient « un gigantesque "allez vous faire foutre" » (pour reprendre les mots de Michael Moore à propos de Trump).

Je finirai en citant Octave dans *La Règle du jeu*, un film qui n'est pas sans lien avec la crise de la démocratie des années 1930 : « Tout le monde a ses raisons. » Il y a peu de chances que nous arrivions à complètement changer ce que les gens considèrent comme de bonnes raisons. Mais nous pouvons changer leur situation et les choix auxquels ils sont confrontés – autrement dit l'infrastructure critique de la démocratie. Pour ce faire, il faut connaître très exactement ce que sont les grands principes de la démocratie – *riduzione verso il principio*. En attendant, nous avons une autre leçon à tirer de la victoire des populismes de droite.

---

40. Lenz Jacobsen, « Im Bund mit den Ängstlichen », *Zeit online*, http://www.zeit.de/politik/deutschland/2015-11/alternative-fuer-deutschland-parteitag-frauke-petry-hannover

Une frontière dure

Les populistes de droite et de gauche n'ont peut-être pas tort de parler – chacun à leur manière – de la sécession des puissants. Mais ils ont tort de réduire tous les conflits à des questions d'appartenance et d'affirmer que tout désaccord avec eux est par définition illégitime (« Mes adversaires sont des traîtres »). C'est à cause de cette tendance que les populistes de gauche – les acteurs qui revendiquent le monopole de la représentation du peuple au nom d'une idéologie de gauche ou y ressemblant – sont aussi enclins à détruire les institutions démocratiques. À quoi bon défendre les droits politiques fondamentaux d'opposants dont on déclare qu'ils ne méritent pas d'avoir une place dans le jeu démocratique ? Le Venezuela de Chávez et de Maduro en est l'exemple le plus frappant.

Les populistes de droite s'appuient plus volontiers sur un curieux fantasme : ils évoquent l'hypothétique expulsion des « vraies gens », qui se sentiraient victimes et étrangers dans leur pays. Là encore, les vraies gens ont du mal à faire sécession de leur propre patrie, même si certains ultras d'extrême droite tentent l'expérience – que ce soit les suprémacistes américains qui ont créé un « Pays des merveilles » blanc dans le Dakota du Nord (nous y reviendrons plus tard), ou le Parti de la liberté d'Autriche (FPÖ) qui a acheté une pittoresque auberge – la Pension Enzian – pour y cacher de l'or en expliquant qu'un refuge serait utile en cas de guerre civile européenne. Ces ultras alimentent la crainte de « perdre le pays » de façon à exclure de la sphère politique tous ceux qui, selon eux, n'appartiendraient pas vraiment au peuple. Mais les exclus sont rarement du côté des puissants ; ce sont plutôt les minorités les plus vulnérables qui risquent d'être harcelées et de voir leurs droits bafoués. Peu importe que la pandémie ait montré que les « vraies gens » dépendaient de ceux que l'on qualifie de minorités étrangères : les travailleurs migrants qui labourent les champs aux États-Unis ; les Roumains et les Bulgares qui étaient les seuls Européens vraiment mobiles puisqu'on les a envoyés par charters pour travailler dans des usines de viande en Allemagne (les élites cosmopolites et soi-disant libérales, elles, étaient confinées et travaillaient à domicile). Les populistes de droite ont intérêt à nier ce genre d'interdépendance, sinon ils seraient obligés de reconnaître que d'autres ont des revendications légitimes, qui doivent être prises en compte dans le jeu politique[41]. Il vaut mieux que les majorités se sentent agressées, du moins qu'elles forment des communautés d'indignation[42]. Laquelle a bien une raison d'être puisque les minorités formulent de vraies demandes. Évidemment, il ne va pas de soi que ces demandes soient entendues par les électeurs des partis populistes de droite puisque « des gens qui n'ont rien à faire ici nous prennent des tas de choses ».

41. Jedediah Purdy, *This Land is Our Land: The Struggle for a New Commonwealth*, Princeton, Princeton University Press, 2019, p. 15.
42. Ivan Krastev, « The Fear of Shrinking Numbers » et Catherine Fieschi, *Populocracy: The Tyranny of Authenticity and the Rise of Populism*, Newcastle, Agenda, 2019, p. 162.

Est-ce que cela revient à dire que « la parole des gens » est intrinsèquement dangereuse, ou illibérale, voire synonyme d'exclusion ? La réponse est non. Une démocratie qui voudrait passer outre la parole des gens serait pour le moins curieuse. Que penserait-on d'un politicien qui, interrogé sur sa vision du peuple, dirait qu'il n'en a aucune, mais proposerait des solutions techniques géniales pour résoudre les problèmes d'égouts locaux ?

La politique est un métier qui exige de réfléchir à ce qu'est le peuple – c'est bien le minimum. La différence entre un homme ou une femme politique populiste et un homme ou une femme politique non populiste, c'est que le second ou la seconde sait que toute idée du « peuple » a quelque chose d'effectivement faillible, d'hypothétique, pour ainsi dire, qui peut être rejeté (au moins temporairement) par les urnes[43]. L'homme ou la femme politique populiste ne se contente pas de connaître la seule réponse correcte à la question : « Qui est le peuple ? » Il ou elle considère que la réponse est un fait, un donné indiscutable (il se trouve que lui ou elle seul.e la connaît). L'affirmation ne saurait être réfutée par les urnes. Si elle l'est, c'est la preuve qu'il y a eu des fraudes. Les populistes ne disent pas qu'ils suivent ou qu'ils *façonnent* la volonté du peuple, comme le feraient les politiciens démocratiques ; ils prétendent la *trouver*,

43. Il va de soi que la confirmation de sa vision par les urnes ne vaut pas carte blanche – la mise en œuvre d'une vision est contrainte par la possibilité que la minorité entre en fonction et refaçonne cette conception du peuple.

comme si la volonté collective se déduisait de la seule compréhension authentique du peuple[44].

Aussi importante soit-elle, cette différence n'épuise pas la question de savoir ce qu'est une conception non populiste du peuple. Sur ce sujet, les experts en philosophie politique sont pris en étau entre deux extrêmes. Premier extrême : la position selon laquelle une théorie moralement fondée clarifierait le contour des frontières politiques une bonne fois pour toutes – les défenseurs du nationalisme en tant que théorie morale affirmeraient, par exemple, que les grands ensembles culturels doivent être politiquement autonomes. À l'opposé, on trouve l'idée selon laquelle de telles théories équivaudraient à une opposition des philosophes moraux à la démocratie. Il vaudrait mieux laisser la question du peuple au désordre et au tumulte des affrontements politiques ; de ce point de vue, le moindre critère d'unité décrété d'en haut est illégitime parce que cela revient à couper court au vrai conflit démocratique (peu importe que les philosophes moraux ne puissent que rêver de ce pouvoir[45]).

Pour autant, se contenter de hausser les épaules face aux conflits politiques – advienne que pourra –, c'est

---

44. La différence entre façonner et trouver m'a été suggérée par Ernst Fraenkel. Par exemple, à propos de Narendra Modi quand il declare : « Je ne suis que le médium » et « C'est le peuple dont la voix résonne ». Sunil Khilnani, « The idea of India says persuade not dictate », *Times of India*, 15 août 2017, http://timesofindia.indiatimes.com/india/the-idea-of-india-says-persuade-not-dictate/articleshow/60063019.cms.

45. Le dilemme est bien analysé dans Jonathan White et Lea Ypi, « The Politics of Peoplehood », *Political Theory*, vol. 45, 2015, p. 439-465.

s'interdire d'intervenir face à des dirigeants qui chercheraient à systématiquement déresponsabiliser, voire à priver de leurs droits les minorités. En même temps, il est logique que les tenants de l'affrontement doutent qu'il existe une seule réponse morale correcte, puisque celle-ci ne laisserait aucun choix au *demos*, si ce n'est celui d'accepter poliment le plan idéal transmis par les philosophes[46]. Ils n'ont aucune raison de penser que la « contestation » aboutit forcément à l'inclusion ; elle peut aussi mener à des appels à limiter le *demos* (par des expulsions, par exemple[47]).

Aucune des deux réponses n'est donc satisfaisante. Est-ce parce que la question est mal posée ? Nous ne sommes pas en train d'examiner un globe peuplé d'êtres humains en essayant de les répartir en peuples parfaitement distincts ; on chercherait en vain un point d'Archimède servant de repère[48]. Je propose que nous nous engagions sur une voie différente. Ce qui nous intéresse, ce n'est pas seulement l'abstraction nommée « peuple », mais le peuple en tant que peuple *démocratique*. Bien sûr, la notion comprend un certain nombre de présupposés.

---

46. Contrairement à l'image des populistes qui seraient indisciplinés et briseraient les normes, ils sont du premier côté du dilemme : la norme veut que le peuple soit ceux que les populistes, uniques représentants du peuple, disent qu'ils sont.

47. Il ne suffit pas de dire, quand de telles mesures d'exclusion dominent, « ils sont utiles parce qu'ils nous alertent sur le besoin urgent de promouvoir des contre-perspectives et d'agir pour inciter à le faire ». Voir Jonathan White et Lea Ypi, « The Politics of Peoplehood », *op. cit.*, p. 456.

48. Anna Stilz, *Territorial Sovereignty: A Philosophical Exploration*, New York, Oxford University Press, 2019.

Elle sous-entend notamment qu'un groupe d'individus défini s'engage à vivre suivant des principes d'égalité et de liberté[49]. J'aborderai la question du rapport entre ces principes et la démocratie dans le chapitre qui suit. En attendant, je suppose que la volonté commune de vivre suivant ces principes doit se traduire en un impératif : maintenir un mécanisme institutionnel – un État, pour faire court – qui serve à mettre en œuvre cet engagement collectif[50].

On nous objectera que ce qui avait besoin d'être prouvé n'est plus que supposé. Je répondrai qu'il s'agit d'une esquisse de ce qu'est un peuple démocratique, et non d'une réponse précise à l'interminable conflit sur les frontières. Esquisse qui a le mérite de parer aux éventuels conflits à plus d'un titre :

Premièrement, un peuple démocratique ne saurait expulser ni priver de leurs droits (c'est-à-dire les exclure contre leur gré) des citoyens. Il ne peut pas non plus, plus insidieusement, nier le statut de certains citoyens parce que ce serait aller à l'encontre du serment d'égalité démocratique. Ce type de comportement – ou simplement de rhétorique – se situe au-delà de ce qu'on pourrait appeler la *frontière dure* du conflit démocratique. Refuser d'accéder à la demande des citoyens qui plaident pour les

49. Comme l'a fait remarquer Josiah Ober, il est rare qu'un groupe vise les bénéfices de la coopération sociale sans avoir de maître, mais c'est arrivé ; il n'est pas absurde d'imaginer un groupe visant l'absence de tyrannie, ce que Josiah Ober concède. Voir son *Demopoli,* New York, Cambridge University Press, 2016, p. 37-38.

50. Anna Stilz, *Territorial Sovereignty, op. cit.*, p. 98.

expulsions et les privations de droits, ce n'est pas violer des principes démocratiques, puisque ces mêmes citoyens ne souscrivent pas au projet démocratique collectif. Par ailleurs, nous ne leur devons aucun effort particulier pour justifier les politiques menées puisqu'ils refusent le cadre politique commun[51]. Je consacrerai le dernier chapitre aux cas de figure de citoyens déterminés à expulser et à priver autrui de ses droits et qui s'organisent en partis, parce qu'ils représentent une menace plus grave que des voix dispersées.

Deuxièmement, toujours à propos des frontières, personne n'est en droit d'imposer une conception soi-disant évidente du peuple. Ce qu'ont tendance à faire les défenseurs d'une vision ethnique de la nation (les populistes ne sont pas les seuls à penser que la volonté populaire est là et qu'elle aurait besoin d'être *révélée* par le bon dirigeant[52]). Le problème n'est pas que le désir de restreindre l'immigration soit d'emblée hors du champ démocratique. Il est moins lié au fond qu'à la forme, à la façon de l'affirmer : comme si le peuple était au-delà du conflit politique, comme s'il était naturellement donné. Une chose est de dire que l'immigration fait baisser les salaires des travailleurs peu qualifiés (en dépit du peu de preuves concluantes disponibles), une autre est d'affirmer que seuls les chrétiens sont américains – fin de la discussion. Comme le

51. *Ibid.*

52. Fabio Wolkenstein, « Populism, liberal democracy and the ethics of peoplehood », *European Journal of Political Theory*, vol. 18, 2019, p. 330-348.

rappelle le juriste Christoph Möllers, « dès lors que vous avez une conception du peuple absolument certaine, c'en est fini de la démocratie[53] ».

La frontière dure mentionnée plus haut laisse beaucoup de place au conflit démocratique. Ce qui n'en laisse pas, c'est le fait d'affirmer que le peuple est un donné (« Les Américains sont des chrétiens blancs et l'État n'appartient qu'à eux » – le genre de raisonnement qui incite les républicains à fermer les yeux sur les entorses à la démocratie). Bien sûr, on peut se demander si cette frontière dure ne serait pas une simple « affirmation » s'emparant d'une question politique essentielle pour l'exclure du champ politique. Le fait est que cette frontière se justifie par rapport à un élément indispensable à la démocratie – un élément appelé égalité. Il est vrai que les États non-démocratiques ne s'embarrassent pas de ce genre de questions (ni de frontières normatives[54]).

53. Christoph Möllers, *Das Grundgesetz: Geschichte und Inhalt*, Munich, C. H. Beck, 2019, p. 103.

54. Certains pensent que la démocratie exige de justifier toutes les décisions qui finissent par être coercitives pour d'autres. Les frontières ne touchent pas seulement ceux qui vivent à l'intérieur de ces frontières, mais ceux qui sont exclus à cause d'elles ; c'est pourquoi ces derniers devraient être pris en compte dans le processus de décision. Finalement, du point de vue d'un démocrate conséquent, le *demos* ne pourrait pas ne pas être mondial. On en arrive à la même conclusion en adoptant un critère un peu plus souple et en expliquant que presque toutes les décisions d'un État démocratique – qu'il exerce une pression sur d'autres ou non – ont des effets sur les non-citoyens ; et comme tous ceux qui sont affectés par une décision devraient avoir leur mot à dire, on en revient plus ou moins à un appel à une démocratie mondiale.
Réaction classique à cette position : il serait impossible d'imaginer un mécanisme politique qui permettrait à un *demos* mondial de définir

Cela ne revient pas à dire qu'il est hors de question de modifier les frontières réelles, ni que les processus qui entraînent un rétrécissement du *demos* sont par définition illégitimes. Je pense aux minorités culturelles niées – comme les Kurdes – et incapables de s'exprimer parce qu'un groupe dominant instrumentalise l'État pour promouvoir sa culture (y compris sa langue) aux dépens des autres. Ce type de situation justifierait une sécession

une volonté collective (outre la question de la mise en œuvre cohérente de décisions universellement contraignantes) sans se transformer en tyrannie. Autre objection : il existerait des manières très différentes, mais légitimes, de mettre en œuvre les principes de liberté et d'égalité ; les gens ne seraient pas d'accord sur leur application, même lorsqu'il s'agit de droits politiques fondamentaux ; chacun aurait ses raisons pour ne pas être d'accord, et ces raisons seraient toutes parfaitement bonnes – fondées, par exemple, sur des expériences historiques différentes, des valeurs différentes accordées aux droits fondamentaux (mais ne les déterminant pas exclusivement), des interprétations différentes des effets empiriques que ces droits auraient sur différentes personnes, etc. La vision « il faut que ce soit mondial » aboutit au contraire de ce que veulent les avocats qui se positionnent du point de vue ethnique : elle élargit le peuple au maximum absolu (pour être cohérent, il faudrait aussi tenir compte des extraterrestres dans les débats portant sur la possibilité de les exclure de la Terre). D'un certain point de vue, ces deux extrêmes ont un dénominateur commun : ils mettent fin au conflit démocratique sur la notion de peuple. Dans les deux cas, la taille du peuple est connue, et les différentes formes d'unité ne sont pas défendues et remodelées au fil du temps. Je ne parle pas d'équivalence morale entre les deux points de vue ; il reste beaucoup à dire sur une conception du peuple qui, à la lumière de la notion de réciprocité, est sensible aux externalités. Fabio Wolkenstein mentionne la campagne pour l'indépendance de l'Écosse, car il y voit un exemple d'acteurs essayant de justifier leurs objectifs à la fois auprès de ceux qui sont à l'intérieur et de ceux qui sont à l'extérieur (le reste du Royaume-Uni et l'UE). Voir Arash Abizadeh, « Democratic theory and border coercion: No right unilaterally to control your own borders », *Political Theory*, vol. 36, 2008, p. 37-65, et Fabio Wolkenstein, « Populism », *op. cit.*, p. 343-344.

parfaitement légitime, qui accoucherait d'un *demos* moins nombreux (même si les séparations et les sécessions de peuples démocratiques qui ont effectivement lieu n'impliquent aucun droit d'expulsion).

Sans surprise, les questions d'appartenance nous ramènent à la démocratie (à condition d'imaginer un peuple démocratique), et la démocratie nous oblige à nous pencher sur la notion d'égalité. Cela dit, s'il faut garder ouverte la possibilité de s'affronter sur les questions d'appartenance au sein de ce que j'ai appelé la frontière dure, il faut aussi se pencher sur la nature de l'infrastructure critique de la démocratie. Ce n'est pas seulement un « peuple » qui s'affronte. Comme le faisait remarquer Judith Shklar dans un article intitulé « Ne soyons pas hypocrites » : « Un peuple n'est pas seulement une entité politique, contrairement à ce qu'on espérait jadis. La réalité, ce sont les partis, les campagnes organisées et les dirigeants[55]. » Cette réalité réserve à la fois le pire et le meilleur. Revenir aux fondements de la démocratie nous aidera à comprendre plus précisément ce qui fait qu'elle tend vers le meilleur ou vers le pire.

---

55. Cité dans Adam Przeworski, *Democracy and the Limits of Self-Government,* New York, Cambridge University Press, 2010, p. 27. C'est une autre façon de dire qu'un peuple politique n'est pas une « entité » mais un processus permanent : Jürgen Habermas, « Constitutional Democracy: An Uncertain Union of Paradoxical Principles? », *Political Theory,* vol. 2, 2001, p. 766-781.

La vraie démocratie : liberté, égalité, incertitude

« Comment pourrait-il y avoir un consensus sans qu'il y ait eu au préalable un conflit ? Il est évident que le conflit est le cœur battant de toute société ouverte. Si vous traduisiez la démocratie sous forme de partition musicale, le thème majeur serait l'harmonie de la dissonance. Le changement induit le mouvement, le mouvement induit la friction et la friction induit la chaleur. »

Saul Alinsky

« D'où vient tant de passion pour la conformité ? Diversité, voilà le mot [...] La vérité de notre pays et de tout autre pays, c'est que "le gagnant n'emporte rien". La vie doit être vécue, pas contrôlée ; l'humanité se gagne en continuant à jouer malgré la défaite. Notre destin est de devenir un tout en étant divers. »

Ralph Ellison

« La concurrence, c'est bon pour les perdants. »

Peter Thiel

Les populistes autoritaires de droite sous-entendent que tous les citoyens ne sont pas de vraies gens ; plus exactement, que certains n'ont rien à faire là ou, au mieux, que ce sont des citoyens de seconde zone. Cette incitation au mépris ou à la haine ouverte ne déclenche pas toujours une « agression par ruissellement » (quoique, sait-on jamais ?), mais on est en droit de penser que cela revient à violer un principe démocratique fondamental : le profond sentiment d'égalité politique que les citoyens d'une démocratie sont censés éprouver.

C'est là une intuition très largement partagée, qui immunise la démocratie contre le danger suivant : si l'on considère que la démocratie n'est une bonne chose que parce qu'elle garantit la prospérité et la paix, alors on peut l'abandonner en faveur d'un régime garantissant plus sûrement la richesse et la stabilité (une Chine autoritaire idéalisée, par exemple). Dès lors qu'on refuse de vivre dans une société où certains sont jugés fondamentalement supérieurs aux autres – une forme de société de castes –, on a toutes les raisons d'opter pour la démocratie plutôt que pour l'autoritarisme, même à visage humain. De meilleurs résultats ne sont pas forcément plus souhaitables que les procédures démocratiques désordonnées, lentes, irrationnelles, en apparence[1].

1. Pour qui est d'accord avec cette interprétation de l'égalité comme fondatrice, il est logique de se demander comment la plus grande démocratie du monde peut en même temps être une société de castes. Ce à quoi on peut répondre que la Constitution de l'Inde ne comprend pas seulement un certain nombre de droits et de procédures ; c'est un programme

Nous sommes là face à deux conceptions différentes de l'égalité. La première est l'égalité des droits. La seconde est l'« égalité sociale », c'est-à-dire la fluidité des rapports entre des personnes qui se considèrent comme égales (mais différentes). Rappelez-vous l'absence de déférence et de rapports de pouvoir dans la vie quotidienne américaine qui étonnait tellement Alexis de Tocqueville. Il venait d'un monde où les différences de rang – y compris après la décapitation de l'Ancien Régime – étaient essentielles. Ce type d'égalité répond à un désir humain fondamental de pouvoir regarder autrui les yeux dans les yeux. Qui aurait envie de passer sa vie à faire des courbettes (et à constamment évaluer le regard des autres sur soi[2]) ? Ces relations d'égal à égal sont, par définition, impossibles dans une société non démocratique – c'est-à-dire politiquement hiérarchisée[3]. Mais elles ne sont pas automatiques dans les pays où les élections sont libres et équitables. De nombreux domaines de la vie contemporaine, que ce soit les familles patriarcales ou les entreprises dont

---

pédagogique et politique qui vise à transformer la société et à systématiquement réduire les hiérarchies statutaires. Voir aussi Madhav Khosla, *India's Founding Moment: The Constitution of a Most Surprising Democracy*, Cambridge, Harvard University Press, 2020.

2. Philip Pettit, *On the People's Terms*, New York, Cambridge University Press, 2012, p. 84-88.

3. Les inégalités sociales et politiques sont deux phénomènes distincts. Tel chef d'entreprise en baskets et T-shirt peut être sympa et résister à la tentation de me traiter avec condescendance – mais il y a peu de chances que nous soyons égaux politiquement, sauf si l'infrastructure critique de la démocratie est telle qu'elle garantit autant de chances à chacun de s'engager en politique.

les employés sont obligés de faire sur eux (à cause d'un nombre limité, voire d'une absence, de pauses pipi), sont caractérisés par la domination : de fait, les gens qui sont en principe les citoyens égaux d'un État démocratique sont soumis à la volonté et à l'arbitraire des puissants.

Pour qui est attaché à ce que représente l'égalité sociale, la fracture entre la « politique » officielle – ce qu'on nous présente aux informations le soir – et l'expérience vécue dans le travail et la famille n'a pas lieu d'être[4]. Cela ne veut pas dire que tous les domaines de la vie devraient faire l'objet d'élections ; certaines hiérarchies sont justifiées et ne sont nullement synonymes de domination (je peux donner des recommandations à mes étudiants sans les considérer comme des êtres inférieurs ni attenter à leur dignité en leur interdisant, par exemple, d'aller aux toilettes). Néanmoins, la démocratie au sens social circule et se « diffuse » à d'autres domaines de la vie et c'est une bonne chose : cela met la pression sur ceux qui ont le pouvoir en les obligeant à justifier leur position. Se contenter de dire que « le monde doit être dirigé par des hommes », que « les grands professeurs devraient être autorisés à interrompre les étudiantes », etc., ne suffit pas.

L'égalité, que ce soit au sens social ou au sens d'égalité des droits politiques fondamentaux, n'est pas synonyme de similitude ou d'homogénéité. Le contraire de l'égalité

4. Elizabeth Anderson, *Private Government: How Employers Rule our Lives (and Why We Don't Talk About it)*, Princeton, Princeton University Press, 2017.

n'est pas la différence, parfaitement compatible avec l'égalité politique, mais l'inégalité[5]. Qui plus est, ni l'égalité juridique ni l'égalité sociale ne requiert que les gens soient d'accord. Les divisions et les conflits ne sont pas intrinsèquement problématiques, ni dangereux. Le général Mattis, malheureux secrétaire à la Défense de Trump, rappelait que toute société a besoin d'une « convivialité fondamentale » – on n'est pas loin de la fluidité qui impressionnait tellement Tocqueville –, mais peu après, il déplorait le manque d'« unité politique » de son pays[6]. La promesse de la démocratie n'est pas l'accord de tous et de toutes, elle n'exige pas des citoyens qu'ils fassent preuve d'une « uniformité de principes et d'habitudes », comme le recommandait Alexander Hamilton (un grand homme américain qui fut mieux inspiré quand il déclara, ou plutôt quand il chanta : « Nous sommes un, mais nous ne sommes pas identiques[7] »). Les citoyens ont des idées très différentes sur ce qu'ils pensent être une bonne vie pour eux et, plus largement, sur le bien commun. Ces différences ne sont pas un signe d'irrationalité ni de manque d'information ou d'éducation (ou de rééducation) politique satisfaisante. Souvent elles viennent de dispositions divergentes, d'expériences de vie singulières, de manières différentes

5. Je remercie Jean Cohen pour cette remarque.
6. Dexter Filins, « James Mattis, a Warrior in Washington », *The New Yorker*, 29 mai 2017.
7. Johnny Cash, bien sûr (il est vrai que la chanson a été écrite par U2, mais sa dimension théorique n'apparaît que dans la version de Cash).

d'évaluer des preuves[8]. Dans une société de citoyens libres et égaux, les différences – donc les conflits – ne disparaissent pas d'un coup de baguette magique.

Le désaccord n'est pas synonyme d'irrespect. Lequel n'est pas simplement de la « grossièreté » ni de l'« incivilité », mais plutôt une tendance à refuser aux citoyens le statut de membres libres et égaux de la communauté politique. L'avantage de cette définition est qu'elle permet de voir que l'irrespect est moins courant que ce que l'on dit (je pense à Trump qui qualifiait la moindre critique – surtout si elle émanait d'une femme – d'« irrespectueuse »). En revanche, la véritable absence de respect est une menace plus sérieuse qu'on ne le pense pour la vie démocratique. Peut-on être conflictuel – voire très conflictuel – sans violer les règles démocratiques ? Je reviendrai sur la question à la fin du dernier chapitre de ce livre.

En théorie, l'égalité sociale entre les citoyens serait garantie si ces derniers déléguaient le pouvoir de décision à un arbitre neutre, qui n'aurait aucun intérêt à dominer. Rappelez-vous les figures fondatrices mythiques qui, dans les œuvres de Rousseau et d'autres, créent un système politique parfait et disparaissent comme par magie. Ou alors, imaginez un ordinateur géant qui tiendrait compte des préférences de chacun et produirait un régime

8. John Rawls expliquait que les « fardeaux du jugement » étaient tels que le pluralisme des sociétés démocratiques modernes se révélait inévitable – mais pas problématique en soi. John Rawls, *Libéralisme politique,* trad. de C. Audard, Paris, PUF, 1995.

politique idéal dans lequel personne n'aurait le sentiment d'être traité comme un inférieur.

Il est évident que cette image de la démocratie est peu attrayante[9]. D'abord, être traité comme l'égal d'une instance impersonnelle n'a rien à voir avec l'égalité entre des personnes affirmant *activement* leur statut de membres égaux du corps politique[10]. Qui plus est, plutôt que d'être traités à égalité par une machine, les gens veulent avoir le choix. Ils veulent agir et avoir certaines prérogatives plutôt que d'être l'objet de décisions, fussent-elles prises par une machine programmée pour être clémente (ou une Chine qui fonctionnerait comme si sa propagande reflétait la réalité). Les élections ne servent pas seulement à se débarrasser de mauvais dirigeants, contrairement à ce que dit la doxa. Pour les citoyens, c'est l'occasion d'exercer une plus grande capacité de choix, de dire et d'agir en profitant de droits politiques fondamentaux comme la liberté de parole et de réunion. Les élections ne sont pas seulement la promesse d'un vote collectif pour ou contre tel gouvernement, elles impliquent la liberté de prendre l'initiative et de proposer des changements – des formes

9. Je dois beaucoup à l'excellente analyse des tensions entre égalité et liberté d'Arash Abizadeh dans « Representation, Bicameralism, Political Equality, and Sortition: Reconstituting the Second Chamber as a Randomly Selected Assembly », *Perspectives on Politics*, vol. 19, n°3, 2020.

10. Quels sont les critères exacts suivant lesquels il faudrait traiter les autres comme des égaux ? La question est difficile. Voir G. A. Cohen, « Notes on Regarding People as Equals », *in* Michael Otsuka (dir.), *Finding Oneself In The Other*, Princeton, Princeton University Press, 2013, p. 193-200.

d'intervention politique inédites, des associations politiques novatrices (c'est rare, mais il est essentiel que ces possibilités existent). Ces initiatives sont susceptibles de provoquer des frictions – pour reprendre le terme de Saul Alinsky –, mais, une fois de plus, nous sommes à mille lieues de la polarisation pernicieuse évoquée dans le chapitre précédent.

La liberté consiste à pouvoir s'engager en politique ; elle peut aussi consister à ne pas s'y engager. Certains préfèrent le porte-à-porte et ont plaisir à discuter avec les gens. D'autres estiment que la politique n'est pas pour eux, que ce soit pour de bonnes ou de mauvaises raisons. Cela ne veut pas dire que les citoyens ne sont plus capables de se respecter les uns les autres. Oui, certains esprits civiques portent un regard sévère sur les gens qui refusent de s'engager, mais cela ne veut pas dire pour autant qu'ils leur refusent une place dans la démocratie[11].

La démocratie repose à la fois sur l'égalité et la liberté, mais c'est précisément l'association des deux qui fait que nous n'avons pas tous la même influence sur les affaires de l'État, ni même une chance équivalente d'en exercer une (même si c'est conceptuellement possible). Les citoyens qui participent à une campagne électorale ont plus de poids que les citoyens moins impliqués ; les

11. J'ai décidé de laisser de côté la question complexe du vote obligatoire, que j'ai plutôt tendance à défendre. Payer ses impôts est un devoir vis-à-vis de la vie en commun, voter pourrait également l'être (y compris pour ceux qui souscrivent à la devise « aucun des choix proposés ci-dessus ne me convient »).

gens qui arrivent à élaborer des arguments convaincants ne laissent pas le même type d'empreinte que les autres. Pour apprécier les tensions entre égalité et liberté – et être plus lucide sur ce que coûte de mettre l'accent sur l'une ou l'autre –, il est utile de revenir à la version originale grecque de la démocratie, et surtout à sa forme la plus radicale. Cette dernière montre que l'égalité des chances d'exercer une influence n'est pas un idéal totalement irréalisable. Elle permet aussi de relativiser le préjugé des modernes pour qui les élections – et la notion de choix – sont le seul socle de la démocratie.

Président d'un jour ?

L'égalité sera-t-elle jamais la *probabilité égale* que tous les citoyens influent sur la vie politique[12] ? Dans les démocraties dont les représentants sont élus, la réponse serait plutôt non. Certains candidats sont persuasifs et charismatiques ; d'autres ne le sont pas. D'autres encore sont connus de la quasi-totalité du pays parce qu'ils participent à une émission de télé-réalité où ils sont homme d'affaires ou président : on peut difficilement déplorer qu'un régime manque d'égalité sous prétexte que l'on n'est ni Donald

12. Notons qu'une simple décision de la majorité (en tant qu'elle est différente d'une élection avec campagne, etc.) satisfait aussi à la condition de chances égales et d'égal respect. Sur ce point, voir Kenneth O. May, « A Set of Independent Necessary and Sufficient Conditions for Simple Majority Decision », *Econometrica*, vol. 20, 1952, p. 680-684 ; Charles Beitz, *Political Equality*, Princeton, Princeton University Press, 1989, p. 58-67.

Trump ni Volodymyr Zelensky (lequel a bénéficié de la série *Servant of the People*, dans laquelle il jouait le président d'Ukraine, diffusée en boucle la veille de l'élection présidentielle de 2019, alors que la campagne était officiellement terminée[13]).

Quant à ceux qui n'ont pas d'émissions, l'argument est encore plus simple : l'égalité d'influence réelle n'est pas souhaitable, car elle implique que les mauvais arguments ou les fausses informations pèsent autant que les propos cohérents et fondés sur des faits. Par ailleurs, cet impératif restreindrait les activités de certains citoyens (vous n'avez le droit de frapper qu'à un certain nombre de portes à chaque élection !) et obligerait les gens qui refusent de s'engager en politique à le faire[14].

Cela ne veut pas dire que l'égalité des chances – par opposition à l'égalité d'influence réelle – est un idéal inatteignable. Après tout, dans la *polis* antique, de nombreux postes étaient pourvus à la faveur d'un système élaboré (très imperméable aux manipulations) de tirage au sort, si bien que l'idée de gouverner et d'être gouverné, du moins

13. La différence est ce qui fait la différence : Trump a toujours joué son propre rôle dans les films et à la télé, alors qu'un comédien a besoin d'avoir de l'empathie et d'essayer de comprendre l'expérience vécue par d'autres. Comme le fait remarquer Leo Braudy, « l'expérience de comédien de Reagan, loin de banaliser ses habits de président, lui a permis de projeter un caractère plus complexe que celui qu'il avait en réalité ». Cité dans James Poniewozik, *Audience of One One: Donald Trump, Television, and the Fracturing of America*, New York, Liveright, 2019, p. 210.

14. Arash Abizadeh, « Representation, Bicameralism, Political Equality, and Sortition », *op. cit.*, p. 6.

pour les hommes d'origine athénienne, était une réalité concrète. Chaque citoyen avait une chance non négligeable d'être chef du Conseil, dont le rôle était de préparer l'ordre du jour de l'assemblée des citoyens (où quiconque se présentant avait le droit de voter à main levée). La présidence du Conseil était également une fonction officielle dont le titulaire détenait le sceau d'Athènes, conservait les clés du trésor et représentait la cité vis-à-vis des autres *polis*, mais seulement vingt-quatre heures (oui, les Athéniens veillaient à la rotation fréquente des magistrats, alors que pour nous, qui associons ces fonctions à une grande expertise, c'est inimaginable...) L'historien Mogens Hansen écrivait ainsi : « Un citoyen sur deux de plus de trente ans [...] a servi au moins une fois en tant que membre du Conseil, et les trois quarts des magistrats devaient, au cours d'une même année, servir une nuit et un jour comme *épistatès ton Prytanéion* (une fois, mais pas deux). Ce président, l'*épistatès ton prytanéon*, était tiré au sort parmi les prytanes et n'était en fonction qu'une nuit et un jour ; un nouveau tirage au sort (entre ceux qui ne l'avaient pas encore été) avait lieu chaque jour au coucher du soleil. Un simple calcul conduit à ce résultat étonnant : un homme adulte sur quatre [...] pouvait dire : "J'ai été pendant vingt-quatre heures président d'Athènes, mais aucun citoyen athénien ne pouvait se vanter de l'avoir été plus de vingt-quatre heures[15]." » Les chances d'occuper

15. Mogens Hansen, *La Démocratie athénienne à l'époque de Démosthène*, trad. de S. Bardet, Paris, Tallandier, coll. « Texto », 2009, p. 291.

cette « présidence » (qui ne conférait aucun privilège particulier quand il s'agissait de fixer les grandes lignes de la *polis*) étaient donc vraiment égales.

Il est vrai que certaines fonctions de la démocratie étaient électives. Le *strategos* – qui correspond à notre général – était choisi pour ses compétences, et Périclès n'a cessé d'être confirmé à son poste. Les finances étaient également confiées à ceux que l'on considérait comme les plus doués pour les chiffres. C'est précisément pour cela que certains politologues assimilent l'élection de représentants à une forme d'aristocratie, dans le meilleur sens du mot, par opposition à un mécanisme parfaitement démocratique comme le tirage au sort[16]. Après tout, nous acceptons sans problème que les citoyens soient chargés de sélectionner les *aristoi* – littéralement, les meilleurs – et pas simplement les plus riches, c'est-à-dire les oligarques, quand ils votent[17].

16. Je force sciemment la différence entre Anciens et Modernes, mais je n'affirmerais pas que les Grecs étaient nécessairement de cet avis. Après tout, l'assemblée, en tant qu'organe de décision, émettait des décrets (alors que les *nomothetai* formulaient des lois générales), si bien que les citoyens tirés au sort ne « gouvernaient » pas au sens où nous l'entendons. On présumait que les citoyens étaient capables d'occuper une fonction (s'ils étaient assez âgés : il fallait avoir trente, voire quarante ans pour certaines fonctions), et non pas que le pouvoir de décision devait être confié à un individu choisi au hasard. Même Mogens Hansen, sceptique quant à l'idée que le tirage au sort était avant tout un moyen d'affirmer l'égalité, souligne ce contraste : « Les oligarques optaient pour l'élection et l'occupation des postes par des individus ; les démocrates choisissaient le tirage au sort et la collégialité. » (*ibid.*, p. 237).

17. Bernard Manin, *The Principles of Representative Government*, Cambridge, Cambridge University Press, 1997.

Nous n'avons aucune envie d'être représentés par n'importe qui. Nous avons besoin d'avoir des preuves des compétences des prétendants, de leur charisme ou, du moins, de leur capacité à imiter de manière convaincante le comportement d'un président à la télévision (quand il était président, Zelensky savait quand même jouer son rôle de président ; Trump, lui, n'a jamais joué que le rôle de Trump).

Si nous croyions vraiment à l'égalité, l'idée d'un tirage au sort ne nous gênerait pas[18]. Démocrates conséquents, nous présupposerions que *tous* nos concitoyens (y compris, aujourd'hui, les femmes et les minorités ethniques !) sont aussi qualifiés – du moins suffisamment qualifiés – pour conduire les affaires de l'État. De fait, nous ne posons aucune vraie condition préalable pour que tel ou telle politicien ou politicienne se présente aux élections, à part, dans certains pays, un âge minimum et le fait d'être né sur le sol national. En outre, aujourd'hui, la fonction de citoyen (oui, c'est aussi une fonction !) ne dépend d'aucune preuve de compétences. Si nous le *voulions* vraiment, le tirage au sort – le seul mécanisme qui garantit des chances égales de réussite – serait la solution pour garantir l'égalité politique.

Le fait que certains y rechignent prouve-t-il que l'apologie de l'égalité politique est du bluff ? Non. Il est évident

---

18. Notons que c'est un argument théorique. Les historiens doutent que les Athéniens aient choisi le tirage au sort pour affirmer l'égalité des citoyens. Le tirage au sort « sauvegardait la puissance du peuple, prévenait les conflits et empêchait la corruption », écrit Mogens Hansen (*La Démocratie athénienne*, *op. cit.*, p. 112).

que les élections – et le principe de la représentation – ne sont pas démocratiques en soi, mais elles ne reflètent pas non plus une conception aristocratique de la politique. Pour l'instant, je dirai simplement (je développerai ces points plus tard dans le chapitre) que les élections et la représentation nous permettent de faire face à des conflits profondément enracinés, mais légitimes, au sein de la frontière dure que j'ai défendue dans le chapitre précédent. Les représentants – en particulier les dirigeants des partis politiques – incarnent divers intérêts et différentes idées et identités. Ils exposent les termes de leur engagement politique, puis partent au combat (dans les urnes, à la télévision, sur Twitter, etc.). La nature de ce combat ne va pas de soi ; le conflit porte en partie sur la définition des conflits. Comme le souligne le politologue E. E. Schattschneider, dont la vision de la politique américaine est plus que réaliste, « les conflits politiques ne sont pas des débats interuniversitaires au cours desquels les adversaires s'accorderaient pour que les questions soient définies au préalable. *La définition des alternatives est même l'instrument suprême du pouvoir* ; les adversaires peuvent rarement s'accorder sur ce que sont les questions puisque la notion de pouvoir est au cœur de cette définition[19] ». Les citoyens qui prennent parti dans le conflit s'engagent. Ils ont le sentiment de faire partie du jeu et d'être représentés. À Athènes, les conflits étaient légion, mais il n'y avait pas

19. E. E. Schattschneider, *The Semisovereign People: A Realist's View of Democracy in America*, Boston, Cengage, 1975, p. 68.

de représentation permanente de conflits ni de groupes – c'est-à-dire de partis – pour y répondre (pas de groupements politiques siégeant ensemble dans l'assemblée). Le mot qui désigne un « parti » n'existait pas, ni celui qui désigne un ou une « politicien.ne[20] ».

L'élection d'une assemblée représentative, dont les candidats sont connus et représentent les différents tenants de conflits bien identifiés, vaut mieux que le tirage au sort. Les élections produisent des résultats qui, au moins à un certain niveau, ne sont pas de l'ordre du différend subjectif. Ce que les antidémocrates appellent parfois « King Number » (le « Roi Chiffre ») a un avantage : les chiffres ne se prêtent pas à l'interprétation de chacun[21]. De ce point de vue, les élections sont le meilleur moyen de prendre en charge les conflits : elles accouchent de gagnants et de perdants sans aucune ambiguïté[22]. Si nous partons du principe, toujours dans une optique réaliste, que la

20. Mogens Hansen, *La Démocratie athénienne*, *op. cit.*, p. 319-330.

21. Évidemment, ce n'est pas aussi simple que cela : il peut y avoir des erreurs de comptage des voix (ce qui entraîne des récriminations sans fin). Dans certains pays, vous pouvez obtenir plus de voix et perdre – la prétendue première démocratie du monde en est un exemple. Sans oublier les doutes que les théoriciens du choix social tels que Kenneth Arrow ont émis sur la promesse de « résultats sans ambiguïté ». Certes, le cyclisme est moins problématique dans le monde réel que pour la théorie sociale. Par ailleurs, comme l'a souligné Andreas Schedler, les marges d'erreur des élections ne sont pas des statistiques : « Les erreurs potentielles des élections ne sont pas inférentielles, mais organisationnelles. » Andreas Schedler, *The Politics of Uncertainty*, Oxford Scholarship Online, 2013, p. 111.

22. C'était également vrai dans l'assemblée antique, sauf que les Grecs ne comptaient pas les votes individuels, mais s'appuyaient sur des estimations (que les perdants pouvaient contester).

politique vit dans l'ombre permanente de la guerre civile, elles sont le lieu où les adversaires potentiels d'un conflit montrent les muscles. Elles permettent de savoir qui est le plus fort sans avoir recours aux armes[23]. Les élections – ce que Walt Whitman appelait « un conflit sans glaive, pourtant plus décisif que toutes les guerres romaines antiques ou napoléoniennes modernes[24] » – vont dans le sens de la paix.

Le tirage au sort ne reflète en rien l'équilibre des forces entre les différents groupes. Il ne permet pas aux perdants de se regrouper ni de se représenter aux élections suivantes. Il correspond à une croyance collective qui attribue à tous les citoyens une compétence élémentaire équivalente, mais ne résout pas les conflits persistants.

Très bien, dira-t-on, mais cela ne veut pas dire que l'élection d'organes représentatifs ne penche pas du côté de l'aristocratie. Le contre-argument décisif est le suivant : c'est aux citoyens de décider quels sont les conflits les plus urgents et qui, et comment, représente au mieux leurs opinions, voire peut arriver à une résolution. Nous ne fixons aucun *critère* permettant de sélectionner les candidats à une élection. Autrement dit, dans une démocratie, il n'existe pas de notion convenue, encore moins naturellement donnée, de qui est « le meilleur » ou « la meilleure ». Les citoyens sont libres de choisir celles et ceux

23. Adam Przeworski, *Democracy and the Limits of Self-Government*, *op. cit.*

24. Walt Whitman, « Jour d'élections politiques », trad. de L. Chevallier, *Le 1*, 2 mars 2016.

qui se présentent (non pas celles et ceux qui s'imposent) suivant les critères qu'eux-mêmes jugent les meilleurs (et, en théorie, ils peuvent se présenter si la liste des candidats ne leur convient pas[25]).

L'idée convoque aussitôt le spectre des présidents issus de la télé-réalité que les progressistes redoutent[26]. Elle est pourtant au cœur de la notion d'égalité dans la liberté politique. Chacun est libre de décider de ce qui lui tient le plus à cœur. Il est utile de pouvoir en parler parce que cela peut être une source d'inspiration pour d'autres ou, au contraire, parce que d'autres peuvent éclairer ma lanterne si mes choix sont fondés sur de fausses informations (il se trouve que tel magnat de la télé-réalité gère très mal son entreprise, par exemple). Sauf que je n'ai à justifier ni mes critères ni ma décision finale si plus d'un candidat correspond à ces critères. Autant la démocratie est par définition un exercice collectif, autant le vote est un acte isolé et anonyme[27]. Les

---

25. Comme le dit très justement Cas Mudde, les progressistes adorent avoir des frayeurs [communication personnelle].

26. Aux États-Unis, je peux savoir, sur Internet, si mes voisins sont encartés dans un parti, donc pour qui ils votent (à moins qu'ils ne soient stratèges et essayent d'influencer le parti avec lequel ils sont en désaccord).

27. Bernard Manin a un contre-argument de taille qui s'applique encore aujourd'hui : « Avec le vote public, vous, électeur, vous ne choisissez sûrement pas ceux qui contrôlent votre vote, mais eux s'auto-choisissent : vous votez sous le regard de ceux qui s'intéressent à vous. En pratique, cela signifie que le vote public ne condamne pas chaque électeur au contrôle d'un très large public, mais seulement au contrôle de son environnement social [...]. Il ne s'agit que d'un groupe restreint et limité. Or, il n'y a aucune raison de penser que ce groupe limité est moins particulariste, égoïste ou étroit d'esprit que la personne dont il contrôle le vote. » Voir « Why Open Voting in General Elections Is Undesirable »,

citoyens s'enferment dans un *isoloir*[28]. À l'origine, cet « isolement » volontaire visait à protéger les électeurs de la pression des plus puissants et de la corruption (en effet, à quoi bon corrompre des gens si vous ne pouvez pas vérifier qu'ils choisissent celui pour lequel vous les avez payés ?)

Maintenant, que se passe-t-il si l'influence corruptrice de l'argent ou de généreuses quantités de whisky (typiques des élections américaines au XIXe siècle) peut être éliminée ? Pourquoi avons-nous toujours besoin du « petit bonhomme qui entre dans son petit box » (pour reprendre une définition peu connue de la démocratie de Churchill) ? Pour certains penseurs, à partir du moment où il n'y avait pas de pression indue, l'idée que chacun assumait publiquement son vote était un principe qui se tenait ; on faisait de meilleurs choix si l'on devait rendre compte de sa décision aux yeux de tous. John Stuart Mill, un grand esprit libéral du XIXe siècle, écrivait ainsi : « Si les préférences de l'électeur sont susceptibles de l'induire en erreur, mais que son sentiment de responsabilité vis-à-vis des autres le maintient dans le droit chemin, il vaut mieux exiger la publicité que le secret[29]. »

Peu importe que les pressions exercées par les puissants – que ce soit des employeurs ou des patriarches – n'aient

---

in Jon Elster (dir.), *Secrecy and Publicity in Votes and Debates*, New York, Cambridge University Press, 2015, p. 209-214 ; ici, p. 211.

28. En français dans le texte.

29. John Stuart Mill, « Thoughts on Parliamentary Reform », *in* J. M. Robson (dir.), *Essays on Politics and Society*, Toronto, University of Toronto Press, 1977.

pas disparu de la planète. Je note que dans les pays où les élections sont « ouvertes », c'est-à-dire non secrètes, les titulaires en place ont très largement tendance à l'emporter[30]. Qui plus est, l'hypothèse qui voudrait que l'on distingue facilement le bon choix du mauvais est hasardeuse et va à l'encontre de la liberté fondamentale qui consiste à réfléchir seul aux critères qui importent. Nous avons suffisamment de preuves qui montrent que la majorité des citoyens ont effectivement et sincèrement l'intention de voter pour le bien commun[31]. Le problème est que la probabilité qu'ils le fassent est à la fois trop faible et trop forte. Elle est trop faible parce que, comme vous le dira quiconque ayant assisté à certains comités ou certaines réunions professionnelles (ou à un rassemblement politique), il est très facile de présenter des intérêts particuliers comme s'ils étaient d'intérêt général (pour les autres, voire pour soi-même). Elle est trop forte parce que la démocratie n'exige pas que tout un chacun soit altruiste en permanence. Les gens sont chez eux en démocratie justement parce qu'ils peuvent faire valoir leurs intérêts en toute confiance et essayer de bâtir des coalitions à partir de là (à condition que les principes de liberté et d'égalité ne soient pas violés : je ne peux pas dire que mes intérêts ne sont respectés que si j'ai la possibilité de créer un mouvement de masse pour expulser la moitié de la population).

30. Adam Przeworksi, *op. cit.*

31. Comme le concède même Jason Brennan dans *Against Democracy* (Princeton, Princeton University Press, 2016).

Revenons à John Start Mill, car il trahit ce qui le préoccupe. Il fait remarquer que le temps de la « coercition des propriétaires, des employeurs et des clients » est apparemment passé, mais que...

> à l'heure actuelle [...] une source de mal bien plus grave est l'égoïsme, ou les partialités égoïstes de l'électeur. Désormais, j'en suis convaincu, l'électeur accorde un « vote honteux et ignoble » par intérêt personnel, intérêt de classe, ou quelque sentiment mesquin de son esprit, bien plus souvent que par peur des conséquences de la main d'autrui. À ces influences néfastes, le bulletin [c'est-à-dire le vote secret] lui permettrait de se livrer sans aucun sentiment de honte ni de responsabilité[32].

John Stuart Mill en concluait avec horreur que « les électeurs [étaient] en train de se muer en oligarchie[33] ». Il redoutait – en 1859 – qu'une classe, les travailleurs, ne vote que pour ses « intérêts » matériels et non pour le bien commun[34]. Or il n'y avait et il n'y a rien de répréhensible à ce que des citoyens fassent valoir leurs intérêts, à condition que ce soit selon un processus équitable, libre

32. John Stuart Mill, « Thoughts on Parliamentary Reform », *in* J. M. Robson (dir.), *Essays on Politics and Society*, Toronto, University of Toronto Press, 1977, p. 311-39 ; ici p. 332.

33. *Ibid.*, p. 333.

34. Acceptant d'élargir le vote, Gladstone précisait que les électeurs devaient faire montre de « maîtrise et de contrôle de soi, de goût de l'ordre, de patience s'ils souffrent, de confiance dans la loi ».

et ouvertement démocratique (par opposition au 1 % de la population qui fausse le processus en sa faveur).

À son époque, John Stuart Mill était un progressiste, même s'il pensait qu'il fallait contenir les masses avides. Il préconisait d'ailleurs d'accorder plus d'une voix aux électeurs instruits, ne comprenant pas que les privilégiés sont aussi enclins à faire des choix égoïstes que la « populace ». En tout cas, les élections offrent la liberté, dont la liberté de différencier (sous couvert d'anonymat) les candidats[35]. Aucun candidat ne peut se plaindre en disant qu'il aurait gagné si les citoyens ne l'avaient pas différencié des autres (alors qu'un candidat peut dire qu'il ou elle n'a pas pu défendre son point de vue dans un régime apparemment démocratique qui jugule systématiquement le pluralisme des médias[36]).

Représentation ou démocratie ?

Une démocratie représentative implique que chacun est libre de choisir ses critères pour savoir qui est le « meilleur » et respecte le choix de ses concitoyens. C'est autre chose que de se gouverner soi-même, de gouverner et d'être gouverné à tour de rôle, ce que recommandait Aristote. Nous élisons des représentants pour qu'ils nous

35. On peut aussi discriminer ouvertement un candidat à cause de sa race ou de son genre par exemple. Une élection ouverte ne résoudrait pas le problème, car on peut cacher ses vraies motivations.

36. Arash Abizadeh, « Representation, Bicameralism, Political Equality, and Sortition », *op. cit.*, p. 7.

gouvernent, mais souvent les politiciens que nous choisissons finissent dans l'opposition (ou n'entrent jamais ni au Parlement ni au Congrès), si bien que de nombreux citoyens ne peuvent même pas prétendre gouverner indirectement.

Pour les esprits attachés aux principes de Rousseau, non seulement c'est la mort, mais ce n'est pas une belle mort : déléguer le pouvoir du peuple à des représentants est incompatible avec la démocratie au sens fort du terme. C'est ainsi que Rousseau se moquait de la prétention anglaise à l'autonomie : « Le peuple anglais pense être libre ; il se trompe fort ; il ne l'est que durant l'élection des membres du Parlement ; sitôt qu'ils sont élus, il est esclave, il n'est rien[37]. » Le philosophe était convaincu que, dans un régime politique digne de ce nom, on n'obéit qu'aux lois dont on est l'auteur ; le reste n'est que servitude. Comme il l'écrivait fermement, il faut espérer vivre dans « une forme d'association qui défende et protège de toute la force commune la personne et les biens de chaque associé, et par laquelle chacun s'unissant à tous, n'obéisse pourtant qu'à lui-même et reste aussi libre qu'auparavant[38] », sinon on est asservi. La notion de représentation est refusée à double titre, parce qu'elle est synonyme d'absence de liberté et d'inégalité fondamentale. Il est évident qu'en tant que simples électeurs, nous ne sommes pas

37. Rousseau, *Le Contrat social,* chapitre XV, « Des députés ou représentants ».
38. *Ibid.*, livre III, chapitre VI, « Du pacte social ».

les égaux des représentants qui déterminent le cours des affaires politiques.

Le diagnostic sévère de Rousseau repose sur deux hypothèses : la représentation est antidémocratique en soi ; la liberté de la vie publique exige l'unanimité. Si je refuse de me conformer à la loi décidée par tous les autres, soit je suis obligé d'obéir à la volonté d'autrui et je ne suis plus libre, soit je me retire plus ou moins du jeu politique. (Il existe une troisième possibilité : mes sentiments évoluent, sans doute parce que mes concitoyens m'y aident : c'est le scénario sinistre envisagé par Rousseau à propos des citoyens « forcés d'être libres »).

Voilà ce que serait une réponse classique à la première hypothèse : le monde moderne ne permet pas la participation permanente de chacun. La représentation par des politiciens élus n'est qu'un des aspects de la division du travail que nous connaissons. Les Athéniens ne pouvaient gouverner et être gouvernés à tour de rôle que parce qu'ils étaient libérés des corvées quotidiennes. Les citoyens de la *polis* démocratique pouvaient se consacrer à la vie politique quasiment sans interruption parce que les esclaves et les femmes (et les étrangers résidents) s'occupaient du reste, et parce que les plus pauvres, à certaines périodes de l'histoire de l'Athènes démocratique, étaient payés pour participer à la vie politique, en particulier pour siéger dans les tribunaux[39]. Notre organisation ne nous y autorise pas

39. La différence entre l'ancienne polis et la démocratie moderne représentative ne se réduit pas à la différence entre démocratie directe

(les pays où les étrangers résidents s'occupent de tout le pourraient, sauf que les citoyens des États du Golfe semblent peu désireux de prendre modèle sur la démocratie athénienne[40]).

Cette image d'Athènes n'est pas complètement fausse, mais il faut nuancer : les citoyens athéniens travaillaient (beaucoup des pauvres que Platon et les ennemis de la démocratie craignaient étaient des ouvriers et des artisans, et pas des fainéants sans éducation qui attendaient qu'un démagogue les galvanise[41]). Si les gens étaient payés pour assister à l'assemblée et siéger au tribunal du peuple, c'est parce qu'ils pouvaient difficilement renoncer à une journée de travail ou de salaire (il y avait évidemment des gens qui se présentaient tôt le matin dans l'espoir d'être tirés au sort, pour qui la politique était devenue un vrai métier). Le prix de la politique démocratique d'Athènes n'était pas l'esclavage ; c'était l'argent qu'il fallait pour financer une large participation (et la volonté des citoyens de se mobiliser et d'y consacrer du temps).

---

et indirecte. Athènes avait des élections pour les fonctions représentatives ; aujourd'hui, de nombreux pays ont des référendums, des initiatives populaires, etc. Il y a une différence majeure, cela dit, c'est le rôle des tribunaux populaires (qui n'avaient pas de service de poursuites pénales et dont les membres n'étaient pas fortunés ; l'on payait des citoyens lambda pour qu'ils y siègent), qui étaient très importants pour avoir l'œil sur les riches élites. Comme l'écrit Paul Cartledge, « le *demos* exerçait son *kratos* dans les tribunaux ». Paul Cartledge, *Democracy*, Oxford, Oxford University Press, 2016, p. 117.

40. Je remercie Cas Mudde pour cette remarque.

41. Ellen Meiskins Wood, *Peasant-Citizen and Slave: The Foundations of Athenian Democracy*, New York, Verso, 1989.

Pour la plupart des hommes athéniens, la politique était une activité importante, mais à temps partiel. Les historiens estiment que le nombre de ceux qui étaient vraiment engagés ne dépassait pas 1 000 (sur une population de 30 000 citoyens[42]). Nous avons beau vivre à mille lieues du monde grec, nous pouvons en tirer des enseignements sans abandonner l'idée de représentation ni imaginer, ce qui est peu plausible, qu'on puisse gouverner sans connaissances ni compétences particulières (je proposerai d'ailleurs un enseignement important, tiré d'Athènes, dans le dernier chapitre de ce livre).

Ce qu'on peut évidemment objecter à la seconde hypothèse de Rousseau, c'est que la vie moderne permet difficilement d'atteindre l'unanimité. Là encore, il n'est pas entièrement vain d'opposer le passé et le présent, mais il faut nuancer : la vie prémoderne n'était pas régie par le consensus. Les Athéniens étaient très litigieux et ne cessaient de s'opposer pour des questions politiques. Ils étaient d'accord sur les règles élémentaires – exemple, c'est la majorité qui décide –, mais beaucoup moins sur les questions de fond. Aux yeux des critiques, le conflit empêchait la stabilité – j'ai mentionné dans la préface le fait qu'Athènes était considérée par les contemporains comme une girouette –, mais les désaccords étaient aussi l'occasion de faire valoir des points de vue différents et, de façon moins évidente, de faire circuler des informations et des savoirs variés. Pour les défenseurs d'Athènes, ces

42. Mogens Hansen, *La Démocratie athénienne, op. cit.*, p. 356.

rivalités internes féroces étaient même un avantage. Elles ont contribué à la capacité d'innovation exceptionnelle de la *polis* athénienne et, finalement, à son succès inattendu dans un monde de cités-États et d'empires extrêmement compétitif[43].

Certes. Et si la démocratie représentative, fondée sur les élections, était au mieux un second choix (ce qui suscite chez les théoriciens, voire chez la plupart des citoyens modernes, une nostalgie sans fin de la *polis* grecque) ? Et si c'était un compromis difficile entre des principes en profonde tension ? C'est sûrement ce que pensaient les Pères fondateurs américains, pour qui la représentation était une alternative distincte de la démocratie, laquelle implique la participation continue et directe du peuple. James Madison expliquait que la représentation servait « à affiner et élargir les opinions du public en les faisant passer par l'intermédiaire d'un corps choisi de citoyens suffisamment sages pour pouvoir identifier le véritable intérêt de la société ».

Ce courant de pensée a alimenté l'idée que la « démocratie représentative » est une contradiction dans les termes. Nous aurions soit la représentation, soit la démocratie. De nombreux penseurs, souvent inspirés par Rousseau, en ont conclu que dans le monde moderne, la représentation était une façon de tenir le peuple à distance. Certains sont

43. Josiah Ober, *Demopolis, op. cit.* et « Epistemic Democracy in Classical Athens », *in Hélène* Landemore et Jon Elster (dir.), *Collective Wisdom: Principles and Mechanisms,* New York, Cambridge University Press, 2012, p. 118-147.

allés jusqu'à assimiler la représentation à la répression – une conclusion un peu hâtive : la représentation n'est ni démocratique ni antidémocratique en soi. Idem pour les élections. Tout dépend de la façon dont on les envisage et de ce qui se passe avant et, surtout, *après* l'élection des représentants.

La démocratie pour les perdants

Les élections permettent de générer des décisions collectivement contraignantes pour une entité politique. Il existe évidemment d'autres moyens d'arriver à ce type de décisions. « Seul le dictateur décide » peut aussi être la règle. Si l'objectif est de savoir qui a le pouvoir et qui ne l'a pas, une guerre civile prolongée peut faire l'affaire. La démocratie, elle, promet d'aboutir à des décisions pacifiquement *et* part du principe que chaque citoyen a autant de chances de participer, principe lui-même fondé sur l'idée que tous ont une capacité de jugement politique égale qui doit être respectée.

Or, par définition, tout le monde ne peut pas gagner une élection. Même les vainqueurs peuvent être déstabilisés après la victoire ; ils peuvent par exemple découvrir ce genre de tweet : « Les perdants sont jaloux de vous, mais surtout ne leur donnez rien. Soit vous êtes fort & prospère, soit vous êtes faible & vous crevez ! » Et encore, même sans parler de ce bruit de fond trumpien destiné à inquiéter les gagnants, on peut rester perplexe face à l'apparente nécessité, pour les perdants, de devenir légèrement schizophrènes : ils ne sont pas d'accord avec les idées du gagnant, *en même temps* ils sont d'accord pour que ces idées deviennent des lois contraignantes pour tout le monde. Les vaincus, comme le dit un politologue réaliste, Walter Lippmann, sont censés « accepter avec bonne humeur des politiques qu'ils n'ont pas approuvées[44] ». Pour Rousseau, c'est une contradiction synonyme de perte de liberté. Est-ce vraiment le cas ?

On dit rarement qu'il est difficile de perdre dans une démocratie. Ce n'est pas une question de politesse ou de civilité au sens où il faut être bon joueur, comme Al Gore qui, en parfait gentleman du Sud, a non seulement reconnu sa défaite face à George W. Bush en décembre 2000 avec un sourire un peu contraint (il est vrai que pour certains, tout chez Gore était artificiel), mais a ajouté : « Il est temps pour moi de partir. »

Il y a des façons de perdre qui minent la démocratie, et d'autres qui la renforcent. Ce qui est propre à notre époque, c'est que les populistes optent souvent – mais pas toujours – pour une stratégie parfaitement logique de leur point de vue, mais nuisible pour le processus politique (même s'ils n'arrivent jamais au pouvoir). Le phénomène est le suivant : les partis populistes qui échouent sont confrontés à une contradiction évidente : comment seraient-ils les seuls représentants du peuple moralement

44. La révision judiciaire est une complication à laquelle les perdants peuvent avoir recours pour infirmer les décisions de la majorité d'un corps représentatif.

légitimes alors qu'ils n'obtiennent jamais de majorité écrasante dans les urnes[45] ?

Tous n'ont pas la même façon de surmonter cette contradiction, mais ils sont nombreux à attirer l'attention sur ce qu'ils appellent « la majorité silencieuse », une de leurs formules préférées. Par définition, si la majorité silencieuse s'exprimait, ils seraient au pouvoir. S'ils n'y sont pas, c'est donc que nous sommes moins en présence d'une majorité silencieuse que d'une majorité *réduite au silence* – une majorité que quelqu'un ou quelque chose a empêchée de faire entendre sa voix. Ce faisant, ils insinuent qu'ils n'ont pas vraiment perdu les élections, mais que des élites corrompues ont dû manipuler les choses en coulisses. Trump en est un exemple frappant : à l'automne 2016, quand il a sous-entendu qu'il n'accepterait pas la victoire électorale de Hillary Clinton, il a effectivement mis en question l'intégrité du système électoral américain. Beaucoup de ses partisans ont compris le message : selon une enquête, 70 % de ses soutiens pensaient que, si Hillary Clinton était élue, c'est que les résultats avaient été « truqués » (heureusement, en Floride, seuls 40 % de

45. Certains expliquent que ce qui distingue les populistes, c'est qu'ils affirment la spontanéité du peuple contre des procédures ossifiées. Peut-être. Mais il n'y a pas de démocratie sans procédures. Quelle est la première chose que font les mouvements spontanés dont le désir de démocratie est au-dessus de tout soupçon ? À l'instar d'Occupy Wall Street, ils se lancent dans des débats sans fin pour savoir quelles procédures sont les bonnes (assemblées générales, etc). Michael Kaplan, « Prohibiting the people: Populism, procedure and the rhetoric of democratic value », *Constellations*, vol. 26, 2019, p. 94-115.

ses électeurs pensaient que Hillary Clinton était le diable. Autrement dit, une nette majorité reconnaissait au moins son humanité[46]).

Puis l'année 2020 a vu la chronique d'une fraude annoncée : une fois de plus, Trump a dit qu'il n'accepterait pas la défaite ; mais cette fois-ci, il a effectivement essayé de voler les élections en accusant ses adversaires de les voler. Son raisonnement reposait sur un axiome essentiel du populisme : seul le vote en faveur des représentants authentiques du peuple est légitime (et légal). Il n'était donc pas surprenant que le 6 janvier, il qualifie la foule réunie sur le Mall de « vraies gens » et leur déclare son « amour » avant de leur ordonner d'envahir le Capitole pour protester contre le résultat des élections.

Bien entendu, tout le monde peut critiquer, par exemple, le système électoral américain – dont les failles ne manquent pas. Une fois de plus, les critiques sont une preuve de vitalité démocratique. Ce qui est incompatible avec la démocratie, c'est l'affirmation des populistes qui revient à dire : « Si nous n'avons pas gagné, c'est que le système est corrompu et pourri. » Car ils sapent systématiquement la confiance des citoyens dans leurs institutions et violent toute une tradition politique – même s'ils ont rarement les leviers du pouvoir.

À part ces manières plus ou moins symboliques d'être mauvais perdant, il existe une façon plus concrète d'être

46. Sam Wang, « Why Trump Stays Afloat », *New York Times*, 29 octobre 2016.

battu tout en niant les conséquences de sa défaite. Je pense à l'AKP d'Erdoğan, qui a perdu les élections municipales à Istanbul en 2019. Ce dernier a commencé par dire que la victoire de son adversaire, issu du principal parti social-démocrate laïc, était due à des « irrégularités », voire à un « vol des urnes ». Peu après, son parti a perdu encore plus nettement d'autres élections. Les observateurs se sont félicités en disant que même en Turquie, les élections ne pouvaient être entièrement manipulées, mais à l'étranger, personne n'a fait attention à ce qui s'est passé ensuite : Ankara n'a eu de cesse de réduire le contrôle des ressources et l'accès aux financements du maire d'Istanbul.

Une dynamique comparable a eu lieu à Budapest à l'automne 2019. L'opposition espérait l'arrivée de l'« Istanbul Express » en Hongrie. Lequel a fini par y arriver plus tôt : assenant un coup significatif à Viktor Orbán, une alliance de partis de gauche l'a emporté dans la capitale. Mais le gouvernement national a saboté l'administration de la ville en engageant des procédures destinées à lui retirer des fonds et des prérogatives (dans un pays où le pouvoir est déjà très centralisé).

Autre exemple : l'art avec lequel les législateurs républicains de plusieurs États américains ont vidé de leurs pouvoirs des postes (surtout des postes de gouverneur) que leur parti avait perdus. Ils ont modifié les règles du jeu de façon à transformer les gagnants en perdants, du moins en acteurs contraints de jouer un jeu différent de celui qu'ils pensaient jouer après avoir gagné.

Ce genre de manipulations n'a pas uniquement lieu à l'issue d'élections. Les observateurs qui s'intéressent aux démocraties plus ou moins bafouées, comme les États-Unis, ou aux autocraties de fait, comme la Hongrie, le déplorent : les candidats sortants charcutent les circonscriptions et utilisent l'appareil d'État à des fins partisanes – par exemple, en confondant sciemment la publicité pour le gouvernement et la propagande pour leur parti. En d'autres termes, ils tentent d'influencer ce qui, idéalement, devrait être un « terrain de jeu équitable[47] ». Il arrive même que des acteurs politiques déclarent ouvertement vouloir écarter des citoyens qu'ils jugent gênants pour leur victoire. Paul Weyrich, un des fondateurs du mouvement conservateur aux États-Unis, l'a avoué publiquement : « Je ne souhaite pas que tout le monde vote. Les élections ne sont jamais gagnées par une majorité de gens. À dire vrai, plus le nombre de gens qui votent diminue, plus notre influence sur les élections augmente[48]. » Dans ce cas de figure, ce sont les politiciens qui choisissent le peuple, et ce n'est plus le peuple qui choisit les politiciens – une réalité qui confirme un risque déjà souligné par

47. Un terrain de jeu inéquitable est un terrain caractérisé par l'accès inégal aux institutions étatiques, aux ressources et aux médias ; voir Steven Levitsky et Lucan A. Way, « Why Democracies Need a Level Playing Field », *Journal of Democracy*, vol. 21, 2010, p. 57-68. Ce n'est sans doute pas un hasard que, si l'on examine les élections dans le monde de 1788 à 2000, les sortants l'emportent à 80 %. Adam Przeworski, *Democracy and the Limits of Self-Government*, *op. cit.*, p. 167.

48. Cité dans Allan Lichtman, *The Embattled Vote in America*, Cambridge, Harvard University Press, 2018, p. 248.

Rousseau : les perdants sont prêts à tout pour s'opposer à ce qu'ils interprètent comme une non-liberté.

Or perdre n'est pas toujours synonyme de non-liberté ou d'impuissance. Il existe ce qu'on appelle le sacrifice de soi : accepter la défaite pour maintenir le jeu démocratique et la cohésion de la société politique[49]. Il est vrai que l'échec fragilise, mais il n'est pas toujours synonyme de perte de pouvoir (surtout si la personne a un poste sûr au sein des institutions politiques, même s'il est prouvé que les perdants des systèmes de représentation proportionnelle souffrent moins que ceux des systèmes majoritaires). Dire que l'échec entraîne un manque de liberté, c'est nier les libertés dont l'opposition doit bénéficier dans une démocratie. Il existe en vérité un art de perdre qui ouvre la voie à la victoire et à la création de nouvelles conditions de vie pour la sphère politique.

Les perdants peuvent par exemple forcer les gagnants à faire des concessions majeures, soit pendant une campagne électorale, soit parce qu'ils ont progressé dans les urnes[50]. Ils peuvent encore, même si c'est moins évident, obliger les gagnants à écouter, voire les mettre dans l'embarras face à un public important – de visu et in situ. Je pense au visage blême de Tony Blair, qui venait de l'emporter dans sa circonscription de Sedgefield en 2005, quand il a dû écouter le discours de Reg Keys, père d'un

49. Danielle S. Allen, *Talking to Strangers: Anxieties of Citizenship since Brown v. Board of Education*, Chicago, University of Chicago Press, 2004.

50. Jennifer Hochschild, « Four Ways to Lose Politically », *Political Theory* (à paraître).

soldat tué en Irak. Reg Keys avait décidé de se présenter comme candidat indépendant contre la guerre (il a obtenu un peu plus de 10 % des voix).

Encore moins évident, l'art de faire de sa défaite une preuve d'intégrité. En 1964, par exemple, Barry Goldwater a perdu les élections présidentielles face à Lyndon Johnson et ne l'a remporté que dans le Sud profond et dans son État natal, l'Arizona. Mais, comme l'ont souligné les politologues Jeffrey Tulis et Nicole Mellow, il a perdu avec *intégrité* : fidèle à ses principes politiques, il a bâti une telle plateforme pour le mouvement conservateur que Ronald Reagan – qui a joué de son charme pour masquer les versants les plus durs de ladite plateforme – a fini par l'emporter[51]. Il est vrai qu'à un certain niveau, il s'agit de gagner. Mais la manière de gagner est importante, comme l'est celle de perdre. Les pertes les plus dévastatrices – si on sait en tirer parti – peuvent se transformer en victoires à long terme.

L'art de perdre peut être très démocratique si les perdants reconnaissent la défaite parce qu'ils estiment que chacun avait la même chance d'avoir voix au chapitre, c'est-à-dire la possibilité de faire valoir ses arguments dans un processus équitable[52]. Une élection démocratique

51. Jeffrey K. Tulis et Nicole Mellow, *Legacies of Losing in American Politics*, Chicago, University of Chicago Press, 2018. À l'heure où les partis de gauche abandonnent souvent les dirigeants quand ils ont perdu, rappelons-nous que des figures du changement comme Brandt et Mitterrand ont été défaites plusieurs fois avant de gagner.

52. Le problème est évidemment que dans beaucoup de démocraties contemporaines, on peut affirmer que tout le monde n'a pas voix au

n'est pas la simple addition de préférences, c'est le fruit d'un long processus d'engagement des citoyens les uns vis-à-vis des autres, qui permet aux perdants de considérer qu'ils sont en partie auteurs du résultat collectif[53]. Sans quoi, ils se jugeraient supérieurs à leurs concitoyens qui se trouvent être majoritaires dans les urnes.

Concrètement, on démontre son attachement à la démocratie en formant une *opposition loyale*, c'est-à-dire loyale à l'égard des procédures de la démocratie – sous-entendu : « Nous ne dénigrons pas le système sous prétexte que nous avons perdu. » Et loyale à l'égard des conséquences du processus politique – sous-entendu : « Nous obéissons aux lois, même si ce sont nos adversaires qui les ont proposées ; nous sommes persuadés que notre programme politique est supérieur au leur ; nous tâcherons de mieux le défendre la prochaine fois. »

La notion d'opposition loyale est une des principales innovations de la démocratie moderne par rapport au modèle athénien. En 1826, quand John Cam Hobhouse, réformateur et ami de Byron, se présenta pour la première fois comme membre de « l'Opposition de Sa Majesté », c'était une plaisanterie (les rapporteurs de la Chambre des

---

chapitre. Cela n'équivaut pas à donner un chèque en blanc à n'importe quel genre de désobéissance, mais cela légitime un certain type de désobéissance démocratique, sur laquelle je reviens dans le quatrième chapitre. Daniel Viehoff, « Democratic Equality and Political Authority », *Philosophy and Public Affairs*, vol. 42, 2014, p. 337-375.

53. Daniel Markovits, « Democratic Disobedience », *Yale Law Journal*, vol. 114, 2005.

communes ont dûment noté les rires[54]). Mais l'idée a fini par être prise au sérieux, car la démocratie a besoin d'un groupe plus ou moins cohérent qui, pour des raisons partisanes, est contre le gouvernement, mais qui, pour des raisons de principe, *n'est pas* contre le système politique[55]. Elle a besoin d'un groupe qui critique le gouvernement, très sévèrement si nécessaire, mais qui ne nie pas la légitimité de ce gouvernement. D'un groupe qui, suivant une observation judicieuse de Tocqueville, élabore des idées cohérentes – ce que les gouvernants, accaparés par ce que Max Weber appelait les « exigences du jour », n'ont pas le temps de faire[56]. Enfin, elle a besoin d'un groupe qui agit

54. Commons Chamber, transcription parlementaire, le 10 avril 1826, https://hansard.parliament.uk/Commons/1826-04-10/debates/9539b799-a397-487e-9839-65bee9e441e8/CommonsChamber.

55. Il existe un cas intéressant, qui permet de voir si l'idée tient : un parti démocratique qui cherche à faire sécession. Au Canada, le Bloc québécois a été qualifié d'opposition déloyale, alors qu'en raison de son score électoral, il a été désigné opposition loyale. Comme l'a déclaré un député en 1995 : « Monsieur le Président, je ferai quelques commentaires à destination de la loyale opposition de Sa Majesté, soit le Bloc québécois, soutenu par les libéraux, en faisant spécifiquement référence aux mots "loyal" et "opposition". À en croire le dictionnaire Oxford, "loyal" signifie fidèle, digne de confiance, vrai, constant dans son allégeance, et dévoué au souverain ou au gouvernement de son pays. À la Chambre, le Bloc n'est certainement pas loyal envers Sa Majesté ni envers le Canada, et il complote ouvertement contre le gouvernement pour créer un Québec séparé. » Voir https://www.ourcommons.ca/DocumentViewer/en/35-1/house/sitting-265/hansard#HERMAJESTY'SLOYALOPPOSITION.

56. Tocqueville l'expliquait ainsi : « L'une [la majorité] s'appuie sur le pouvoir, il lui faut avant tout le conserver ; l'autre [l'opposition] sur l'opinion publique. Son levier à elle, c'est la ferveur populaire ; ses armes dans la lutte qu'elle soutient, ce sont les convictions ardentes, les passions désintéressées qu'elle fait naître ou qu'elle entretient dans le pays. Elle n'a pas d'autorité. Que deviendrait-elle si la population venait à lui

en s'opposant *ouvertement* et se bat en se conformant à un certain nombre de principes. L'alternative à l'opposition loyale n'est pas le consensus, mais les intrigues en coulisses et les affrontements chaotiques sur tel et tel sujet.

Inversement, le parti au pouvoir doit reconnaître le rôle de l'opposition[57]. Quand Theresa May, exaspérée par une succession de défaites au Parlement, martelait *« Brexit is Brexit »*, elle semblait vouloir que l'opposition se taise jusqu'aux élections suivantes. Ce réflexe était profondément antidémocratique et violait l'idée que l'opposition est là pour chahuter la politique quotidienne du gouvernement et proposer des alternatives cohérentes, mais pas antisystème. Silvio Berlusconi n'était pas très loin quand il a décrété en souriant : « Puisque vous m'avez élu en toute liberté, vous n'avez qu'à vous taire et me laisser

manquer ? » « Sa grande puissance, poursuit-il, résidera toujours dans ses sentiments et dans ses ides générales. » « Lettres sur la situation intérieure de la France », *Œuvres complètes*, t. 1, Paris, Gallimard, coll. « La Pléiade », p. 1109 et 1108.

57. Il en tire aussi un bénéfice : une opposition cohérente contraint un gouvernement à être plus cohérent. Martin Van Buren, par exemple, comprit que la présidence de James Monroe était entravée par l'affaiblissement des Fédéralistes qui provoquait plus de factionnalisme au sein du parti national (Monroe s'était présenté sans opposition en 1820). Voir Richard Hofstadter, *The Idea of a Party-System: The Rise of Legitimate Opposition in the United States*, 1780-1840, Berkeley, University of California Press, 1969, p. 228-229. Comme le déclara Martin Van Buren, « au lieu d'avoir deux grands partis attachés l'un contre l'autre, rivalisant librement et ouvertement pour établir les principes administratifs du gouvernement que tous deux jugeaient le plus apte à servir l'intérêt public, le pays était infesté de factions personnelles ». *Inquiry into the Origin and Course of Political Parties in the United States*, New York, Hurd and Houghton, 1867, p. 3-4.

travailler[58]. » George Washington, ennemi déclaré des « sociétés autocréées » – c'est-à-dire du pluralisme des partis politiques – et partisan de la démocratie synonyme d'unanimité, était outré de voir des gens le critiquer entre deux élections[59].

La loyauté de l'opposition peut être institutionnalisée de façon à ce que les vainqueurs puissent prouver leur loyauté vis-à-vis du système politique. Dans une chambre législative, on peut imaginer des voix de l'opposition réagissant aussitôt aux discours des ministres, ce qui serait l'occasion pour le parti adverse d'accentuer les différends et d'avancer d'autres propositions ; des seuils assez bas pour créer des commissions d'enquête ; des journées de l'opposition où les perdants fixeraient l'ordre du jour des travaux du Parlement ; la possibilité d'accorder à l'opposition ce que le Royaume-Uni appelle de la *Short Money*, qui permet de financer son travail parlementaire (y compris ses « recherches[60] ») ; voire la nomination d'opposants à la présidence de commissions importantes (où s'effectue une grande partie du travail d'un Parlement). Le gouvernement et l'opposition sont obligés de s'engager l'un envers l'autre, et plus cet engagement est considéré comme équitable

58. Cité par Nadia Urbinati, *Representative Democracy : Principles and Genealogy*, Chicago, University of Chicago Press, 2006, p. 236.
59. John M. Murrin, « Escaping Perfidious Albion: Federalism, Fear of Aristocracy, and the Democratization of Corruption in Postrevolutionary America », *in* Richard K. Matthews (dir.), *Virtue, Corruption, and Self-Interest*, Bethlehem, Lehigh University Press, 1994, p. 103-145 ; ici, p. 118-119.
60. Le chef de l'opposition a le même salaire qu'un ministre.

(et comme une vraie collaboration, en dépit des contradictions évidentes), mieux c'est. Nous sommes loin d'une vision sommaire des règles démocratiques qui seraient des « mécanismes hydrauliques destinés à faire avancer la société dans le sens du courant principal[61] ».

Cependant, si l'opposition doit avoir son mot à dire, la majorité doit pouvoir obtenir ce qu'elle veut[62]. Il est important de le souligner, au risque de voir l'opposition profiter des occasions de s'exprimer pour faire obstruction aux projets de loi des vainqueurs, notamment en insinuant que le gouvernement manque de légitimité. De ce point de vue, la tactique de Mitch McConnell restera dans les annales du Sénat étatsunien : après avoir annoncé que son but était d'empêcher Barack Obama d'obtenir un second mandat, le sénateur a mis au point toute une stratégie fondée sur la meilleure façon d'exploiter les procédures législatives – en violant leur esprit – pour paralyser un leader national (en 2016, son « proche », Steve Bannon, affirma que si les élections ne revenaient pas à la bonne personne, « [leur] stratégie de secours, [ce serait] de lui foutre des bâtons dans les roues pour l'empêcher de gouverner[63] »). Mitch McConnell fut un mauvais perdant à

61. Charles Beitz, *Political Equality*, *op. cit.*, p. 229.

62. Je joue sur la jolie formule « the minority should have its say, and the majority should have its way » de la Commission de Venise, *Opinion On the Relationship between the Parliamentary Majority and the Opposition in a Democracy: A Checklist* (2019, visible sur https://www.venice.coe.int/webforms/documents/default.aspx?pdffile=CDL-AD(2019)015-e).

63. Cette stratégie repose sur l'idée que les électeurs ne reprocheront pas à un gouvernement son inaction apparente. L'idée ne fonctionne pas

double titre : non seulement il n'a pas accepté la défaite, mais il a mis à mal le système politique en poursuivant des objectifs exclusivement partisans, voire personnels (sans compter ce qu'oublient souvent les admirateurs de cet as de l'obstruction : Obama a obtenu un second mandat).

Dans une démocratie représentative digne de ce nom, l'opposition n'est pas asservie (n'en déplaise à Rousseau) sous prétexte qu'elle n'a pas les leviers du pouvoir. Contrairement à ce qu'affirmait Mitch McConnell – les gagnants font la loi, les perdants n'ont qu'à s'en aller –, l'opposition est là pour faire valoir ses arguments contre le gouvernement et elle est libre de plaider pour des alternatives. Idéalement, la majorité et la minorité sont en discussion permanente, au Parlement et ailleurs, et leurs arguments circulent dans le cadre d'un conflit politique continu, mais contenu – ce que George Washington, qui se voyait comme une sorte de monarque républicain, jugeait indigne de sa personne[64].

La formule « en discussion permanente » a évidemment quelque chose d'un peu naïf quand on sait que l'affrontement permanent entre un Premier ministre britannique et le chef de l'opposition tient plutôt du combat. Lequel est plutôt sain, sauf quand ce jeu brutal se transforme en

---

pour toutes les démocraties ; cela dépend beaucoup de l'état des corps intermédiaires, notamment des médias professionnels. La citation de Bannon vient de Jacob S. Hacker et Paul Pierson, *Let Them Eat Tweets, op. cit.*, p. 206.

64. L'idée de discussion permanente entre gouvernement et opposition remonte à Hans Kelsen, qui pensait aussi que cela produirait des compromis entre les deux camps.

jeu clairement déloyal et que les personnes au pouvoir cherchent systématiquement à exclure l'opposition ou empêchent les affrontements salutaires. Je pense aux systèmes parlementaires comme celui de la Hongrie, où le parti au pouvoir s'arrange pour que les députés qui le soutiennent, mais qui ne sont pas au gouvernement, présentent des lois importantes en pleine nuit, évitant ainsi les longues périodes de débats qui seraient nécessaires si le gouvernement présentait lui-même ses projets.

Si le jeu est trop injuste, pourrait-on nous objecter, il vaut mieux que l'opposition se sacrifie pour préserver la démocratie. Le danger, c'est qu'elle risque de se retrouver aux mains de « gogos et de canailles », pour reprendre les mots du politologue Andreas Schedler[65]. Les adeptes du jeu pensent qu'on peut rétablir les règles en adoptant le principe « un prêté pour un rendu ». Mais répondre à l'injustice par l'injustice peut provoquer une spirale de violations des normes. Combattre le feu par le feu risque de faire brûler toute la maison (un scénario sur lequel je reviendrai dans le dernier chapitre de ce livre).

Il est important de rappeler qu'en cas de conflit, toutes les violations des règles ne se valent pas. Les surnoms injurieux sur Twitter n'ont pas à faire l'objet d'une réponse aussi grossière (même les pro-Trump ont fini par s'en lasser). La meilleure façon de réagir aux tentatives d'éradication d'électeurs n'est pas d'écarter les électeurs du

---

65. Andreas Schedler, « Democratic Reciprocity », *Journal of Political Philosophy*, vol. 29, n° 2, 2021.

camp adverse. Au contraire, il faut résister à la mécanique du « un œil pour un œil » – qui a quelque chose de psychologiquement satisfaisant – au profit d'une réciprocité qui préserve la démocratie, voire qui l'améliore : je pense aux mesures que la partie adverse n'apprécie pas, qui se justifient néanmoins parce qu'elles obéissent à de vrais principes démocratiques[66]. Aux États-Unis, par exemple, je citerai l'octroi du statut d'État au district de Columbia et à Porto Rico (deux cas d'injustice résumée par la formule « taxation sans représentation », que tous les Américains devraient reconnaître). Il est évident que l'opposition ne peut pas toujours se permettre d'être aussi directe, mais une opposition légitime peut se faire accréditer en réagissant par des mesures draconiennes, voire en contrevenant aux normes – mais sans déroger aux principes de liberté et d'égalité : une *riduzione verso il principio* effectuée par les acteurs politiques.

La disparition d'une opposition loyale est l'une des conséquences de l'ascension des partis populistes et, plus généralement, des mouvements antisystème[67]. Si les autres partis s'engagent à écarter le parti antisystème, *tous* risquent d'avoir à former un gouvernement. La Thuringe est un exemple : à l'automne 2019, l'AfD a obtenu de très bons résultats aux élections, si bien que des partis aux programmes aussi inconciliables que les chrétiens-démocrates de centre droit et la gauche postcommuniste ont dû

66. *Ibid.*

67. Je suis redevable à Armin Nassehi pour ce point.

s'allier. Cette situation de type « tous contre un » ou « un contre tous » a un effet pervers. Elle conforte la vieille rhétorique populiste : les partis ne cherchent qu'à préserver leurs privilèges illégitimes et leurs gains mal acquis. La preuve ? Ils forment un cartel pour écarter les seuls représentants authentiques du peuple.

Autre effet pervers, moins flagrant : les coalitions trop larges donnent l'impression de brouiller les pistes. Les dirigeants populistes le rappellent sans cesse à leurs troupes : on vous a toujours dit qu'en dépit de leurs programmes ostensiblement différents, les « partis établis » n'ont qu'un but, piller l'État. De fait, qui aurait pu penser qu'en Italie, le Premier ministre Matteo Renzi, officiellement de gauche et prêt à la *rottamazione,* c'est-à-dire la destruction de l'ancien système, finirait par conclure un accord avec Silvio Berlusconi pour obtenir des modifications de la loi électorale ? On ne pouvait trouver mieux pour valider les récriminations de Beppe Grillo contre la corruption de la « caste » des politiciens.

À partir du moment où tous les partis autres que les partis antisystème gouvernent, il n'y a plus d'opposition loyale. Il n'y a qu'une opposition antisystème. Les nationaux-socialistes qualifiaient leurs opposants de *Systemparteien,* une formule péjorative reprise par l'extrême droite allemande actuelle[68]. Un élément essentiel de la démocratie représentative – l'idée qu'une alternative

68. Voir l'exemple : https://afd.nrw/aktuelles/2017/06/keine-demokratie klausel-mit-den-systemparteien/.

systématique, mais pas antisystème existe – disparaît[69]. La perte est moins grave pour les partis que pour la démocratie.

Qu'en est-il du scénario inverse, une opposition dans un régime populiste ou face à un gouvernement déterminé à saper les règles de la démocratie (n'ayant pas encore établi de régime populiste à proprement parler) ? Tout porte à croire que, dans un vrai régime populiste, l'opposition *se doit* d'être déloyale et explicitement antisystème[70]. Mais les choses ne sont pas si simples, surtout quand l'opposition est fragmentée entre plusieurs petits partis (une « diversité » parfois habilement fabriquée par les régimes populistes, dont la Hongrie est un exemple). Dans ce cas, il est important que les partisans restent fidèles à leurs engagements en partant du principe que les citoyens

69. Même sans parti antisystème, la fragmentation des systèmes de partis peut être telle que l'idée que l'opposition loyale soit un gouvernement possible est moins plausible, puisqu'il se peut que les divers partis d'opposition ne puissent former d'alternative cohérente. Voir Florian Meinel, *Die Vertrauensfrage: Zur Krise des heutigen Parlamentarismus*, Munich, C. H. Beck, 2019, p. 36-38.

70. Une question se pose : les partis de l'opposition doivent-ils boycotter des élections ? La sagesse veut que non, mais il est impossible de répondre sans tenir compte du contexte. Si ce sont des élections présidentielles, l'argument en faveur du boycott tient mieux parce que, contrairement à un Parlement, l'opposition n'occupera pas un seul poste (mais ne perdra pas toute représentation ni tout levier). Autre variable : le régime est-il déjà perçu comme antidémocratique par des observateurs extérieurs importants ? S'il ne l'est pas, un boycott spectaculaire peut faire évoluer les esprits (ou gêner les acteurs extérieurs qui refusent de reconnaître le pilonnage de la démocratie en cours – imaginez la pression sur la Commission européenne qu'aurait provoquée le boycott des élections législatives en Pologne et en Hongrie).

peuvent ne pas être d'accord avec la politique menée, mais ne doivent pas manquer de respect. Tout ce que fait un régime populiste affirmé ou en devenir n'est pas autoritaire. Il n'empêche, si des principes politiques fondamentaux sont en jeu, l'opposition doit s'unir et signifier très clairement aux citoyens que certaines questions ne relèvent pas d'un banal différend politique. Un exemple : l'abolition de la loi sur la protection des patients et les soins abordables (dite « Obamacare ») est un choix politique cruel et incohérent à bien des égards, mais n'importe quel président républicain s'y essaiera et, si cela se produit, la démocratie n'en mourra pas. En revanche, la remise en cause du droit de regard du Congrès n'est pas une pomme de discorde ordinaire, c'est une atteinte au système en tant que tel. Qui justifie une forme de *désobéissance* démocratique distincte (sur laquelle je reviendrai au quatrième chapitre). Établir des distinctions est un art qui, s'il est bien mené, freine la propagation du point de vue résigné et cynique qui consiste à dire : « Quoi qu'il [au hasard, Trump] fasse, ils ne sont pas contents, alors peu importe ce qu'ils pensent. »

Une opposition très fragmentée a du mal à proposer une alternative politique cohérente à un régime populiste. En outre, c'est une situation qui la met face à un dilemme délicat, comme en Hongrie où les dirigeants de l'opposition libérale et de gauche ont dû réfléchir pour savoir s'ils pouvaient s'allier au parti d'extrême droite Jobbik. La réponse la plus plausible est la suivante : l'opposition peut s'unir en proposant une liste commune de candidats plutôt technocrates, tout en soulignant ses divergences internes. Elle peut aussi s'arranger pour ne pas avoir à donner son aval au programme du gouvernement. Comme nous le verrons dans le dernier chapitre, quand ils sont au pouvoir, les populistes choisissent rarement la démocratie directe, si bien que les courants d'opposition peuvent s'en tirer en réclamant des référendums ; après tout, un référendum est une structure binaire – oui ou non – et si la question est posée de façon à mettre le gouvernement dans l'embarras (en montrant que les représentants soi-disant uniques du peuple ne reflètent pas l'opinion de la majorité), elle peut ébranler le régime sans que l'opposition ait besoin d'adopter le même point de vue idéologique. Contrairement à ce que l'on pense, les référendums ne sont pas le meilleur ami institutionnel des populistes. Ils peuvent être retournés contre eux et devenir une arme puissante et très précisément ciblée. C'est ce qui explique que le gouvernement hongrois ait tout fait pour empêcher les référendums proposés par de simples individus.

Enfin, dans les régimes autocratiques (ou autocratisants, un néologisme malheureusement utile à notre époque), les partis d'opposition ne sont pas les seuls à pouvoir proposer des alternatives cohérentes. Si la Cour constitutionnelle est neutralisée par les populistes au pouvoir, d'anciens juges peuvent créer une institution parallèle et indépendante. Ils peuvent se saisir des mêmes affaires que le pouvoir judiciaire détourné et prononcer des jugements qui sont ceux qu'un organe autonome prononcerait. C'est ce qui a été tenté en Pologne, où le parti au pouvoir a fait main basse sur le Tribunal constitutionnel[71]. Il s'agit ici d'une sorte de double État qui n'est pas imposé d'en haut, mais né d'en bas pour opposer le pouvoir de l'argumentation à l'arbitraire du pouvoir[72].

S'attendre à l'inattendu ?

Vous aurez noté que la pratique de la démocratie représentative exige un équilibre extrêmement délicat. Car il doit toujours y avoir une chance raisonnable que mon camp puisse gagner ; je dois toujours être sûr que c'est une possibilité - sinon, pourquoi ne pas tout abandonner ? En même temps, si j'étais sûr de gagner, je serais certes satisfait du résultat mais les observateurs y verraient la liquidation de la démocratie - et ils auraient raison. Adam Przeworski définit la démocratie comme une forme d'« incertitude institutionnalisée[73] ». La formule est

71. Merci à Tomasz Koncewicz.

72. Il y a évidemment une zone grise : tous les cas ne supposent pas une seule décision. Par ailleurs, tous les jugements des tribunaux des pays non démocratiques ne sont pas prononcés sur ordre des gouvernants (le fait que les tribunaux bondés de Moscou et Budapest agissent parfois comme des institutions indépendantes induit en erreur les observateurs ; il est plus difficile de comprendre que les dossiers vraiment importants pour Poutine et Orbán soient jugés comme ces deux autocrates le veulent.)

73. Adam Przeworski, *Democracy and the Market*, New York, Cambridge University Press, 1991. Comme Andreas Schedler le souligne, « la politique de l'incertitude transcende les frontières entre régimes démocratiques et régimes autoritaires ». Dans les démocraties, la certitude des procédures va avec l'incertitude des résultats concrets. Dans les autocraties, la certitude des résultats concrets va avec l'incertitude des

difficile à manier, mais elle contient une vérité profonde : les résultats politiques – surtout les élections – doivent être incertains. Si l'on veut que tout soit clair d'emblée, il existe des alternatives plus ou moins sympathiques : la Corée du Nord, où les candidats officiels ont 100 % des voix ; ou l'Azerbaïdjan, où les résultats des élections ont été malencontreusement publiés sur une application iPhone la veille du scrutin (en 2013) ; ou encore Trump annonçant sa victoire parce qu'il était en tête jusqu'à ce qu'il ordonne d'arrêter le décompte. Comme le disait le dramaturge Tom Stoppard, « la démocratie, ce n'est pas le vote, c'est le décompte des votes[74] ». Creusant sa notion d'incertitude institutionnalisée, Adam Przeworski faisait une remarque apparemment banale, mais lumineuse : la démocratie est un système où les partis perdent les élections (pour enfoncer le clou, ajoutons que ce n'est pas un système où ce sont toujours les *mêmes* partis qui perdent ces élections[75]).

---

procédures. Résultat ? Pour Andreas Schedler, « alors que les démocraties faibles sont aussi fragiles que les autocraties faibles, les autocraties consolidées ne sont jamais aussi sûres que les démocraties consolidées ». Andreas Schedler, *The Politics of Uncertainty*, *op. cit.*, p. 26.

74. Extrait de sa pièce intitulée *Parodies*.

75. Adam Przeworski, *Democracy and the Market*, *op. cit.*, p. 10. La présence de partis n'est pas une preuve de démocratie, comme le rappelle Erica Frantz. « Dans l'après-seconde-guerre, 91 % des régimes autoritaires avaient au moins un parti politique en face alors qu'ils étaient au pouvoir. » Voir son *Authoritarianism*, New York, Oxford University Press, 2018, p. 76. Certains autocrates tiennent à mettre en scène une « indépendance » qui serait une preuve de démocratie. En Biélorussie, sous le règne de Loukachenko, « les indépendants officiels ont obtenu 48 % des sièges aux législatives en 1995, 73,6 % en 2000, 89,1 % en

L'incertitude n'est synonyme ni de chaos ni de hasard ; au contraire, puisqu'elle est institutionnalisée (l'issue d'une guerre civile est incertaine, mais cette guerre n'est pas institutionnalisée). Les règles doivent permettre *et* contenir le conflit, même si, je le répète, mettre l'accent sur les règles ne signifie pas réduire la démocratie à une petite élite de combattants[76]. Les procédures doivent autoriser les perdants à avoir leur mot à dire, ainsi que les gagnants, et elles doivent les autoriser non seulement à échanger leur place, mais à introduire de nouveaux gagnants et de nouveaux perdants au fil du temps.

Certes, il est difficile d'imaginer des manifestants pro-démocratie s'exclamant : « Nous exigeons une incertitude institutionnalisée dès maintenant ! » (surtout après une pandémie charriant autant d'incertitudes). Mais l'incertitude est aux gagnants ce que l'espoir est aux perdants. De ce point de vue, Peter Thiel a parfaitement raison de dire que la concurrence est faite pour les perdants (même s'il voulait dire que dans les affaires, un vrai gagnant se débrouille toujours pour avoir le monopole). Enfin, et c'est important, s'il n'y a pas d'incertitude, les citoyens n'ont aucune raison de s'engager.

Il ne s'ensuit pas que plus il y a d'imprévisibilité ou de hasard, mieux c'est – ou plus il y a de démocratie. Mais il est important de rappeler que la démocratie n'a aucun sens

2004 et 93,6 % en 2008. » Voir Andreas Schedler, *Politics of Uncertainty*, *op. cit.*, p. 90.

76. Je dois cette formulation à Sam Moyn.

si les gens ne peuvent pas changer d'avis un minimum, y compris sur la démocratie et les règles qui la définissent à un moment donné. C'est la raison pour laquelle le mot le plus choquant du fameux discours de campagne de Hillary Clinton jugeant les électeurs « déplorables » n'était pas « déplorables ». C'est ce que son adversaire et certains de ses partisans ont dit qui était (et est) réellement déplorable. Le mot le plus choquant du discours de Hillary Clinton était « irrécupérables » – comme s'il valait mieux ne pas essayer de s'adresser à certains citoyens, de les inclure dans la conversation ou de porter un autre regard sur eux. Dans le même esprit, mais on s'en souvient moins, en 2012, le républicain Mitt Romney avait trahi le même déterminisme antidémocratique quand il avait distingué les *makers* et les *takers*, les entrepreneurs et les assistés, ces derniers – 47 %, selon les estimations des républicains – étant prêts à voter pour Obama « quoi qu'il arrive ».

Ce qui est sans doute plus grave, c'est le déterminisme démographique commun à la gauche et à la droite que tout oppose par ailleurs. Aux États-Unis, les démocrates sont toujours persuadés que l'émergence d'une démocratie majorité-minorité leur garantit une base à long terme. Inversement, un Mitch McConnell est capable de refuser le projet de faire des districts de Washington et de Porto Rico des États sous prétexte que ce serait un « coup de force » – ce qui signifie qu'il pense que les minorités votent contre son parti.

Tout le monde sait qu'en pratique, les gens changent rarement d'avis et que certaines catégories sont fidèles à un parti – l'Histoire le prouve. Mais on ne peut pas toujours anticiper ni savoir exactement qui sont ces gens, et on ne peut pas renoncer à l'idée que la démocratie est fondée sur l'espoir que certains opteront pour d'autres idées – aucune identité donnée n'est synonyme de destinée politique. Pour le dire autrement, éradiquer l'incertitude de la démocratie nuit non seulement aux perdants, mais à la minorité. La vraie démocratie protège aussi les membres des majorités ponctuelles susceptibles de changer d'avis.

Inutile, pour l'accepter, de se bercer de grandes idées et d'imaginer que les citoyens analysent les différents programmes à chaque élection et, après une délibération rationnelle, choisissent le parti qu'ils jugent le plus apte à assurer le bien commun[77]. Aux États-Unis, cela fait plusieurs décennies que les chercheurs s'en prennent aux manuels d'instruction civique qu'ils vilipendent parce qu'ils présentent les citoyens comme politiquement responsables et intellectuellement cohérents. Certains de mes collègues se complaisent à montrer que les gens sont fondamentalement irrationnels et mal informés (en politique, bien sûr ; en revanche, ils sont incollables sur les émissions *American Idol*, *Big Brother* et autres.) D'où l'idée – de plus en plus répandue chez les esprits ouverts désespérés par les désastres du type Brexit et Trump – qu'il faut abandonner la « théorie de la démocratie du peuple »

77. Si c'était le cas, une Elizabeth Warren serait présidente. Je dois cette remarque à Cas Mudde.

qui suppose des citoyens formant une volonté populaire cohérente que les gouvernements, sensibles à la notion de « volonté du peuple », sont chargés de mettre en œuvre[78].

Certains chercheurs vont jusqu'à mettre en doute ce que beaucoup considèrent comme un argument élémentaire : la démocratie est le seul moyen pacifique de se débarrasser des mauvais gouvernants. Même cet argument trahirait une vision trop optimiste. Car l'expression « Débarrassons-nous de ces bons à rien » suppose que les gens savent qui est bon à rien et qui ne l'est pas. À ce propos, les Américains ont une anecdote qui fait partie de leur folklore politique soi-disant réaliste. Quatre mois avant les élections présidentielles de 1916, les habitants de la côte du New Jersey ont subi une série d'attaques de requins. La légende dit qu'un requin aurait même remonté un ruisseau avant de dévorer deux jeunes gens[79] (soixante ans plus tard,

78. Christopher H. Achen et Larry M. Bartels, *Democracy for Realists: Why Elections Do Not Produce Responsive Government*, Princeton, Princeton University Press, 2016. Même ces réalistes concèdent que « du moment qu'une presse libre peut rendre compte d'agissements douteux et qu'un public averti peut être au courant, les politiciens ont des garde-fous qui les incitent à éviter de faire ce qui est en général très méprisé. Des violations ont lieu, bien sûr, mais elles se payent cher. Elles peuvent vous coûter votre poste. En revanche, dans les dictatures, la corruption morale ou financière est plus courante parce que l'indignation publique a moins de moyens d'expression organisés. C'est une petite victoire modeste pour la responsabilité politique. » (*ibid.*, p. 319). À l'heure du populisme autoritaire, nous sommes en train de nous rendre compte que cette victoire n'est pas si petite que ça.

79. Roslyn Fuller, *In Defence of Democracy*, Cambridge, Polity, 2019, p. 55-61. Roslyn Fuller propose différentes raisons justifiant d'être sceptiques face aux conclusions tirées de ce qu'elle appelle les sciences

l'histoire inspirera une superproduction hollywoodienne). Ces « Douze Jours de terreur » ont provoqué, dit-on, une diminution du soutien au président sortant, Woodrow Wilson, de 9 à 11 points dans les communes menacées par les requins, alors que Wilson n'avait rien à voir avec ce drame[80]. Les mauvaises expériences – y compris la défaite d'une équipe sportive locale – incitent les gens à se retourner contre leurs gouvernants. Le vote rétrospectif est aveugle. La colère ne l'est pas, les gens ont une raison très précise d'être en colère, mais cette raison n'a rien à voir avec la politique démocratique.

Cette histoire de requins est effectivement incroyable, et les esprits libéraux américains, volontiers sceptiques à l'égard des petites gens, l'adorent. Très bien, mais est-elle vraiment significative ? En 1916, Wilson a été battu dans plusieurs États du Nord-Est où il n'y avait pas de requins, alors que dans la commune où le requin avait remonté le ruisseau, il a obtenu le plus de voix. Qui plus est, les attaques de requins ont miné l'industrie du tourisme locale, et le gouvernement a à peine levé le petit doigt pour compenser les pertes – en dépit des courriers de citoyens désespérés s'adressant directement au Congrès[81]. Il est peut-être anachronique de se dire que Washington aurait pu intervenir financièrement à une époque antérieure au New Deal,

politiques *Sharknado*, titre d'une série de films mettant en scène une invasion de requins.

80. *Ibid.*

81. Le contre-argument dit que le gouvernement fédéral n'avait pas les moyens de leur porter secours.

mais certains citoyens auraient pu en vouloir à Wilson de ne pas avoir exprimé son soutien et sa compassion au nom d'un État dont il était à la tête depuis deux ans[82].

Après tout, même les gestes symboliques sont un révélateur important de ce que sont les hommes et les femmes politiques, que ce soit leur capacité à trouver les mots justes face à des circonstances inattendues ou, plus important encore, à donner le ton en encourageant le Congrès à tenir compte des intérêts des citoyens. Pendant la pandémie de 2020, par exemple, Trump a échoué non seulement à diriger la bureaucratie fédérale, mais à incarner l'état d'esprit du pays : il n'a pas fait preuve de la moindre empathie ni de la moindre compassion (encore moins prononcé la moindre excuse pour ses erreurs). Cela a joué contre lui, indépendamment de ce qu'il a obtenu, techniquement parlant, en tant que chef de l'exécutif.

Il est facile de prouver que telle ou telle catégorie de personnes manque de culture politique ou n'a aucune cohérence idéologique. Cela ne veut pas dire que la politique est arbitraire, encore moins que seuls les démagogues en tirent profit. Les citoyens savent quels sont leurs intérêts ; ils enregistrent les signaux que leur lancent les gens et les institutions (les partis, les médias, les associations ou les syndicats). Comme souvent dans la vie, choisir un raccourci n'est pas faire preuve d'irrationalité[83]. Le problème

82. Je suis redevable à Tali Mendelberg pour ce point.

83. Cela dit, ce n'est pas forcément un signe d'impartialité : ces raccourcis sont conditionnés par des stéréotypes, comme le faisait remarquer

vient moins de la psychologie des citoyens que de ce que j'appelle l'infrastructure critique de la démocratie qui a besoin d'être restaurée aux États-Unis et dans un certain nombre de pays.

Si les citoyens donnent l'impression de voter contre ce que l'on pourrait appeler leurs intérêts purement matériels, ce n'est pas parce qu'ils ont été bernés par un démagogue ni qu'ils souffrent de fausse conscience. C'est parce qu'ils jugent d'autres intérêts – liés à des questions dites morales ou culturelles, ou à des « questions émotionnelles » – plus importants[84]. Comme le dit E. E. Schattschneider, les gens n'ont pas seulement des intérêts, ils ont des idées sur ces intérêts[85]. Or les idées – et les valeurs – ne se résument pas à la dichotomie rationalité/irrationalité.

Non, la politique n'était pas plus simple à l'époque où il ne s'agissait, soi-disant, que de groupes négociant leurs intérêts matériels. D'abord, l'Histoire montre que cet âge d'or n'a jamais existé. Les travailleurs ne luttaient pas seulement pour leur salaire et leurs conditions de travail, mais pour leur dignité et la reconnaissance de leur mode de vie – autant de « valeurs culturelles » et de questions d'identité. Ensuite, comme le soulignait Lawrence Lessig,

---

Walter Lippmann il y a presque un siècle. *Public Opinion,* New York, Harcourt, Brace and Company, 1922, p. 96.

84. Arlie Russell Hochschild, *Strangers In Their Own Land: Anger and Mourning on the American Right,* New York, New Press, 2016, p. 228.

85. E. E. Schattschneider, *Party Government,* New York, Holt, Rhinehard and Winston, 1942, p. 37.

« le droit de vote a été la première bataille de la politique identitaire », puisqu'aux États-Unis – et dans d'autres pays –, cette bataille a consisté à n'exclure personne du droit de vote du fait de son identité[86].

Inversement, ce qu'on caricature sous l'appellation « politique identitaire » ne se réduit pas à une revendication abstraite visant à valider l'expérience de telle ou telle catégorie. Ladite « politique identitaire » exige une redistribution très concrète, voire l'application effective de droits fondamentaux. Contrairement à ce que les critiques prétendent, elle ne vise pas la reconnaissance d'obscures spécificités ou de préférences culturelles que les autres seraient incapables de comprendre. Il s'agit d'exiger que les droits fondamentaux soient effectifs : par exemple, le droit de ne pas être tripoté (encore moins violé) par des hommes tout-puissants, ou le droit de ne pas être harcelé (encore moins abattu) par la police. L'idée que les conflits seraient plus facilement réglés s'ils ne portaient que sur la répartition de produits matériels – par opposition à l'identité de chacun – omet ce qui suit : les intérêts, les identités et les idées sur ces intérêts et ces identités ont toujours été étroitement liés.

Soit. Mais qu'en est-il si le parti qui défend mes intérêts – peu importe comment il les conçoit – est toujours perdant ? Ou si les partis au pouvoir alternent régulièrement – ce qui, pour Adam Przeworski, est le critère

86. Lawrence Lessig, *They Don't Represent Us*, New York, Dey Street Books, 2019, p. 7.

minimal permettant de parler de démocratie – et que mes intérêts ne sont jamais pris en compte ? C'est justement la faille que les politologues ont diagnostiquée dans un certain nombre de systèmes démocratiques, et le phénomène qui explique, du moins en partie, une des sécessions que j'ai analysées dans le premier chapitre. Aux États-Unis, mais pas seulement, les symptômes sont tellement flagrants qu'ils en sont choquants : quand les préférences des riches et celles du reste de la population (pas seulement les pauvres) divergent, les premières l'emportent. Pas parce que les nantis seraient les seuls à être rationnels, ou simplement réalistes. Aux États-Unis, c'est parce qu'à bien des égards, le système politique néglige les deux tiers inférieurs de l'échelle sociale[87] : la « démocratie » n'est plus qu'un produit dérivé du point de vue de l'Amérique d'en haut qui s'adapte aux groupes numériquement majoritaires (sans que ceux-ci ne *disent* ni ne *fassent* quoi que ce soit). La conclusion est donc évidente : la démocratie n'est pas seulement un régime où les partis peuvent perdre les élections, c'est aussi un régime où de puissants intérêts *doivent* perdre aux élections, du moins de temps en temps.

Tout cela pour dire que le renouvellement régulier des partis ne suffit pas à prouver la réalité de l'égalité ou de la liberté politiques. On ne peut pas affirmer que l'égalité politique est effective sous prétexte qu'aucun populiste

87. Martin Gilens, *Affluence and Influence: Economic Inequality and Political Power in America*, Princeton, Princeton University Press, 2012.

de droite ne dénigre ouvertement certaines parties de la population ou ne sous-entend pas que certains ne seraient pas de « vrais » citoyens ou seraient des citoyens de seconde zone, etc. Un pays peut très bien avoir une législation antidiscrimination extrêmement ferme tout en déresponsabilisant des pans entiers de sa population. Il lui manque donc quelque chose.

Éloge des « démagogues »

À partir du moment où la stricte égalité d'influence est un objectif peu plausible, que signifie concrètement l'égalité politique ? Première réponse possible : l'égalité politique est l'égale probabilité de chacun d'avoir un régime politique qui sert ses intérêts. Si je perds, ce n'est pas parce que mes intérêts sont systématiquement négligés (encore moins parce que ma position au sein du système politique n'est jamais reconnue), c'est parce que cette fois-ci, je n'ai pas eu de chance[88]. Autrement dit, perdre n'est pas une preuve de désavantage systématique ni d'absence de reconnaissance.

La façon dont l'échec est perçu (ou ressenti) dépend beaucoup de la réponse à une question essentielle : dans quelle mesure est-il facile ou difficile de s'engager en politique ? Les citoyens peuvent-ils exercer leurs droits

88. Pour une analyse accessible du cas de figure « manque de chance », voir Philip Pettit, *Just Freedom: A Moral Compass for a Complex World*, New York, Norton, 2014.

fondamentaux de façon à avoir, outre un bulletin de vote, voix au chapitre ? En pratique, la question se résume à celle-ci : combien de voix sont déjà audibles ? Combien de cercles puis-je décider de rejoindre (notamment ceux où l'on parle sans avoir un accent de la haute) ? Combien de représentations d'idées, d'intérêts et, en l'occurrence, d'identités différentes ?

Les Athéniens se réunissaient dans des assemblées où ils votaient en toute liberté ; chacun avait autant de chance d'être tiré au sort, surtout dans les tribunaux populaires qui étaient essentiels pour brider les plus riches. Cela dit, le principe de la représentation n'était pas entièrement absent de la démocratie athénienne. Au contraire, il était incarné dans toute sa splendeur par celui qu'on appelait le *demagogos*. Qui n'était pas un démagogue au sens où nous l'entendons, mais plutôt quelqu'un qui se comportait comme un dirigeant ou un *instigateur*, une personne qui soulevait de nouvelles questions et attirait l'attention des autres sur des idées et des intérêts particuliers. Ce n'était pas un chef de parti, puisqu'il n'y avait pas de partis. Justement, comme il n'y avait ni associations permanentes ni leaders contrôlant l'information – l'équivalent de nos médias –, le *demagogos* jouait ce rôle, lequel était indispensable au fonctionnement de la démocratie[89].

89. Comme le note Paul Cartledge à partir des travaux de Moses Finley et contre la présentation tendancieuse de Cléon par Thucydide : les démagogues étaient « censés être des politiciens de bas étage – du moins de classe inférieure – qui jetaient un discrédit (mérité) sur la démocratie

La représentation a toujours eu deux définitions : soit vous choisissez un représentant qui défend les intérêts prioritaires à vos yeux, soit vous choisissez un représentant dont les caractéristiques essentielles correspondent aux vôtres – exemple : les femmes doivent être représentées par des femmes (alors que la première conception peut donner lieu au Parti de la femme brésilienne qui, à une époque, n'avait aucune femme députée au Parlement, parce que l'intérêt prioritaire de « la femme brésilienne » était, selon ce parti, l'interdiction de l'avortement).

En réalité, il existe une conception plus dynamique et plus créative, où la représentation n'est plus la reproduction systématique ou fidèle d'un ordre des choses préexistant. Il ne s'agit plus d'une reproduction mécanique, mais d'un processus qui permet à certaines personnes de proposer à une éventuelle circonscription une image d'elles-mêmes fondée sur des idées, des intérêts ou certaines facettes de leur identité non reconnues jusque-là. Auquel cas les citoyens se perçoivent et perçoivent la politique dont ils ont besoin sous un jour nouveau. Une circonscription ne se résume plus à se reproduire, ni même

---

puisqu'ils ne faisaient que se plier aux vils désirs des masses populaires ; alors que Périclès dirigeait le Peuple et lui disait franchement ce qu'il devait faire et décider. Tout cela n'est qu'idéologie, aussi bien moderne qu'ancienne. Le mot démagogue signifie "chef du *demos*" (au sens de l'ensemble du peuple). Il faut que ces dirigeants ou aspirants-dirigeants soient considérés d'un point de vue oligarchique-conservateur pour qu'ils deviennent des "fauteurs de trouble" ou des dirigeants trompant les masses ». Paul Cartledge ajoute qu'à Athènes, on pouvait être un grand dirigeant sans avoir de fonction officielle. Paul Cartledge, *Democracy, op. cit.*, p. 115-116.

à être révélée, elle se façonne elle-même, faisant ainsi un usage inédit de ses libertés politiques.

Le phénomène ne date ni d'hier ni de la « politique identitaire » : les travailleurs savent parfaitement qu'ils sont des travailleurs, mais ils n'ont pas spontanément conscience de faire partie de la classe ouvrière. Ni les identités et encore moins les intérêts ne s'imposent naturellement à notre esprit. Il faut qu'ils soient fédérés pour donner lieu à une forme de solidarité politique[90]. Dans l'opéra-comique de Gilbert et Sullivan intitulé *Iolanthe* (1882), le soldat Willis affirme exactement le contraire quand il chante :

> Je suis un simple intellectuel,
> J'ai des idées qui vous étonneraient.
> Je trouve souvent comique – la, la, la !
> De voir que la nature s'arrange toujours – la, la, la !
> Pour que tous les garçons et les filles
> Nés vivants dans ce monde
> Soient un peu progressistes
> Ou un peu conservateurs.

Au contraire, le *London Times* soulignait le côté créatif et dynamique de la représentation quand il faisait ainsi l'éloge de Benjamin Disraeli (*alias* le premier Earl de Beaconsfield) :

---

90. Adam Przeworksi et John Sprague, *Paper Stones: A History of Electoral Socialism*, Chicago, University of Chicago Press, 1986.

> Ce qui distinguait Lord Beaconsfield des dirigeants tories, c'était son aptitude à faire confiance au peuple anglais en qui les Tories n'avaient pas confiance, et son indifférence totale aux distinctions de castes qui, pour eux, étaient le nerf de la guerre politique. Dans la masse silencieuse de la population anglaise qu'eux tenaient à distance, il voyait l'ouvrier conservateur, comme le sculpteur voit l'ange emprisonné dans un bloc de marbre. Il savait que l'Anglais ordinaire, qui n'a rien à protéger, à part un revenu modeste et un foyer frugal, a des tendances conservatrices aussi fortes que celles du plus fortuné des pairs[91].

Théoriquement, *quiconque* peut se « revendiquer représentant », c'est-à-dire formuler un certain nombre d'idées sur une catégorie qui n'a pas été correctement représentée, voire pas représentée du tout[92]. Walter Lippmann, qui fut sans doute le journaliste américain le plus influent du XXe siècle (et un démocrate profondément désenchanté), n'avait pas tort de dire que « le public ne choisit pas de candidat, [qu']il ne rédige pas de programme, [qu']il ne définit pas la politique, pas plus qu'il ne construit d'automobile ou qu'il ne joue dans une pièce. Il prend parti

91. Cité dans Jacob S. Hacker et Paul Pierson, *Let Them Eat Tweets*, *op. cit.*, p. 27-28. Je leur dois la mise en rapport du soldat Willis et de Disraeli. L'allemand distingue *Darstellung* et *Vertretung* – la présentation d'un conflit entre des groupes et la représentation d'un groupe dans un conflit.

92. Michael Saward, *The Representative Claim*, Oxford, Oxford University Press, 2010.

pour ou contre une personne qui se propose ». Sauf que cette personne a peut-être découvert un élément inédit chez un public inattendu, qu'elle permet à ce public de prendre conscience de certains aspects de son expérience qui n'ont jamais été représentés ou qu'elle lui offre une image de lui-même entièrement nouvelle. Ce processus vertical peut se produire de haut en bas, mais ce n'est pas toujours le cas. #MeToo, par exemple, a essaimé horizontalement : le mouvement n'a pas été imposé d'en haut. Autre exemple : en quelques jours, Emma Gonzalez, une adolescente inconnue qui a survécu à la fusillade du lycée de Parkland, a eu plus de followers sur Twitter que la très puissante National Rifle Association.

Et Black Lives Matter (BLM) ? Les violences policières étaient loin d'être inconnues avant 2013. Mais il a fallu le cri d'alarme de trois militantes – et un hashtag très spécifique – pour faire naître à la fois la représentation effective d'un groupe particulier et l'énonciation précise de ce qui lui arrivait, et pourquoi : ces personnes étaient victimes de harcèlement de la part des forces de l'ordre mais elles ne comptaient pas, leurs vies n'avaient aucune valeur (autre façon de le dire qu'elles n'avaient pas de vrai statut dans la sphère politique ; en ce sens, le mouvement BLM vise à faire respecter ce que j'ai appelé la frontière dure). Il s'agit d'un cas de figure qui ne crée rien. Par ailleurs, attirer l'attention sur une expérience spécifique, ce n'est pas demander aux citoyens de prétendre la comprendre ou de se l'approprier. Les immenses manifestations qui ont suivi le meurtre de George Floyd montrent que des personnes d'origines très différentes peuvent se rassembler autour d'un principe commun.

BLM n'a rien « révélé », dans la mesure où ne préexistait pas de sujet politique structuré qu'il suffisait de dévoiler. Le phénomène est proche des premières Pride ou des manifestations contre le dictateur biélorusse Alexandre Loukachenko en 2020 : « Un élément réprimé s'exprime, surpris et ravi de se reconnaître », pour reprendre les mots d'un observateur[93]. Mais cette reconnaissance publique – qu'il s'agisse d'un coming out ou d'aller affronter les forces de police dans les rues – modifie la façon dont chacun se perçoit et se positionne par rapport aux autres. Les identités ne préexistent pas à leur politisation ; au contraire, elles s'y forment.

C'est pourquoi le déterminisme démographique auquel les politiciens de tous bords souscrivent est une erreur : les loyautés partisanes des gens dépendent de la façon dont on y répond. N'en déplaise au défaitisme de Mitch McConnell, il n'est pas évident que, par exemple, les habitants de Porto Rico, plutôt conservateurs d'un point de vue culturel, ne puissent pas apprécier tel ou tel point du programme républicain (à supposer qu'ils oublient qu'un président républicain nommé Trump leur a distribué des rouleaux de papier toilette après l'ouragan Maria, un geste qui annonçait sa désinvolture et son cynisme face à la pandémie de 2020). Les élections sont fondées sur le recensement, mais elles ne sont pas un recensement.

93. « The people lose patience », *The Economist*, 29 août 2020.

Un processus politique dynamique peut inciter les citoyens à mettre en avant certains aspects inattendus de leur identité. De ce point de vue, la nouvelle d'Isaac Asimov intitulée *A voté*, publiée en 1955, est une vraie dystopie : les citoyens ne votent plus, c'est un ordinateur surpuissant nommé Multivac qui sélectionne l'Américain soi-disant « le plus représentatif » pour l'élection du 4 novembre 2008. Le jour du scrutin, la machine pose une série de questions à cet « Électeur de l'année », un certain Norman Muller. Ses réponses déterminent le résultat de l'élection pour tout le pays dans cette « première et plus grande démocratie électronique » (où seuls les hommes « votent »).

Une représentation n'est pas le décalque neutre d'une réalité sociale manifeste, encore moins objective ; c'est plutôt un appel au combat. Fixer les contours d'un groupe qui n'a jamais été représenté, ou qui l'a mal été, c'est fixer les contours du conflit. Tout se passe comme si ces contours n'allaient pas de soi : les paysans de l'est de la Pologne se sentent-ils plus proches du parti de droite Droit et Justice ou d'une alternative de gauche crédible qui tient autant à ce qu'ils bénéficient d'allocations familiales ? La question est ouverte, et la réponse dépend en partie du savoir-faire et de la créativité des politiciens. Autre exemple situé à l'extrême ouest de l'Europe : en Irlande, le pouvoir a longtemps alterné entre deux partis de centre droit, dont les noms montrent qu'ils capitalisent encore sur la lutte pour l'indépendance : le Fianna Fáil, littéralement les « Guerriers de la Destinée », et le Fine Gael, le « Clan des Gaels ». Aux élections de 2020, le Sinn Fein (« Nous-mêmes »), un parti aussi chargé d'un lourd passé, a changé la nature du jeu en s'emparant des problèmes les plus urgents de la population – le logement et la santé publique –, créant enfin un vrai clivage gauche-droite dans le paysage politique irlandais[94].

Comme l'a fait remarquer dès le milieu du XXe siècle E. E. Schattschneider, l'un des plus fins théoriciens du conflit comme facteur de division et de cohésion dans une démocratie, définir un conflit est un art qui exige de savoir délimiter la portée de ce conflit à son avantage. Il s'agit de savoir « qui peut participer au combat et qui en est exclu » (autrement dit, « quiconque détermine l'objet du jeu détermine aussi qui peut y participer[95] »). Schattschneider poursuit ainsi son explication :

> La compétitivité est le mécanisme qui permet d'élargir le champ du conflit. C'est le *perdant* qui fait appel à l'aide extérieure. (Jefferson, lâché par l'administration de Washington, est allé chercher le soutien du pays.) L'élargissement de l'électorat vient de la concurrence des partis qui cherchent à obtenir des voix. Il suffit qu'un nouveau groupe social ait des chances d'obtenir le droit de vote pour que les deux partis favorisent cette extension. Il s'agit de l'univers en expansion de la politique.

---

94. « A new world: Real opposition politics beckons for the first time », *The Economist*, 4 juillet 2020.
95. E. E. Schattschneider, *Semisovereign People, op. cit.*, p. 10 et 105.

> Inversement, toute tentative de monopoliser la politique est par définition une tentative de limiter la portée du conflit[96].

Plus il est facile d'entrer dans le jeu qui consiste à se proposer et à proposer la représentation spécifique d'intérêts communs à certaines catégories de la société, plus les citoyens ont tendance à considérer que leur système politique est libre et ouvert au changement. Ils découvrent à la fois ce que pensent les autres et quelles sont les préoccupations concrètes qu'ils partagent. Plus la représentation est importante, plus l'égalité de l'accès à des revendications représentatives est affirmée, plus la valeur de chaque voix et de chaque vote est forte.

Si j'insiste autant sur le dynamisme et l'inventivité de la représentation, c'est en partie parce que les politologues l'oublient. Ils ont tendance à penser qu'une victoire électorale reflète une vérité objective sur la société. Il suffit qu'un populiste de droite l'emporte pour qu'ils changent leur fusil d'épaule : les populistes ne sont plus des démagogues menteurs ni de *redoutables simplificateurs ;* du jour au lendemain, ils deviennent les révélateurs de vérités sociologiques profondes, trop longtemps ignorées par les « partis dominants ». Trump, dit-on, a révélé le mécontentement de « la classe ouvrière blanche » (peu importe que ses principaux partisans soient des citoyens beaucoup plus aisés que ce que sous-entend le mot « ouvrier », et peu importe

96. *Ibid.*, p. 16.

que ce ne soient pas les ouvriers qui se sont déplacés pour voter Trump qui ont coûté l'élection à Hillary Clinton, mais les ouvriers qui sont restés chez eux). Autre lecture erronée des leçons de 2016 : cet homme est la preuve par a plus b qu'il y a 63 millions de racistes aux États-Unis (même plus, quand on a commencé à comprendre ce que pourraient donner les élections de 2020). De son côté, Boris Johnson serait là pour prouver que le Brexit répond aux vœux les plus ardents des Britanniques depuis toujours. C'est évident, les politiciens ne disent jamais rien par hasard. Ils exploitent une réalité : dans le premier chapitre, j'ai analysé les mutations politiques et socioéconomiques qui ont facilité le travail de sape des populistes de droite. Le fait est que la mise en exergue des conflits d'une société se prête à différentes interprétations. La façon dont on présente les principaux choix politiques aux électeurs comprend un élément créatif. Mais chaque mise en avant d'un conflit a un coût, non seulement parce que pour les perdants, c'est un échec, mais parce que certains citoyens risquent de se dire que le conflit n'existe ni par eux ni pour eux ; ils n'y voient aucun enjeu et risquent de se sentir complètement étrangers à la politique. La démocratie cherche à minimiser ces coûts.

Et si nous remplacions la représentation par un choix aléatoire ?

L'élément dynamique et créatif de la représentation est absent des régimes qui pourvoient les postes par tirage au sort, ce que certains philosophes prônant la renaissance des pratiques de l'Athènes antique appellent la « lotocratie[97] ». Les citoyens tirés au sort doivent relever certains défis politiques et, pour ce faire, bénéficient de conseils d'experts. Le lobbying et la corruption sont impossibles, non seulement d'un point de vue juridique, mais parce que le côté aléatoire du choix des élus ne permet pas de privilégier les puissants, même indirectement. Il est impossible de savoir à l'avance qui sera choisi (les Athéniens tiraient au sort le matin pour éviter qu'il y ait des tentatives de corruption au cours de la nuit[98]). C'est un cas de figure qui garantit l'incertitude institutionnalisée en ce qui concerne les titulaires.

La lotocratie a le mérite d'allier l'égalité des chances à l'incertitude institutionnalisée. Et si cela était préférable aux élections qui n'assurent ni l'une ni l'autre ? Le hic, c'est que les avocats de ce système pèchent par une vision technocratique de la politique qui ne serait qu'une série de problèmes à résoudre, l'essentiel étant de trouver la bonne solution. Or on ne sait jamais exactement qui décide quels sont les problèmes. Et on sait encore moins si les cris d'indignation déclenchés par de nouvelles perceptions de soi qui motivent le désir de nouvelles formes de représentation seront entendus par des institutions

97. Alexander A. Guerrero, « Against Elections: The Lottocratic Alternative », *Philosophy and Public Affairs*, vol. 42, 2014, p. 135-178.

98. Même si l'on pouvait leur promettre des postes lucratifs une fois qu'ils auraient officié dans le corps lotocratique (comme dans le monde amorphe des think tanks et du divertissement politique tellement

raréfiées et soumises aux experts. Le chaos des rues et l'isoloir loto-technocratique où des citoyens choisis au hasard se rencontreraient seraient deux mondes entièrement séparés. La démocratie représentative n'est peut-être pas le régime le plus apte à trouver les solutions, mais c'est sans doute le plus apte à produire – c'est-à-dire à identifier – les problèmes.

La méritocratie, qui, à première vue, serait le parfait négatif de la lotocratie, souffre du même défaut. Les systèmes méritocratiques – y compris en mettant de côté les risques de manipulation évidents liés à ce type de régime – reposent sur l'idée plus ou moins ancrée que certaines personnes seraient mieux équipées pour relever certains défis. Ils présupposent l'existence de ce que Thomas Jefferson appelait une « aristocratie naturelle ». Plutôt que de choisir au hasard des gens qui sont conseillés (voire rééduqués) par des experts, on confie le travail aux experts eux-mêmes. Une fois de plus, on présume que chaque problème a une et unique solution. On oublie que les problèmes n'apparaissent qu'à la faveur des luttes chaotiques pour la représentation démocratique et que les différentes solutions plausibles dépendent des positions de chacun vis-à-vis d'un certain nombre de valeurs. Que ce soit la lotocratie ou la méritocratie, une fois que les heureux gagnants de la loterie ou que les personnes jugées les plus compétentes sont aux manettes,

répandu dans la droite américaine). Je remercie Steve Macedo pour cette idée.

nous, les citoyens, n'avons plus qu'à la boucler. Paradoxalement, la lotocratie et la méritocratie aboutissent à ce que proposent les populistes : réduire le *demos*. L'idée est la même : les citoyens ne sont pas tous décideurs (même si c'est pour des raisons très différentes).

En dépit des avantages qu'elle présente dans des contextes très précis, la lotocratie, ainsi que la méritocratie, ne possède pas les vertus cardinales de la démocratie représentative fondée sur des élections régulières : elle passe à côté de ses éléments dynamiques et créatifs. Ni la lotocratie ni la méritocratie ne contribuent à préserver la paix, ce que font les élections : elles ne permettent pas d'évaluer la force des différents groupes de la société et n'offrent pas aux perdants la possibilité de se mobiliser pour gagner aux élections suivantes[99].

La représentation n'est pas démocratique en soi. Par exemple, le pape est un représentant, ce qui n'en fait pas une figure particulièrement démocratique. La démocratie et la représentation ne sont pas non plus antithétiques en soi : le choix d'un représentant est un acte isolé, alors que la représentation est un processus continu. Les citoyens n'ignorent pas ce qui se passe dans les institutions qui les représentent jusqu'aux élections suivantes ; ils y participent en exprimant leurs opinions et leurs jugements[100]. Inversement, les représentants ne se contentent pas de

99. Arash Abizadeh, « Representation, Bicameralism, Political Equality, and Sortition », *op. cit.*, p. 8.
100. Nadia Urbinati, *Representative Democracy*, *op. cit.*

répondre à leurs promesses électorales ; ils anticipent ce qui pourrait toucher les électeurs aux élections suivantes. Ils ne sont pas forcément manipulateurs ; ils tâchent de les persuader qu'ils méritent d'être réélus, même s'ils n'ont pas tenu telle et telle promesse : il se trouve qu'un problème inattendu – au hasard, une pandémie – est beaucoup plus urgent à résoudre ; or les responsables politiques veulent qu'on les juge à la façon dont ils y font face[101]. Personne ne peut jamais voter deux fois ; le citoyen qui doit réfléchir pour savoir s'il réélit tel ou tel représentant n'est pas le même que celui qui a contribué à la victoire de celui-ci.

Les débats sur la majorité et la minorité n'ont pas seulement lieu au sein des assemblées représentatives, mais entre ces assemblées et les citoyens, et entre les citoyens eux-mêmes – surtout si des institutions intermédiaires efficaces facilitent le processus[102]. Il est vrai qu'à un certain niveau, les représentants ont plus de pouvoir – et plus de liberté – que nous, simples électeurs. L'ombre de Rousseau ne peut pas disparaître en un claquement de doigts[103]. Cela ne veut pas dire qu'ils peuvent ignorer les citoyens. On ne peut pas non plus demander à ces derniers, à la manière de Theresa May ou de George Washington, de la boucler.

---

101. Jane Mansbridge, « Rethinking Representation », *American Political Science Review*, vol. 97, 2003, p. 515-528.

102. Maria Paula Saffon et Nadia Urbinati, « Procedural Democracy, the Bulwark of Equal Liberty », *Political Theory*, vol. 41, 2013, p. 441-481.

103. Sauf si l'on a institué un mandat impératif.

Représentation et participation ne s'opposent pas. L'antithèse de la représentation est l'exclusion, et celle de la participation est l'abstention, ou une forme de sécession de la vie politique[104]. La meilleure chose à dire aux perdants est donc ceci : ils sont libres de faire valoir leur point de vue, et ils ne sont ni exclus ni forcément désavantagés (comme ils le seraient dans un régime populiste autoritaire). Et la meilleure chose à dire à ceux qui ont peur d'être exclus du jeu démocratique est ceci : si chacun est également libre, il peut bousculer le statu quo et déclencher un conflit sur ce qu'il estime être les sujets les plus importants. Une liberté effectivement égale pour tous ne dépend pas seulement des principes abstraits d'une Constitution, mais de l'état de l'infrastructure critique de la démocratie. Les partis, les mouvements et les médias sont indispensables pour que la représentation fonctionne et que les conflits soient pris en charge : c'est le seul moyen d'éviter la mort de la démocratie. Je me pencherai donc sur ces institutions.

---

104. David Plotke, « Representation is Democracy », *Constellations*, vol. 4, 1997, p. 19-34.

L’infrastructure critique

« Un peuple n’est pas seulement une entité politique,
contrairement à ce qu’on espérait jadis.
La réalité, ce sont les partis,
les campagnes organisées et les dirigeants. »

Judith Shklar

« Le public qui a donné naissance aux formes politiques est
en train de disparaître, mais le pouvoir et la soif de possession
restent entre les mains des responsables et des organismes
que le public en train de mourir avait institués. »

John Dewey

La démocratie est impensable sans un certain nombre de droits politiques fondamentaux : le droit de s’exprimer librement, de se réunir et, surtout, de s’associer. La valeur de ces droits augmente considérablement si leur usage est facilité par d’autres acteurs, notamment par les pouvoirs intermédiaires[1]. Je peux manifester dans la rue tout seul, tweeter sans fin, envoyer à ma famille et mes amis toutes mes tribunes non publiées et les spammer à des inconnus, mais, à l'évidence, les associations, les partis et les médias dits classiques n'ont pas leur pareil pour multiplier la portée de mon message. L'égalité politique doit être considérée comme l'égalité des chances de participer à la vie politique. Concrètement, cela suppose un accès relativement aisé aux corps intermédiaires, ainsi que des chances raisonnables de pouvoir en créer de nouveaux[2].

Tout le monde ne sera pas d'accord avec cette image idéale. Il est vrai que les pouvoirs intermédiaires renforcent, voire exacerbent, les inégalités. Il arrive qu'ils soient jugés intrinsèquement conservateurs, voire aristocratiques. De fait, en appeler aux *corps intermédiaires* – identifiés dès le XIXe siècle par des libéraux comme Tocqueville, qui louait leur effet modérateur – a tout l'air d'être

1. On pourrait nous demander pourquoi notre analyse se limite aux partis et aux médias, et n'inclut pas d'autres institutions considérées comme des intermédiaires, notamment les ONG, les syndicats et les associations d'employeurs. Je ne nie pas leur importance, mais, pour le dire crûment, on peut imaginer une démocratie représentative sans ces institutions, alors qu'on ne peut en imaginer une sans partis ni médias. Je remercie Dan Kelemen de m'avoir interrogé sur ce point.

2. Bien sûr, accès n'est pas synonyme de succès. Surtout pour les médias professionnels – par opposition aux blogs, etc. –, un marché ne peut avoir qu'un nombre limité de produits de qualité (il est prouvé que la concurrence, dans certaines circonstances, peut dégrader l'environnement de l'information et entraîner moins de participation politique). Voir Julia Cagé, « Media Competition, information provision and political participation: Evidence from French local newspapers and elections, 1944-2014 », *Journal of Public Economics*, vol. 185, 2020, p. 1-24.

une tentative polie de *réduire* l'égalité politique, dans la mesure où ce type d'institutions donne l'impression de *diviser* le peuple et d'établir une *distance* entre l'État et lui. Pire encore, ces corps trahiraient la voix du peuple puisque la médiation est potentiellement synonyme de *déformation*. C'est ce qui explique que Rousseau était contre les intermédiaires, à tel point qu'il refusait que les citoyens de sa cité idéale discutent de choix collectifs, de peur que ces débats ne donnent lieu à quelque chose qui ressemblerait un parti politique. Les majorités réduites au silence ne lui posaient pas de problème. Il lui importait que tout le monde se taise, ce qui aurait créé une unité parfaitement silencieuse de tout le peuple (l'idée a longtemps essaimé en France : pendant la Révolution, les corps intermédiaires étaient interdits, et il a fallu attendre 1901 pour que les vrais grands partis soient entièrement légaux).

Or, dans une société qui n'a rien de la communauté montagnarde idéalisée – petite et isolée – de Rousseau, une question se pose : comment les citoyens peuvent-ils être actifs et exercer un minimum de pouvoir si aucune organisation n'est là pour les aider à formuler et à diffuser leurs idées ? L'alternative à ce que Pierre Rosanvallon appelle une « démocratie structurée » n'est pas une démocratie déstructurée, mais l'absence totale de démocratie. La démocratie a besoin d'avoir une infrastructure critique. Laquelle est comme une infrastructure physique (un bureau de poste, par exemple) : elle permet d'atteindre les gens et d'être atteinte par eux. Ce n'est pas pour rien que le premier hebdomadaire de langue allemande, publié à

Strasbourg au début du XVIIe siècle, s'appelait *Relation*[3]. Comme l'environnement bâti qui permet aux citoyens de créer du lien, cette infrastructure est de plus ou moins bonne qualité. La question est de savoir comment l'évaluer.

Ce qui compte dans les corps intermédiaires

Aujourd'hui, des voix de plus en plus insistantes demandent que l'on se débarrasse des corps intermédiaires en insinuant l'idée que toute médiation serait une manipulation. C'est ainsi qu'un républicain texan a affirmé qu'il « va[lait] mieux avoir des nouvelles du président directement. C'[était] sans doute la seule façon de connaître la pure vérité[4] ». Tout le monde sait que l'outil préféré de Trump pour répandre la pure vérité était Twitter, qu'il compara successivement à un journal sans coûts ni pertes, à un média littéraire (lui-même étant un « Ernest Hemingway des 140 caractères » tapant, pour reprendre ses termes, « bing-bing-bing »), ou encore à

3. Et lorsque le temps des élections arrive, il s'agit de déplacer les corps au bon endroit et au bon moment – une question de logistique, qui est à son tour conditionnée par l'infrastructure disponible. Voir Eitan Hersh, *Politics Is for Power*, New York, Simon & Schuster, 2020. Le nom complet du journal était *Relation aller Fürnemmen und gedenckwürdigen Historien*.

4. David Roberts, « Donald Trump Is the Sole Reliable Source of Truth, says Chair of House Science Committee », *Vox*, 27 janvier 2017, https://www.vox.com/science-and-health/2017/1/27/14395978/donald-trump-lamar-smith.

« mon joujou », ce qui est plus proche de la « pure vérité », jusqu'à ce qu'il en soit privé en janvier 2021 :

> C'est mon mégaphone. C'est ma façon à moi de m'adresser au peuple, sans aucun filtre. Directement, en évitant les ragots. Directement, en évitant les *fake news*. C'est le seul moyen que j'ai de communiquer. J'ai des dizaines de millions de followers. C'est plus que les chaînes d'information câblées. Je sors, je fais un discours, il est filmé par CNN, mais personne ne le regarde, tout le monde s'en fout. Je tweete une info et j'ai un mégaphone d'envergure mondiale[5].

Beppe Grillo, un des fondateurs du Mouvement 5 étoiles (M5S), a demandé à ses partisans de le contacter directement sur son blog, sans passer par les partis politiques – qu'il surnomme *la casta* des politiciens corrompus – ni par les journalistes professionnels qui, d'après

5. Bob Woodward, *Peur. Trump à la Maison-Blanche,* Paris, Seuil, 2018, p. 320. Trump faisait aussi remarquer que « beaucoup de gens et de journalistes de notre nation ne vous diront pas la vérité et ne traiteront pas les gens merveilleux de notre pays avec le respect qu'ils méritent » ou encore : « Malheureusement, beaucoup des médias de Washington, mais aussi de New York et surtout de Los Angeles, ne parlent pas au nom des gens, mais au nom d'intérêts particuliers et de ceux qui profitent d'un système manifestement très très défectueux. » Comme Jedediah Purdy le rappelait, les tweets sont aussi un « certain type de gouvernance, une forme de divertissement mineur, et une façon plus imperceptible – et plus facile à nier – d'exercer une forme de terreur étatique », *This Land, op. cit.*, p. 61. Jeff Tulis explique que le discours inaugural de Trump avait une structure très particulière : il était fait pour être compris comme une série de tweets.

lui, seraient de mèche avec les politiciens. Au contraire, les petites gens sont censés savoir ce qui se passe réellement et Grillo serait leur « amplificateur ». Le M5S et plusieurs partis émergents comme Podemos proposent un nouveau modèle : plutôt que de s'interposer entre les citoyens et l'État, ils fournissent une « plateforme » (essentiellement numérique) qui relie les membres entre eux sans passer par l'appareil bureaucratique des partis de masse nés à la fin du XIXe siècle. Ces derniers se caractérisaient par ce que le sociologue Robert Michels appelait « la loi d'airain de l'oligarchie » – une bureaucratie régentée par une poignée d'initiés –, alors que ces « partis-plateformes » seraient beaucoup plus égalitaires ou plus « horizontaux ».

Publicité mensongère ? Avant de répondre, tâchons d'identifier les fonctions précises des corps intermédiaires, outre la démultiplication des voix individuelles. Il nous faut aussi comprendre pourquoi, depuis le XIXe siècle, deux types d'institutions médiatrices sont considérées comme indispensables à la démocratie représentative : les partis politiques et la presse professionnelle (puis la radiodiffusion et la télévision).

Les partis et la presse sont en crise, avance-t-on régulièrement. Par exemple, « la crise actuelle de la démocratie occidentale est une crise du journalisme », ou encore « le public, au sens d'un large consensus de points de vue séparés et distincts, est mort ». Sauf que la première phrase est signée de Walter Lippmann et remonte à 1920, et que la seconde vient d'un ouvrage de Marshall McLuhan et Quentin Fiore publié en 1967[6]. Il est facile de parler d'un âge d'or ; malheureusement, il y a fort à parier qu'il n'a jamais existé. Il est donc plus intéressant d'essayer de savoir si les corps intermédiaires jouaient vraiment leur rôle face à ce que les observateurs considéraient déjà comme de graves menaces pour ces corps.

Une fois de plus, revenons aux fondamentaux (autre *riduzione verso il principio*) : la démocratie a une double nature ; autrement dit, elle a deux assises essentielles. D'une part, elle a besoin d'un locus (et de moments) spécifique pour la prise de décisions collectives contraignantes, c'est-à-dire pour que la volonté politique s'exerce par l'élaboration de lois : une majorité obtient ce qu'elle veut après avoir donné la parole à l'opposition. D'autre part, elle a besoin d'un lieu pour la formation de l'opinion et des jugements politiques dans la société : tout le monde peut avoir son mot à dire à tout moment ou presque[7].

La prise de décision nécessite des procédures, donc des intervalles nettement segmentés ; les élections – « un de tes plus puissants spectacles », disait Walt Whitman en s'adressant à l'Amérique – ont lieu à intervalles réguliers. La première assise de la démocratie est une certaine prévisibilité – même si celle-ci sert à garantir l'incertitude[8].

---

6. Marshall McLuhan, *Pour comprendre les médias*, première traduction en 1968, Paris, Points, 2005, p. 22.

7. Nadia Urbinati, *Representative Democracy*, *op. cit.*

8. La critique du parlementarisme de Carl Schmitt a donné lieu à l'idée erronée que les Parlements sont des lieux où l'on ne fait que *parlare* (sous la république de Weimar, le Reichstag était souvent qualifié de *Schwatzbude* – club de bavardage). Or les Parlements sont avant tout là

En revanche, le champ où se forme l'opinion peut être un espace de « folles cacophonies », pour reprendre les mots de Jürgen Habermas. Et c'est une bonne chose : une quantité de voix s'affrontent, les opinions évoluent et s'affinent, les gens saisissent peu à peu ce qui est juste, même s'ils n'ont pas le temps de consacrer des heures à décortiquer les détails des programmes politiques. À première vue, il n'y a ni ligne directrice ni fin ; le public est comme un film interminable, ce n'est pas un instantané, mais plutôt un écheveau de films et d'intrigues. Pour filer une métaphore qui n'aurait eu aucun sens avant les années 2020, c'est une gigantesque réunion Zoom où les gens prennent la parole sans savoir si on les écoute, tandis que certains bavardent en aparté et que d'autres discutent en tête-à-tête.

Or, les deux assises de la démocratie sont toujours liées. John Stuart Mill le formulait ainsi à propos des relations entre le Parlement britannique et la société :

> Le Parlement a en outre une fonction [qui consiste à] être à la fois, pour la nation, le Comité de ses griefs et le Congrès de ses opinions, constituant ainsi une arène où non seulement l'opinion générale de la nation, mais celle de chacune de ses parties, ainsi que celle, autant que possible, de tous les individus éminents en son sein, peuvent se produire en pleine lumière et provoquer la

pour prendre des décisions et il existe de nombreuses procédures faites pour forcer les décisions et couper court aux discussions (je pense aux limites imposées au *filibuster* [l'obstruction] au Sénat américain).

> discussion ; une arène où chaque personne dans le pays peut espérer trouver quelqu'un qui exprime son opinion, aussi bien, voire mieux qu'elle ne pourrait le faire elle-même - non pas à l'intention d'amis ou de partisans exclusivement, mais à des opposants afin de lui faire subir l'épreuve de la controverse ; une arène où ceux dont l'opinion est défaite ont la satisfaction d'avoir été entendus et écartés non pas par un simple acte de la volonté, mais par des raisons réputées supérieures ; [...] une arène où tout parti et opinion dans le pays peut rassembler ses forces et se guérir de toute illusion quant au nombre et au pouvoir de ceux qui y adhèrent[9].

La sphère publique ne dépend ni d'un lieu spécifique ni de tel ou tel progrès technologique des médias. Mais elle peut évidemment être un espace. À Athènes, l'agora était l'espace où officiaient les tribunaux populaires et où avaient lieu les échanges commerciaux, de nombreux rites religieux et des rencontres inattendues entre oligarques et esclaves (tandis que la colline voisine, appelée Pnyx, abritait l'assemblée proprement dite, celle qui émettait les décrets[10]). Au XVIIIe siècle, les cafés et les salons étaient

---

9. John Stuart Mill, *Considérations sur le gouvernement représentatif*, trad. de Patrick Savidan, Paris, Gallimard, coll. « Bibliothèque de philosophie », 2009, p. 98-99.

10. Charles Taylor précise qu'il y a une compréhension à la fois topique et « métatopique » de la sphère publique, celle-ci comprenant « une pluralité » d'espaces topiques pour en faire un espace plus vaste de non-assemblée. » N'en déplaise à Taylor et jusqu'à un certain point à Habermas, cette sphère n'est pas apolitique. Ce qui fait dire à Taylor

devenus de vrais lieux d'échange et les journaux, des moyens de formation des opinions. Ces messieurs débattaient des mérites des derniers romans autour d'un café, puis peu à peu, la conversation bifurquait vers les affaires d'État, et la critique littéraire se faisait critique politique – dans les deux cas, en tout cas selon l'image idéalisée que propose Habermas, seul le meilleur argument (du moins, le meilleur mot d'esprit) comptait, et non le rang social. Le café n'était pas un endroit dépourvu de règles, mais la conversation n'avait pas de frontières, si bien que les discussions politiques ont fini par faire pression sur les régimes, non seulement pour qu'ils se présentent *face au* peuple, mais pour qu'ils se soumettent au jugement *du* peuple et en soient de vrais représentants[11]. Au Royaume-Uni, jusqu'en 1771, il était interdit de rendre compte des débats de la Chambre des communes ; le but des délibérations à huis clos était d'éviter la pression du public (et d'empêcher que les députés fanfaronnent et se pavanent devant le peuple).

---

que l'ancienne *koinônia,* politiquement constitutée, ne pouvait être une sphère publique. Charles Taylor, *Modern Social Imaginaries,* Durham, Duke University Press, 2004, p. 86 et 92.

11. Jürgen Habermas, *Strukturwandel der Öffentlichkeit: Untersuchungen zu einer Kategorie der bürgerlichen Gesellschaft* [1962], Francfort-sur-le-Main, Suhrkamp, 1990. John Stuart Mill écrit également : « Grâce aux journaux et au chemin de fer, nous avons résolu le problème qui consistait à faire voter la démocratie anglaise, comme celle d'Athènes, simultanément, dans une même agora ; ces agents permettent aussi d'effacer rapidement les distinctions locales qui faisaient qu'une partie de la population était étrangère à l'autre ; plus que jamais ils font de nous un peuple homogène (condition première pour avoir une opinion publique puissante).

L'*opinion publique* – l'expression remonte à Montaigne, mais elle s'est peu à peu imposée au XVIIIe siècle dans un cadre politique – était censée surveiller les gouvernements. Le philosophe Jeremy Bentham vantait la « super-intendance du public » qui avait pris « l'habitude de raisonner et de discuter ». Le public ne gouvernait pas, mais il s'exprimait. On était très loin de la vision rousseauiste d'un public unifié et souverain – silencieux à l'origine, puis parlant d'une seule et même voix en écoutant son cœur plutôt qu'engagé intellectuellement sur un mode critique continu[12].

En 1840, Balzac le faisait remarquer très simplement : « L'opinion se fait à Paris, elle se fabrique avec de l'encre et du papier. » Cela dit, les médias n'étaient pas la seule institution critique de ce nouveau « régime de publicité ». Au XVIIIe siècle, mais surtout au XIXe, les partis politiques se sont joints à eux alors que beaucoup de penseurs, voire de responsables politiques, estimaient que ce que George Washington appelait avec dérision « l'esprit de parti » était très regrettable – Jefferson allait même jusqu'à dire sur un ton mélodramatique : « Si je ne pouvais aller au ciel sans avoir avec moi un parti, je préférerais ne pas y aller du tout[13]. » Aux yeux de ces sceptiques, les partis étaient non seulement ces « sociétés auto-créées » que

12. *Ibid.*

13. Jefferson à Francis Hopkinson, 13 mars 1789, https://founders.archives.gov/documents/Jefferson/01-14-02-0402. Plus il était partisan, plus Washington dénonçait les partis. Richard Hofstadter, *The Idea of a Party System, op. cit.*, p. 99.

méprisait Washington, mais des « factions » pernicieuses – voire conspirationnistes – vouées à détruire la cohésion civique de la *polis*. James Madison disait qu'il fallait s'en méfier parce qu'ils correspondaient à « un certain nombre de citoyens, que ce soit une majorité ou une minorité de l'ensemble, unis et actionnés par une même tendance à la passion, ou à l'intérêt, contraire aux droits des autres citoyens, ou aux intérêts permanents et globaux de la communauté[14] » (notons que Madison envisage à la fois une majorité oppressive, mue par des intérêts égoïstes – ce qui est assez classique – et quelque chose comme une tyrannie de la minorité, qui ressemble à celle que les républicains américains ont imposée ces dernières années).

Paradoxalement, James Madison fondera un parti (le parti démocrate-républicain) avec Thomas Jefferson. Et il finira par affirmer qu'« aucun pays libre n'a jamais été sans partis, qui sont les fils naturels de la liberté » (même John Adams, qui redoutait les partis, le concédait dans sa correspondance avec Jefferson : « Tous les pays sous le soleil doivent avoir des partis », écrivait-il avant d'ajouter que « le secret, c'est de les contrôler[15] ».) C'est Martin Van Buren, président des États-Unis de 1837 à 1841, qui a établi le premier vrai système bipartisan américain, lequel devait permettre à deux partis centristes de se livrer à une rivalité structurée pour obtenir les principaux postes et de tempérer leurs antagonismes idéologiques. Ce qu'on

---

14. *Federalist*, n° 10, avalon.law.yale.edu/18th_century/fed10.asp.
15. Cité dans Richard Hofstadter, *Idea of a Party System*, *op. cit.*, p. 28.

oublie, c'est qu'il recommandait aussi la création de nouveaux partis au cas où les partis existants finiraient par être trop ressemblants (il a tenu parole puisqu'il s'est présenté aux élections présidentielles de 1848 sous la bannière du Free Soil Party).

On oublie aussi qu'à l'époque, les partis et les journaux étaient souvent très proches. Ce que Tocqueville analysait ainsi :

> Il arrive souvent, au contraire, dans les pays démocratiques, qu'un grand nombre d'hommes qui ont le désir ou le besoin de s'associer ne peuvent le faire, parce qu'étant tous fort petits et perdus dans la foule, ils ne se voient point et ne savent où se trouver. Survient un journal qui expose aux regards le sentiment ou l'idée qui s'était présentée simultanément, mais séparément, à chacun d'entre eux. Tous se dirigent aussitôt vers cette lumière, et ces esprits errants, qui se cherchaient depuis longtemps dans les ténèbres, se rencontrent enfin et s'unissent.
>
> Le journal les a rapprochés, et il continue à leur être nécessaire pour les tenir ensemble[16].

En d'autres termes, la liberté de la presse et la liberté d'association dépendaient l'une de l'autre, et dans l'Amérique de Tocqueville, toutes deux servaient les intérêts des partis. Aujourd'hui, l'idée d'une presse ouvertement

16. Alexis de Tocqueville, *De la démocratie en Amérique*, livre II, deuxième partie, chapitre 6, Paris, Robert Laffont, coll. « Bouquins », p. 505-506.

partisane paraît choquante, mais cette fusion met en évidence un des rôles que jouent les partis et les médias professionnels. Les partis ne sont pas seulement « un corps d'hommes unis pour promouvoir l'intérêt national par leurs efforts conjoints, en partant d'un principe précis sur lequel ils s'accordent », suivant la définition d'Edmund Burke[17]. Ils proposent certaines représentations *de* la société, notamment de ses conflits politiques, *à* la société (c'est aussi ce que font les médias). Ils lui soumettent ce que Pierre Bourdieu appelait une « vision des divisions ». Il ne s'agit pas de vaines spéculations sur certaines tendances de la société, mais d'un vrai pouvoir que le sociologue définit comme suit : « Le pouvoir d'imposer une vision des divisions, c'est-à-dire le pouvoir de rendre visibles, explicites, les divisions sociales implicites, est le pouvoir politique par excellence : c'est le pouvoir de faire des groupes, de manipuler la structure objective de la société[18]. » Les partis s'y emploient évidemment pour motiver et mobiliser leurs partisans réels et potentiels,

17. Edmund Burke, *Thoughts on the Cause of the Present Discontents*, archive.org/details/cihm_44099/page/n3/mode/2up.

18. Pierre Bourdieu, *Choses dites*, Paris, Éditions de Minuit, 1987, p. 147. Nancy Rosenblum ajoute que les conflits « ne prennent pas spontanément une forme qui s'adapte au débat et à la décision démocratiques [...] quelqu'un doit créer les lignes de division en ce qui concerne la politique sociale, la sécurité et la justice. Les rivalités de partis sont constitutives. Elles "mettent en scène" la bataille ». Ou encore Gramsci : « Il faut insister sur l'importance et le sens, dans le monde moderne, des partis politiques quand il s'agit d'élaborer et de diffuser une conception du monde parce que ce qu'ils font, c'est élaborer l'éthique et la politique qui correspondent à ces conceptions et jouer le rôle de "laboratoire" historique. »

alors que les médias ne cherchent pas à mobiliser (certes, plusieurs contre-exemples contemporains de journaux faisant campagne et de chaînes de télévision excitant les téléspectateurs prouvent le contraire, mais nous y reviendrons plus loin).

Les partis ne se contentent pas de reproduire mécaniquement des conflits donnés. Ils les structurent consciemment, voire les créent. Les médias, pour la plupart, n'ont d'autre choix que de suivre les grands partis dans leur façon de présenter les conflits, par exemple en acceptant le clivage gauche-droite. Cela dit, ils peuvent proposer d'autres approches, notamment en publiant des enquêtes qui révèlent des formes de mécontentement social et politique moins évidentes ou des scandales qui trahissent une collusion entre des partis théoriquement opposés. Ce faisant, ils incitent à la formation de mouvements contestataires, voire de nouveaux partis politiques : je pense à l'Espagne et à la Grèce, où les principaux partis de gauche et de droite étaient accusés de corruption.

Les corps intermédiaires ont plusieurs manières de présenter et de structurer les conflits. Ils sont évidemment motivés par des raisons qui n'ont rien à voir avec la bonne santé de la démocratie en tant que telle. Pour le dire vite, les partis veulent gagner les élections ; les propriétaires de médias (pour la plupart) veulent gagner de l'argent. Ces objectifs divergents ne sont cependant pas incompatibles avec la prise en charge des luttes politiques qui permet au système de les affronter ou, disons, de les traiter de manière pacifique, ou encore, pour le dire plus crûment, de manière à ce que les perdants s'accommodent du résultat.

Les partis créateurs de conflits revendiquent leur rôle de représentation, lequel *n'*est *pas* d'abord une revendication de vérité. Comme le rappelait Hannah Arendt, les opinions doivent être soumises aux faits, même s'il s'agit de points de vue partisans, ce qui est une bonne chose[19]. Dans un régime pluraliste, comme nous l'avons vu, les citoyens ont des jugements qui dépendent de leur expérience, de leur perception des faits et de leurs dispositions subjectives (je fuis le risque ; vous n'en avez pas peur[20]). La démocratie ne peut donc pas être un projet visant à imposer une vérité politique exclusive. Comme le rappelait aussi souvent Arendt, en politique, *la* vérité est forcément despotique[21].

Hans Kelsen, un professeur de droit autrichien qui fut sans doute le plus grand juriste du XXe siècle, avait raison de dire que la démocratie et le relativisme ont une profonde affinité philosophique. Les gens sont différents, ils voient le monde différemment et ont des objectifs différents, mais ce n'est pas forcément parce qu'ils sont

19. Hannah Arendt, « Vérité et Politique », *in La Crise de la culture*, Paris, Gallimard, coll. « Folio », 1972, p. 300-301. Les « faits » ne sont pas là à attendre qu'on les découvre pour les assembler en feuilles de route partisanes. Comme Walter Lippmann le disait avec sa concision typique : « Les faits que nous voyons dépendent du lieu où nous sommes et des habitudes de nos yeux. », *Public Opinion, op. cit.*, p. 80. En d'autres termes, les faits ont une fonction politique.

20. John Rawls, *Libéralisme politique, op. cit.*

21. Hannah Arendt, « Vérité et Politique », *op. cit.*

égoïstes, idiots ou ignorants des faits. Au contraire, selon Hans Kelsen, quelle que soit sa forme, l'absolutisme philosophique – qui serait le contraire de l'incertitude – ne peut que légitimer les gouvernements autocratiques, quels qu'ils soient[22]. Le but des élections n'est pas de découvrir la vérité. Si c'était le cas, il ne pourrait y avoir d'opposition loyale et légitime, et les perdants persistant à défendre leurs positions ne seraient que des menteurs.

Les revendications de représentation – et les choix électoraux – doivent évidemment être limitées par ce qui s'appelle les faits. Les *Protocoles des Sages de Sion* proposent une « représentation » particulière de la société et de l'idée de « conflit », je dirais même plus, une « vision des divisions » claire comme de l'eau de roche, mais ne sont sûrement pas le reflet d'une politique démocratique légitime. La situation est tout autre quand, par exemple, tous les partis sont d'accord pour reconnaître le verdict scientifique sur le réchauffement climatique, mais en tirent des conclusions opposées sur l'avenir de nos enfants et de nos petits-enfants (de ce point de vue , les partis du style « profitons-en avant que ce soit trop tard » se distinguent, c'est le moins qu'on puisse dire), sur la possibilité d'être optimiste et de croire aux progrès technologiques susceptibles de sauver des régions entières de la planète, ou encore sur la possibilité de prévenir une catastrophe climatique dans un système économique capitaliste, etc.

22. Hans Kelsen, « Foundations of Democracy », *Ethics*, vol. 66, 1955, p. 1-101.

Le philosophe John Dewey demandait ni plus ni moins « l'alignement [du gouvernement] sur la science ». Pour éviter que les gouvernements *informés* par des savants ne deviennent des gouvernements *formés*, voire *dirigés* par ces mêmes savants, il insistait sur le point suivant : « Tout gouvernement par les experts dans lequel les masses n'ont pas la possibilité d'informer les experts sur leurs besoins ne peut être autre chose qu'une oligarchie administrée en vue des intérêts de quelques-uns. » Or ces « besoins » non seulement peuvent, mais doivent être envisagés dans un cadre politique démocratique. Après tout, on peut débattre de ces besoins de même qu'on peut se battre pour savoir qui devrait gagner ou perdre, mais ces échanges doivent être fondés sur l'assise plausible que sont les *stricts* faits. Lesquels sont fragiles, ce que Arendt ne manquait pas de rappeler : une fois oubliés – ou dûment égratignés par un pouvoir autoritaire –, il est peu probable, mais pas impossible, que l'on parvienne à les restaurer.

Dire que les conflits doivent être soumis à la contrainte des faits – que ceux-ci doivent être une frontière dure supplémentaire de la politique démocratique –, ce n'est pas dire que l'établissement de la totalité des faits est une condition préalable à l'argumentation publique. Comme le fait remarquer Christopher Lasch avec perspicacité :

> Ce que la démocratie requiert, c'est le débat public, pas l'information. Évidemment, elle a aussi besoin d'informations, mais le type d'informations dont elle a besoin ne peut venir que d'un débat populaire énergique. Nous

> ne pouvons pas savoir ce que nous devons savoir tant que nous ne posons pas les bonnes questions, et nous ne pouvons identifier celles-ci qu'en soumettant nos idées sur le monde à l'épreuve de la controverse publique. L'information, qui est souvent considérée comme la condition du débat, en est plutôt un sous-produit. Dès lors que nous participons à des débats qui mobilisent pleinement notre attention, nous sommes des chercheurs d'informations pertinentes. Sinon, nous les emmagasinons passivement, si tant est que nous les emmagasinions[23].

Les corps intermédiaires ne reproduisent pas mécaniquement des réalités spécifiques (ils dictent encore moins la vérité). Idéalement, ils offrent le choix – ce qui ne signifie pas que chacun doit pouvoir choisir sa réalité, mais que chacun, idéalement, devrait avoir son point de vue sur des réalités spécifiques, façonné par son engagement vis-à-vis de certaines valeurs. Autre façon de le dire, ces corps doivent garantir un pluralisme *externe* et *interne*.

Le pluralisme externe fait référence à l'éventail de partis politiques et de médias professionnels qui sont des entités non seulement en concurrence, mais en réelle opposition, de sorte que les citoyens (et, en l'occurrence, les consommateurs) disposent de plusieurs options au contenu clairement distinct. Il ne s'agit pas de dire, comme souvent, que c'est un « marché des idées » concurrentiel qui fera

23. Christopher Lasch, « Journalism, Publicity and the Lost Art of Argument », *Gannett Center Journal*, printemps 1990, p. 1-11.

triompher la vérité ; sur de nombreuses questions politiques, le désaccord ne porte pas sur les faits en tant que tels. L'enjeu est plutôt la multiplication de représentations créatives des groupes de la société ; les groupes ayant de nouvelles idées sur les intérêts et les identités doivent pouvoir les soumettre en toute liberté pour voir si d'autres sont preneurs.

Le pluralisme interne est moins évident. Il désigne la diversité de points de vue souhaitable *au sein de* chaque corps intermédiaire. Concrètement, ce pluralisme implique que les partis aient des règles démocratiques internes appropriées, par exemple des primaires ou des débats approfondis avant l'élection de leurs dirigeants. C'est d'ailleurs une pratique prescrite par un certain nombre de Constitutions, l'idée étant que les partis qui manquent de démocratie interne sont un danger pour la démocratie elle-même[24]. Quant aux grands médias, leur fonctionnement interne est rarement démocratique ; certains pays vont jusqu'à les exempter de la législation du travail officielle destinée à permettre aux employés de participer aux prises de décision. En Allemagne et en Autriche, ils sont considérés comme des *Tendenzunternehmen* – littéralement des « corporations tendancieuses », c'est-à-dire des associations animées par certains idéaux, une

24. Dans certains pays, les partis ne figurent pas dans la Constitution, mais les pratiques et les lois (dont l'interdiction des défections) ont évolué de telle sorte que la démocratie des partis est considérée comme légitime, et que pouvoir en être membre est jugé indispensable pour que la démocratie fonctionne. L'Inde en est un exemple.

catégorie qui comprend les Églises. Cela dit, il va de soi que ces médias peuvent proposer différents points de vue – c'est même un impératif que les États-Unis codifiaient jadis sous le nom de *Fairness Doctrine*, laquelle obligeait les radios et les télévisions à présenter des points de vue opposés sur des questions d'intérêt général controversées (et à accorder un droit de réponse à ceux qui s'estimaient mal représentés[25]).

Imposer de telles exigences aux corps intermédiaires n'est pas sans poser problème. L'État a beau ne pas abuser de son pouvoir de réglementation, on peut se demander si elles ne contreviennent pas au droit à la liberté d'association et à la liberté d'expression. On peut même se demander si elles ne trahissent pas une méconnaissance de ce que ces institutions sont censées être : après tout, le pluralisme interne et l'esprit partisan ne sont-ils pas, à un certain niveau, incompatibles ? Les partis ne sont pas des clubs où l'on se réunit pour bavarder. En imaginant une « ouverture » maximale, les libertariens pourraient rejoindre les partis sociaux-démocrates dont ils changeraient complètement l'orientation (c'est une des raisons pour lesquelles les partis américains s'opposent aux primaires dites *« blanket »*[26] et aux primaires ouvertes : leur

25. Il ne s'ensuit pas que chaque institution qui contribue à la formation d'une volonté politique démocratique soit elle-même démocratique. Comme le fit sèchement remarquer Giovanni Sartori, « la démocratie au sens large n'est pas l'addition de plusieurs petites démocraties ».

26. Les primaires *blanket* (« couverture ») sont des primaires globales pratiquées par certains États américains. Elles permettent aux électeurs

« ADN » serait gravement compromis par des outsiders qui proposeraient des programmes incompatibles avec le leur et ne seraient pas jugés responsables du résultat ; ils n'ont pas non plus envie que leurs partisans se mettent à voter aux primaires des petits partis et – ce serait un comble – s'y attachent[27]). Autant Hans Kelsen avait raison de souligner les liens entre relativisme et démocratie, autant personne n'adhère à un parti en se disant que tout est relatif. Au contraire, les adhérents sont attachés à certains principes politiques et souhaitent s'associer à d'autres pour s'efforcer de les mettre en œuvre en faisant voter certaines lois. Les partis sont la courroie de transmission de ce type d'engagement soutenu, et la liberté d'association dont ils bénéficient comprend la liberté de ne pas s'associer à des citoyens qui ont des principes autres[28]. Les partis pourraient même se rapprocher, autant que faire se peut dans les circonstances actuelles, de l'idéal aristotélicien d'amitié civique, fondé moins sur les sentiments personnels que sur la fidélité à certains principes. Cela demande

---

de voter pour plusieurs postes (sénateur, gouverneur, etc.) sur un unique bulletin et en faveur de candidats de différents partis. (*N.d.T.*)

27. Le juge Scalia, qui écrivait au nom de la majorité de la Cour Suprême, expliquait que les primaires dites *blanket* « obligent les partis politiques à s'associer à – à avoir leurs candidats, donc leurs positions, déterminés par – ceux qui, au mieux, ont refusé d'être affiliés à leur parti, ou, au pire, sont affiliés à un rival ».

28. Un cas extrême est celui qui opposa LaRouche et Fowler (1998) : la cour d'appel du district de Washington déclara que le parti démocrate pouvait exclure les délégués de Lyndon LaRouche (que le parti n'avait pas réussi à éloigner des urnes) au motif que LaRouche n'était pas un démocrate (et qu'il était raciste).

de la loyauté, de la patience et, jusqu'à un certain point, l'aptitude à pardonner – à accorder à autrui une certaine marge de manœuvre –, ainsi que le souvenir partagé de luttes. Il ne s'agit pas seulement d'essayer de défendre des principes, mais d'être solidaires de ceux qui tâchent de les mettre en œuvre[29]. Il est évident qu'il vaut mieux s'intéresser aux qualités et aux défauts de nos amis réels qu'essayer d'avoir le plus grand nombre d'amis possible (ce qui ne veut pas dire que certains n'accumulent pas les amis comme on accumule des jetons[30]).

Les adhérents à un parti sont, par définition, attachés à certains principes, mais, tôt ou tard, le sens exact de ces principes est source de contentieux. Lyndon Johnson, qui n'avait guère de prétentions philosophiques, a dit un jour : « Ce que veut l'homme de la rue, ce n'est pas un grand débat sur les questions fondamentales, c'est un minimum de prise en charge médicale, un tapis dans son salon et un tableau sur son mur. » Hélas, comme son parti l'a appris à ses dépens, même ce « minimum de prise en charge médicale » est devenu un conflit de fond. Quoi qu'il en soit, les principes ne s'appliquent pas d'eux-mêmes et n'accouchent pas de stratégies politiques par un coup de baguette magique. En outre, rares sont les gens qui ne

29. Russ Muirhead analyse les arguments pour et contre cette « partialité épistémique » dans « The Case for Party Loyalty », *in* Sanford Levinson *et al.* (dir.), *Loyalty*, New York, New York University Press, 2013, p. 229-256.
30. Jonathan White et Lea Ypi, *The Meaning of Partisanship*, New York, Oxford University Press, 2016.

s'attachent qu'à un unique axiome, auquel cas les autres se lasseront de les voir s'acharner. Outre la question de la mise en œuvre pratique, il s'agit de savoir comment les principes s'articulent logiquement. Voilà pourquoi les partis doivent être des « laboratoires », suivant le mot de Gramsci.

À partir de là, que se passe-t-il ? Des débats doivent avoir lieu, ce qu'une démocratie interne pluraliste digne de ce nom autorise. Les adhérents bénéficient ainsi d'un effet d'apprentissage : davantage de points de vue sont en présence, si bien que la pression exercée pour les justifier et, idéalement, les faire passer auprès des autres pousse à les affiner. Autre effet secondaire, moins évident : les débats internes habituent les adhérents à l'idée que les autres *peuvent* avoir raison – et que ceux qui perdent au cours d'un débat ou dans les urnes font toujours partie de l'opposition loyale (les adhérents dont le camp a perdu un plébiscite de masse au sein d'un parti sont plus susceptibles de le quitter, alors que ceux qui ont pu faire valoir leur opinion mais ont perdu sont plus susceptibles d'y rester[31]).

De ce point de vue, le fait que la plus grande démocratie du monde dispose d'une mesure antidéfection est un problème. De fait, en Inde, la Constitution, qui date de 1950, ne mentionne jamais les partis, mais un amendement introduit dans les années 1980 stipule que les députés

31. Le raisonnement est bien plus plausible pour les décisions prises en assemblée, ou même les délibérations, et bien moins pour les plébiscites de masse. Voir Thomas Poguntke *et al.*, « Party rules, party resources and the politics of parliamentary democracies: How parties organize in the 21st century », *Party Politics*, vol. 22, 2016, p. 661-678.

qui veulent quitter leur parti ou refusent d'en suivre la ligne perdent leur siège. Cet amendement était destiné à corriger le fait que certains politiciens vendaient leurs votes à ceux qui offraient le plus d'argent ou de postes ; un député s'était même distingué en changeant trois fois de parti dans la même journée (le Brésil, autre vaste démocratie, souffre de la même plaie). Cela dit, proscrire non seulement la défection, mais la dissidence au sein d'un parti empêche les députés d'être fidèles à leur conscience et aux convictions qui sous-tendent leur interprétation des principes de leur parti – il devient impossible d'avoir une opposition interne loyale et légitime[32]. Or, c'est justement ce type de pluralisme interne qui conforte l'idée que la démocratie dépend de l'existence de désaccords légitimes et d'une opposition loyale. Là encore, c'est ce qu'il y a de plus proche de l'idéal aristotélicien de citoyens se considérant à la fois comme gouvernants et gouvernés. Le fait est que les individus n'acceptent vraiment d'être gouvernés que par une personne susceptible d'avoir raison[33].

Il est vrai que cette conception des débats internes aux partis est encore trop idéalisée. Se pose notamment un problème que la compagnie courtoise des experts évite de

32. Aradhya Sethia, « Where's the Party? Towards a Constitutional Biography of Political Parties », *Indian Law Review* 3, 2019, p. 1-32.

33. « Voilà pourquoi l'égalité réciproque assure le salut des cités [...] puisqu'il en est nécessairement ainsi même entre gens *libres et égaux* [...]. Dans le cas où ce n'est pas possible du fait que tous sont naturellement égaux, il est du même coup juste que tous participent au gouvernement (que gouverner soit un bien ou un mal), on a alors une imitation du cas précédent, car alors, les uns gouvernent quand les autres sont

formuler, mais qui a fort élégamment été résumé par une boutade d'Oscar Wilde : le problème du socialisme, c'est qu'il accapare trop de soirées (les lecteurs ayant assisté à des réunions de sections savent parfaitement ce dont il parle). Comme d'habitude, la remarque apparemment frivole de Wilde cache un propos plus sérieux. Les chercheurs en sciences sociales le disent : quand ils sont trop nombreux, les « amateurs » et les « dilettantes », soit les gens qui aiment débattre sans fin de grandes idées, mais répugnent au travail de démarchage et de mise sous pli, et à toute tâche pratique et ennuyeuse, peuvent effectivement devenir un problème pour un parti. Ces *aficionados* sont en général des personnes cultivées et plutôt aisées du point de vue économique, pour qui le parti est une distraction du soir et du week-end. Les citoyens qui ont des intérêts concrets en jeu – disons, la perspective de se voir retirer leur assurance maladie – et savent qu'il est urgent de bâtir un destin politique commun sont eux aussi attachés aux principes, mais ils se battent en visant une victoire rapide et concrète[34].

Les partis où ne siège qu'un membre ont quelque chose de fondamentalement problématique : je pense au parti populiste néerlandais de Geert Wilders (où siègent en fait deux membres : Wilders et une fondation dont – comme

gouvernés chacun à son tour, *comme s'ils étaient devenus différents.* » Aristote, *Les Politiques*, trad. de P. Pellegrin, 1261b1, 23, Paris, Flammarion, coll. « GF », 2015, p. 154-155.

34. Eitan Hersh, *Politics is for Power*, New York, Simon and Schuster, 2020.

par hasard – Wilders est l'unique membre). Autre progrès fabuleux de la démocratie pluraliste : le Parti du Brexit, qui se vante d'être un « parti du peuple » comptant plus de 100 000 « adhérents ». En réalité, le parti est une société à responsabilité limitée ayant quatre dirigeants et *une* seule personne ayant officiellement un rôle « significatif » : Nigel Farage. Une fois de plus, ce soi-disant parti du peuple est donc taillé pour un seul. Ce style d'autocratie intraparti (l'autocratie étant synonyme d'autonomie à partir du moment où il n'y a que vous) trahit la peur que l'autre camp *puisse* avoir raison, aucun autre camp n'étant de toute façon admis[35]. Dans certains pays, ce type d'autocratie serait même illégal : l'Allemagne et l'Espagne ont une Constitution et une législation qui obligent les partis à un minimum de pluralisme[36].

35. Sur la démocratie intraparti, voir aussi Kim Lane Scheppele, « The Party's Over », *op. cit.*

36. L'article 21 de la Loi fondamentale allemande stipule : « Les partis concourent à la formation de la volonté politique du peuple. Leur fondation est libre. Leur organisation interne doit être conforme aux principes démocratiques. Ils doivent rendre compte publiquement de la provenance et de l'emploi de leurs ressources ainsi que de leurs biens. » La loi sur les partis régule les détails de la démocratie interne avec une telle précision qu'il y a de quoi se demander si ce n'est pas une atteinte au droit de libre association. En Europe, de façon générale, la constitutionnalisation des partis est devenue la norme. Voir l'excellente analyse d'Ingrid van Biezen, « Constitutionalizing Party Democracy », *British Journal of Political Science*, vol. 42, 2012, p. 187-212. Comme Ingrid van Biezen le rappelle, il n'y a que trois pays européens (plus le Royaume-Uni) dont la Constitution ne mentionne pas les partis : le Danemark, l'Irlande et les Pays-Bas. Le premier à l'avoir fait est l'Islande en 1944, suivie par l'Autriche en 1945, l'Italie, puis l'Allemagne.

Dans les pays régis par la *common law*, cette contrainte serait jugée intrinsèquement illibérale puisqu'on estime que les partis naissent de la libre association de personnes, et que cette liberté couvre les règles qui président à leur fonctionnement[37]. Pour autant, ce ne sont pas des clubs privés qui permettent à leurs membres de passer des contrats entre eux comme bon leur semble. Les partis n'existent que parce qu'ils espèrent que certains de leurs membres, désignés par un scrutin libre et équitable, s'empareront des moyens légitimes de coercition, autrement dit des leviers de l'État[38]. De fait, même dans les pays de la *common law*, les partis réservés aux Blancs sont illégaux. Le British National Party a été obligé d'ouvrir sa porte à tous les citoyens britanniques, quelle que soit leur origine, par opposition aux seuls « indigènes de race blanche ». Autre exemple : aux États-Unis, en 1944, les démocrates du Texas ont appris qu'ils n'avaient pas le droit d'organiser des primaires réservées aux Blancs[39].

Cela revient évidemment à dire que ce qui est illégal à l'extérieur d'un parti l'est aussi à l'intérieur. Cela dit, les partis fonctionnent suivant une hiérarchie. De même

37. Techniquement, ce sont des associations privées qui ne sont pas constituées en sociétés. En même temps, ce sont les tribunaux, et non les groupes d'arbitrage interne, qui, souvent, décident qui peut adhérer, qui peut voter aux primaires, si les partis peuvent avoir des listes composées exclusivement de femmes, etc.

38. Les clubs privés, dans la plupart des contextes, n'ont pas non plus la liberté de discriminer, même si certaines associations (surtout religieuses) peuvent être exemptées de certaines dispositions de la loi antidiscrimination.

39. *Nixon v. Herndon*, 273 U.S. 536, 540, 1927.

que les représentants ont davantage de pouvoir que les citoyens ordinaires, les comités de direction sont davantage maîtres des affaires du parti. C'est là que le bât blesse, sachant que les partis ont une fragilité dont les États sont exempts : l'entrée massive d'adhérents peut modifier la nature d'un parti et finir par subvertir ses promesses initiales. C'est ce qu'on appelle l'« entrisme », un terme qui fait référence à la décision concertée des trotskistes de noyauter les partis sociaux-démocrates pour les orienter dans une direction révolutionnaire.

La seule façon d'éviter ce risque est de garantir la présence de corps intermédiaires au sein même des corps intermédiaires : les adhérents ayant consciencieusement gravi les échelons du parti peuvent avoir de bonnes raisons d'exclure de nouveaux arrivants, voire d'exclure des candidats à la présidence essentiellement motivés par leur propre promotion. La vieille garde du parti a un vrai rôle d'*évaluation par les pairs*, et un rôle qui ne saurait être sous-traité ni à des consultants ni à des chaînes de télévision dont la raison d'être est l'audimat. Leslie Moonves, le patron de CBS à l'époque, l'a reconnu : la candidature de Trump n'augurait rien de bon pour l'Amérique, mais c'était une affaire en or pour la chaîne.

Si la démocratie interne des partis peut être ouverte, elle ne saurait le rester éternellement. Un parti doit être en mesure de prendre des décisions conclusives et contraignantes, et les adhérents doivent être prêts à former une opposition loyale (ce que les eurosceptiques du parti conservateur britannique n'ont jamais réussi à faire).

Comme l'a déclaré sans ambages le chef du Parti travailliste, Lord Bevan, « nous n'avons pas envie d'être dans une position qui nous oblige à écouter notre peuple[40] ». Ce qui ne risque d'arriver que si « notre peuple » a l'occasion de s'exprimer et qu'il est lié par un projet commun. Le problème de nombreux pays aujourd'hui est justement que les citoyens sont très partisans et ont le sentiment de ne pas avoir été écoutés, tandis que les partis, creux et faibles, se révèlent incapables de servir de « laboratoires » et de proposer une vision cohérente du monde, pour reprendre le terme de Gramsci.

Quant aux médias, ils n'ont pas pour vocation première de promouvoir des courants ou d'alimenter des amitiés politiques. Leur pluralisme externe et interne est donc plus facile à défendre. Tout le monde souhaite bénéficier d'un large éventail de points de vue dans les médias et au sein de n'importe quelle institution donnée (même si, comme nous l'avons vu plus haut, le pluralisme interne des médias peut être légitimement circonscrit par une certaine « tendance »). Le problème vient plutôt du fait qu'il est difficile d'établir des critères solides pour définir ce pluralisme (personne n'est officiellement contre le pluralisme des médias, une position d'autant plus facile à tenir que personne n'est capable de dire en quoi il consiste). Comme souvent, le pluralisme est plus facile à apprécier quand il disparaît : recrutement de fidèles

40. Cité dans Adam Przeworski, *Crises of Democracy*, Cambridge, Cambridge University Press, 2006, p. 63.

dans les médias du service public (ce qui se produit en Hongrie et en Pologne) ; concentration entre les mains de propriétaires appartenant à ce que l'on appelle la « bourgeoisie de la construction » en Turquie (autrement dit, les bénéficiaires du boom de l'immobilier qui, pour remercier le président, utilisent leurs ressources pour acheter des journaux autrefois critiques, du moins plus ou moins neutres) ; suppression de la publicité gouvernementale – essentielle pour la survie des journaux en difficulté – si les journalistes ne sont pas au pas.

Dernier point : outre la mise en scène de la bataille politique démocratique et la garantie du pluralisme, les corps intermédiaires servent à structurer le temps politique. Les partis organisent des primaires ; les journaux et les diffuseurs publient des informations et des éditoriaux suivant un certain calendrier. Là encore, ils proposent de « l'ordre à partir du chaos à une multitude d'électeurs », comme l'a formulé le juriste britannique James Bryce au sujet des partis. Et là encore, il est possible d'y voir une analogie avec le système démocratique en tant que tel. Les élections cristallisent l'attention des citoyens et créent un lien fondé sur la responsabilité puisque les candidats font des promesses auxquelles les électeurs ne manqueront pas de se référer. Enfin, et ce n'est pas rien, elles servent à affirmer et ritualiser la valeur de la démocratie, notamment parce que c'est une expérience simultanée et commune à tous les citoyens (aux États-Unis, la totalité des citoyens a voté le même jour pour la première fois en 1848). En Inde, la plus grande démocratie du monde, la simultanéité semble impossible et le vote s'étend sur un mois. Pendant la pandémie, de nombreux pays ont également dû y renoncer, alors que la possibilité de voter par mail était une question de vie ou de mort[41].

Une fois de plus, n'idéalisons pas. Aux États-Unis, au XIXe siècle, le jour des élections n'était pas seulement l'occasion solennelle de faire preuve d'esprit civique, c'était aussi l'occasion d'avoir du whisky gratuit et éventuellement de se défouler grâce à une bonne bagarre. Les gens étaient loin d'étudier de près les programmes, contrairement à ce que laissent croire certains tableaux idéalisés. Ils préféraient participer aux défilés tapageurs qui finissaient généralement chez les citoyens les plus riches – façon de rappeler que l'essentiel du pouvoir appartenait souvent à ces derniers[42].

Pour autant, ces événements contribuent à rythmer la vie démocratique. Ce sont des points de repère communs qui permettent aux partisans de s'organiser[43]. Par ailleurs, ils fournissent des ressources aux gagnants, mais aussi – une fois de plus, c'est essentiel – aux perdants : les premiers s'attachent à mettre en œuvre

41. Dennis F. Thompson souligne trois caractéristiques du moment électoral démocratique : la périodicité, la simultanéité et la finalité. Voir « Election Time: Normative Implications of Temporal Properties of the Electoral Process in the United States », *American Political Science Review*, vol. 98, 2004, p. 51-64.

42. Michael Schudson, « Was There Ever a Public Sphere? If So, When? Reflections on the American Case », *in* Craig Calhoun (dir.), *Habermas and the Public Sphere*, Cambridge, MIT Press, 1992, p. 142-163.

43. Jonathan White, « Rhythm and Its Absence in Modern Politics and Music », *German Life and Letters*, vol. 70, 2017, p. 383-393. Jonathan

leur projet politique indépendamment des changements de l'opinion ; les seconds réfléchissent au moment le plus opportun pour avoir des chances de l'emporter[44]. C'était et c'est toujours le cas de la démocratie interne aux partis. C'était également le cas des médias professionnels, et pas seulement parce qu'ils étaient synchrones avec le temps du politique ; il y avait des rituels tels que les informations de 18 ou de 20 heures qui rassemblaient une grande partie du pays devant les écrans de télévision. Hegel, qui appartenait à la bourgeoisie du début du XIXe siècle, faisait remarquer que la lecture du journal du matin était la prière quotidienne du bourgeois. Marshall McLuhan, provocateur issu de, et visant, les milieux populaires du XXe siècle, décrivait le rituel en le nuançant : « Les gens ne lisent pas vraiment les journaux. Ils y entrent chaque matin comme dans un bain chaud. »

Il est facile de sous-estimer, voire de ridiculiser cet aspect : d'aucuns pourraient nous objecter que le rythme et le rituel ne sont que des normes bourgeoises rigides. D'accord, mais n'oubliez pas à quel point les cycles de nouvelles de vingt-quatre heures et le bombardement de soi-disant « informations » en ligne empêchent la formation de jugements politiques. La distraction permanente est le contraire de la concentration à des moments prédéterminés. Les apostrophes directes et instantanées (du

---

White fait justement observer que « ces rythmes institutionnalisés sont l'expression de l'autonomie du temps démocratique ».

44. Juan J. Linz, « Democracy's Time Constraints », *International Political Science Review*, vol. 19, 1998, p. 19-37

moins en apparence) de présidents qui tweetent et d'amis surpolitisés risquent de venir à bout du travail effectué par des corps intermédiaires qui jusqu'ici fonctionnaient correctement.

Planifier (et payer) l'infrastructure

Les corps intermédiaires ne jouent pas spontanément leur rôle et ne fonctionnent pas non plus dans le vide ; ils font partie de systèmes. Les partis forment des systèmes de partis ; les médias, des systèmes de médias[45]. Leur forme varie considérablement d'un pays à l'autre et les types de systèmes qui se créent dépendent essentiellement de ce que le sociologue américain Paul Starr appelle des choix constitutifs[46]. C'est évident pour les partis : dès 1842, les États-Unis ont adopté la règle dite *« first-past-the-post »* pour l'élection des membres du Congrès, c'est-à-dire que le gagnant emporte tout et le perdant perd tout. Associée à l'élection directe du président, cette règle rendait inévitable un système bipartite (notons qu'elle n'a pas de statut constitutionnel particulier ; en théorie, le Congrès pourrait donc introduire la représentation proportionnelle demain).

45. La présentation classique est celle de Daniel C. Hallin et Paolo Mancini, *Comparing Media Systems: Three Models of Media and Politics*, New York, Cambridge University Press, 2004.

46. Paul Starr, *The Creation of the Media: Political Origins of Modern Communication*, New York, Basic Books, 2004.

La logique du « perdant perd tout » signifie aussi que les personnes qui défendent des idées qui ne sont reprises par aucun des deux grands partis ont intérêt à œuvrer sous l'égide de l'un ou de l'autre en espérant qu'il s'élargira ou que les deux partis évolueront plus à droite ou à gauche, selon les cas. Mais il existe une autre possibilité, qui va avec une image plus marquante : la piqûre infligée par un parti tiers peut entraîner la mort de ce dernier. Les partis tiers sont comme des abeilles, disait Richard Hofstadter : quand ils ont piqué, ils meurent. Un exemple : le Parti pour l'indépendance du Royaume-Uni de Nigel Farage, puis son Parti du Brexit ont réussi à faire du Parti conservateur LE Parti du Brexit. Résultat, le vrai Parti du Brexit risque de tomber aux oubliettes.

Les choix constitutifs ne sont jamais neutres. Ils ne sont pas toujours irréversibles, mais ils s'enracinent, et les personnes qui bénéficient des règles telles qu'elles sont font tout pour les relégitimer s'ils sont mis sous pression. Pensez à David Cameron qui a surclassé ses alliés libéraux-démocrates il y a une dizaine d'années. Ces derniers avaient réussi à obtenir un référendum contraignant sur la réforme du mode de scrutin alors qu'ils venaient de signer un accord de coalition avec les conservateurs – référendum qu'ils ont largement perdu. La victoire des conservateurs, ainsi que la défaite du vote pour l'indépendance de l'Écosse et l'impression que les référendums incitent les citoyens à se prononcer pour le statu quo, ont sans doute persuadé Cameron qu'il maîtrisait le jeu de la démocratie directe et l'emporterait sur le Brexit[47].

Les choix constitutifs influent aussi sur les systèmes médiatiques. L'adoption de tel ou tel réseau de distribution fait que certains médias sont plus ou moins coûteux, ce qui favorise, ou freine, l'émergence d'une presse à grand tirage, indépendamment des décisions prises pour réglementer le contenu. En Europe, les pays où les journaux n'avaient pas de lectorat de masse dès la fin du XIXe ou le début du XXe siècle – pour des raisons commerciales ou parce que trop peu de gens savaient lire – n'en ont jamais eu plus tard, peu importe que les États se soient rapprochés économiquement et que l'alphabétisation ait porté ses fruits[48]. C'est ce qui explique la faiblesse relative du marché des journaux – voire, plus largement, de la sphère publique – dans le sud du continent européen.

Les conditions initiales et les choix politiques ouvrent la voie à certains développements et la ferment à d'autres. La remarque, qui peut sembler péremptoire, a deux conséquences importantes. Premièrement, les personnes qui proposent une réforme, quelle qu'elle soit,

47. La proposition des libéraux-démocrates a été rejetée par presque 67,9 % des électeurs. Seuls 42 % des citoyens sont allés voter pour ce qui est le seul référendum à l'échelle du Royaume-Uni qui ne soit pas lié à l'intégration européenne.

48. Daniel C. Hallin et Paolo Mancini, *Comparing Media Systems, op. cit.*, p. 24. On peut affirmer la même chose à propos des partis de masse – les pays qui n'en avaient pas à la fin du XIXe siècle n'en auront pas plus tard. Merci à Cas Mudde pour cette précision.

doivent adopter une vision plus large, c'est-à-dire systémique. Ce qui fonctionne dans un contexte peut aggraver la situation dans un autre. Par exemple, le présidentialisme était particulièrement démocratique à l'époque où les États-Unis étaient considérés comme la première démocratie du monde, mais le système ne fonctionnait que parce que les partis n'étaient pas trop polarisés ; or, surprise, dans d'autres contextes, il s'est révélé désastreux. Deuxièmement, surtout en ce qui concerne les médias, la technologie compte, mais ce n'est pas une fatalité. Quand le télégraphe a été inventé, rien ni personne ne savait qui en serait propriétaire : des entreprises privées ou des entreprises publiques. L'invention de la radio n'a pas non plus imposé la création de la BBC. La technologie ne détermine ni les conditions juridiques de son application ni la conscience de soi de ceux qui l'utilisent, notamment les journalistes – en particulier s'agissant de savoir dans quelle mesure leur « professionnalisme » (quel que soit le sens exact de ce terme) est un choix politique.

Comme l'explique Paul Starr, ce n'est pas la technologie en tant que telle, mais les choix « architecturaux » correspondant à certaines valeurs qui expliquent les trajectoires distinctes des médias aux États-Unis et en Grande-Bretagne. En Amérique, l'essor d'une industrie de la presse relativement décentralisée n'a pas seulement bénéficié d'un fort taux d'alphabétisation. Elle a profité d'une mesure exceptionnelle par rapport aux pays européens : la décision du gouvernement fédéral de subventionner les journaux en imposant des tarifs postaux plus faibles pour les périodiques. Dans les années 1790, pas moins de 70 % du courrier postal concernait des journaux, et le chiffre est passé à 95 % dans les années 1830[49]. Tocqueville, qui voyageait dans le Kentucky et le Michigan en 1831, s'émerveillait de « l'étonnante circulation des lettres et des journaux dans ces bois sauvages » et faisait remarquer qu'un Américain ne s'aventurerait jamais « dans les déserts du Nouveau-Monde » qu'« avec la Bible, une hache et des journaux[50] ».

Ce n'était ni un hasard ni le fruit du génie capitalistique américain. Cet essor était voulu par les Pères fondateurs américains qui tenaient à ce que leur république fonctionne : Jefferson expliquait qu'il fallait donner au peuple « une information complète sur ses affaires par la voie des journaux publics et faire en sorte que ces journaux pénètrent la masse du peuple. Les fondements de [son] gouvernement étant l'opinion du peuple, [son] objectif premier d[evait] être de préserver ce droit ». (Jefferson a tenu parole : il a dirigé et financé un journal d'opposition alors qu'il faisait partie du cabinet de Washington[51]). Quant à James Madison, il était catégorique : « Un gouvernement

49. Victor Pickard, *Democracy without Journalism?*, New York, Oxford University Press, 2020, p. 16.

50. Tocqueville, *De la Démocratie en Amérique*, livre II, deuxième partie, chapitre 9, *op. cit.*, p. 507.

51. Cité dans Natan Lebovic, *Free Speech and Unfree News: The Paradox of Press Freedom in America*, Cambridge, Harvard University Press, 2016, p. 10. Benjamin Wittes et Susan Hennessey, *Unmaking the Presidency*, New York, Farrar, Strauss and Giroux, 2020, p. 60.

populaire, sans information populaire ou sans les moyens de l'acquérir, n'est que le prologue d'une farce ou d'une tragédie, voire les deux », disait-il. (Fox News et Trump ont prouvé que cela pouvait effectivement être les deux.)

Les grandes déclarations de ces éminents architectes ne signifiaient nullement que les journaux américains ne fourniraient que des informations exactes. Comme nous l'avons vu, la presse américaine était très partisane : au milieu du XIXe siècle, près de 80 % des journaux étaient liés à un ou plusieurs partis[52]. Tocqueville en concluait que la décentralisation du pouvoir allait de pair avec le nombre d'associations et la prolifération de la presse. Comme les journaux donnent lieu à des associations et sont à leur tour soutenus par celles-ci, pensait-il, ils prennent forcément parti : « Un journal ne peut subsister qu'à la condition de reproduire une doctrine ou un sentiment commun à un grand nombre d'hommes[53]. » Incapable de réfréner son enthousiasme, Tocqueville, en général plutôt sceptique, se réjouissait de voir que la presse américaine

> fai[sai]t circuler la vie politique dans toutes les portions de ce vaste territoire. C'est elle dont l'œil toujours ouvert met sans cesse à nu les secrets ressorts de la politique,

52. David M. Ryfe, *Journalism and the Public*, Cambridge, Polity, 2017, p. 50.
53. *Ibid.*, p. 602. On peut être charitable en disant que les partis et les journaux servent de « garants épistémiques » : ils fournissent des informations exactes, mais, en plus, ils donnent du sens à ces informations en fonction de leurs engagements partisans. Voir Jonathan White et Lea Ypi, *The Meaning of Partisanship*, *op. cit.*

> et force les hommes publics à venir tour à tour comparaître devant le tribunal de l'opinion. C'est elle qui rallie les intérêts autour de certaines doctrines et formule le symbole des partis ; c'est par elle que ceux-ci se parlent sans se voir, s'entendent sans être mis en contact.

En réalité, les journaux ont fini par se séparer des partis en s'appuyant sur les revenus du privé plutôt que sur les caisses de ces partis. Aux yeux des pessimistes, la *penny press* du XIXe siècle était la preuve que la civilisation allait à vau-l'eau, mais le sensationnalisme faisait vendre ; par conséquent, les journaux pouvaient se passer du patronage de puissants politiciens. Le lecteur était désormais un consommateur, ce n'était plus un électeur[54]. Aujourd'hui encore, la *penny press* suscite l'admiration des politologues et des juristes américains progressistes, car ils assimilent son triomphe à un processus de démocratisation[55]. Robert Post, professeur de droit à Yale, le formulait ainsi : « Si la presse a pu répondre à la demande des consommateurs, c'est finalement pour des raisons politiques. Plus le public auquel les journaux s'adressaient était large, plus la sphère publique était démocratique[56]. » Un esprit moins

---

54. Victor Pickard, *Democracy without Journalism?, op. cit.*, p. 18. Comme Victor Pickard le note également, les informations sont devenues un « sous-produit – une externalité positive – de l'échange entre les propriétaires de médias et les publicitaires », *ibid.*, p. 66.
55. Robert Post, « Data Privacy and Dignitary Privacy: Google Spain, the Right to be Forgotten, and the Construction of the Public Sphere », *Duke Law Journal*, vol. 67, 2018, p. 981-1073.
56. *Ibid.*, p. 1036-1037.

optimiste ajouterait que ces journaux mentaient sans vergogne, respectaient peu la vie privée et n'hésitaient pas à voler du contenu à leurs concurrents.

Ces pratiques ont d'ailleurs fini par inciter à plus de professionnalisme, ce qui a pu être interprété comme un signe de mépris pour la démocratie de masse et son côté chaotique. Les progressistes américains ont voulu codifier le rôle des journalistes afin d'obtenir des reportages « objectifs » ; par ailleurs, ils ont exigé que ceux-ci suivent une formation spécifique. Aujourd'hui l'École supérieure de journalisme de Paris et l'Université du Missouri se disputent le titre de plus ancienne école de journalisme du monde (respectivement 1899 et 1908, ou 1910 et 1908, suivant les critères – qui manifestement ne sauraient être objectifs.)

Une profession, par définition, doit pouvoir sélectionner ses candidats, ce qu'en général elle fait par le biais des études et des diplômes. Aujourd'hui, par exemple, les journalistes italiens ne peuvent exercer leur métier que s'ils sont membres de l'Ordre national des journalistes et ont passé l'examen *ad hoc* (ce qui ne signifie pas qu'ils soient particulièrement professionnels[57]).

Pour les critiques, le professionnalisme a toujours été synonyme d'élitisme. Certes, mais, du moins en théorie, les normes professionnelles sont aussi un moyen de protéger les institutions du pouvoir économique et politique.

57. Daniel C. Hallin et Paolo Mancini, *Comparing Media Systems*, *op. cit.*, p. 34.

Comme le disait Walter Lippmann (un des responsables de cette professionnalisation), l'ambition de ces réformateurs était de soumettre « le commerce de la presse à davantage de contrôle social », autrement dit d'exercer un pouvoir légal sur les intérêts privés au nom d'une certaine idée du bien commun. Walter Lippmann avait compris que la propagande gouvernementale en faveur de la Première Guerre mondiale avait empoisonné la sphère publique américaine, mais il hésitait à ajouter que les seules options étaient soit le contrôle de l'État, soit un mercantilisme éhonté qui revenait à confier ce qu'il appelait la « fabrication du consentement » à des acteurs privés non réglementés. Le professionnalisme était une promesse d'autonomie qui préservait l'idée de responsabilité : un journaliste qui ne respectait pas les normes professionnelles pouvait être jugé, voire condamné par ses pairs.

Après la Seconde Guerre mondiale, diverses commissions de sages ont proposé de soumettre la presse au principe de « responsabilité sociale ». Comme pour l'incitation à l'« objectivité », il s'agissait de demander à la presse de s'autoréguler pour répondre au droit à l'information du public, et non pas de suivre des critères techniques étroits. Les grands médias américains ont donc décidé de se concentrer presque exclusivement sur l'information, plus que sur l'analyse et la défense des intérêts (il a fallu attendre 1970 pour que le *New York Times* ait une page consacrée aux tribunes[58]). Les journaux se contentaient de « rapporter » ce que diverses personnalités du gouvernement avaient dit et fait sans le commenter ni se prononcer sur ce que cela apportait[59]. Comme l'avouait un journaliste couvrant la chasse aux sorcières lancée par Joe McCarthy : « Personnellement, je trouvais que c'était un démagogue. Mais que pouvais-je faire ? On me demandait de rapporter ce que disait – de citer texto – McCarthy [...]. La presse est censée être neutre. Vous reproduisez ce que la personne dit[60]. »

De nombreux journalistes ont fini par évoluer et compléter leurs informations par des commentaires. Il ne s'agissait plus seulement de dire « qui », « où » et « quand », mais « pourquoi » – une question qui s'est révélée très rentable. Dans les années 1980 et 1990, certains journaux américains avaient des marges bénéficiaires plus importantes que Google aujourd'hui (en partie parce que tel ou tel article avisé était savamment associé à une publicité pour une marque de luxe et des offres d'emploi destinées à la classe moyenne supérieure[61]). Mais aux yeux des critiques conservateurs, interpréter, c'était trahir un esprit partisan[62].

58. Il est vrai que des chroniqueurs syndiqués et très suivis donnaient leur opinion – y compris Walter Lippmann.

59. Matthew Pressman, *On Press: The Liberal Values That Shaped the New*, Cambridge, Harvard University Press, 2018.

60. Cité dans Natan Lebovic, *Free Speech and Unfree News*, *op. cit.*, p. 161.

61. Matthew Pressman, *On Press*, *op. cit.*

62. Nicole Hammer, « From "Faith in Facts" to "Fair and Balanced": Conservative Media, Liberal Bias, and the Origins of Balance », *in* Bruce

Dans les démocraties européennes récentes, comme l'Allemagne de l'Ouest, les journalistes assumaient aussi un rôle explicitement politique, mais ils se considéraient moins comme des interprètes que comme les gardiens d'une démocratie qu'ils entendaient protéger contre un exécutif trop ambitieux ou trop secret. Cette vision de soi comme « quatrième pouvoir » était étayée par l'éthos de la radio publique ou, aux États-Unis, par le faible nombre de grands réseaux de télévision (et de stations de radio). Tous étaient soumis à la *Fairness Doctrine* élaborée en 1949, dont les conservateurs avaient horreur. Jusqu'en 1987, l'année où elle a été abolie par un apôtre de la déréglementation reaganien qui considérait que la télévision était « un appareil comme les autres... un grille-pain avec des images ».

Rétrospectivement, la guerre froide était un âge d'or : les médias étaient un vrai quatrième pouvoir qui soutenait, voire favorisait la démocratie. Cela dit, c'était une période où il était très difficile de faire valoir de nouvelles revendications en matière de représentation. 10 % à peine des chefs de famille des sitcoms américains étaient de la classe ouvrière (sans parler de leur couleur de peau et de leur sexe ; par ailleurs, les femmes n'étaient des personnages vraiment intelligents que si elles servaient de faire-valoir à un père prolo un peu bouffon[63]). Seuls les vieux mâles blancs

J. Schulman et Julian E. Zelizer (dir.), *Media Nation: The Political History of News in Modern America*, Philadelphia, University of Pennsylvania Press, 2017, p. 126-143.

63. Richard Butsch, « Six Decades of Social Class in American Television Sitcoms », *in* Gail Dines et Jean M. Humez (dir.), *Race, Class, and*

décidaient de ce qui était digne d'intérêt et de la façon dont il fallait l'interpréter. Un exemple : le présentateur Walter Cronkite bouclait systématiquement son journal télévisé en déclarant « Et voilà, c'est comme ça », si bien qu'on peut se demander qui, parmi les 30 millions de téléspectateurs, pouvait ne pas être d'accord. Et qui, parmi les réfractaires, avait des chances d'être entendu. Comme le disent les féministes, l'« objectivité » n'était qu'une subjectivité masculine.

Pour maximiser leur audience, les diffuseurs choisissaient toujours ce qu'un cadre de NBC appelait l'« émission la moins contestable[64] ». Sauf qu'elle était évidemment contestée non seulement par les conservateurs obnubilés par le « parti pris progressiste », mais par les critiques de gauche. Comme le journalisme dépendait de la publicité, ces dissidents estimaient qu'il était trop idéologique. « Le journalisme est un des moyens dont dispose l'autocratie industrielle pour contrôler la démocratie politique[65] », écrivait le romancier Upton Sinclair.

L'après-guerre ne fut pas un âge d'or, mais ce fut une période exceptionnelle – période qu'on appelle, en France, les Trente Glorieuses, soit trente années de croissance économique rapide et presque ininterrompue qui ont permis d'apaiser un certain nombre de conflits politiques. C'est à cette époque que beaucoup de partis sont devenus des « partis fourre-tout » (comme les appelaient les

---

Gender in Media, 4e édition, Thousand Oaks, Sage, 2015, p. 750-765.

64. James Poniewozik, *Audience of One*, *op. cit.*, p. 25.

65. Upton Sinclair, *The Brass Check: A Study of American Journalism*, Pasadena, publié par l'auteur, 1919, p. 222.

politologues), abandonnant toute ligne claire et tout ce qui pouvait ressembler à une idéologie trop sectaire. En Allemagne, par exemple, les sociaux-démocrates ont expurgé de leur discours les derniers vestiges de marxisme à la fin des années 1950 pour être éligibles par tous (du moins en théorie[66]). On parlait aussi de « partis du peuple », à un détail près : contrairement aux populistes, ces partis ne prétendaient pas être les seuls à représenter ce peuple. Au contraire, il était perçu comme divisé, formé de citoyens situés de part et d'autre de barrières conflictuelles et capables, en principe, de changer d'allégeance. Les partis étaient plus fades, certes, mais plus professionnels, ce qui, pour les critiques, prouvait une fois de plus « la loi d'airain de l'oligarchie » chère à Robert Michels : le pouvoir au sein des partis appartenait à quelques-uns. Le pluralisme interne était rare ; peu à peu les débats démocratiques raisonnés l'ont cédé aux sondages d'opinion.

Encore la fin d'un âge d'or... Ce qui ne veut pas dire que nous ne vivions pas aujourd'hui une crise profonde des corps intermédiaires.

S'attendre à l'attendu ?

Faut-il rappeler que les commentaires sur l'influence d'Internet sont passés d'un extrême à l'autre, à savoir

66. La déradicalisation fut telle que, par exemple, le Parti communiste italien soutenait un système politique essentiellement conçu pour l'exclure du pouvoir. Je remercie Carlo Invernizzi pour cette précision.

de l'idée que le Web serait le parangon de la démocratie à l'idée que « Facebook, c'est le fascisme[67] » ? Le point commun de ces idées diamétralement opposées est la croyance au déterminisme technologique et la tendance à surestimer le changement. Il est plus rare de lire un article intitulé « Les choses ont moins changé que nous le pensons » que « Comment la technologie met la vérité à mal » (un titre du *Guardian*[68]). Personne ne se souvient de ce que le réactionnaire britannique Thomas Carlyle affirmait dès le XIXe siècle : « Inventez la presse à imprimer, la démocratie est inévitable. »

Aucune technologie ne détermine les conditions de sa mise en œuvre[69]. Il est vrai qu'Internet a créé un nouveau type d'infrastructure, mais la forme de cette infrastructure dépend largement de celle dont nous avons hérité, c'est-à-dire des systèmes de partis et, surtout, des sphères publiques telles qu'elles ont été façonnées par les décisions réglementaires (et souvent déréglementaires) prises depuis deux siècles.

Les États-Unis sont un bon exemple. Récemment, trois chercheurs en sciences sociales de Harvard ont publié

67. Timothy Snyder, « Fascism is back. Blame the Internet », *Washington Post*, 21 mai 2018, https://www.washingtonpost.com/news/posteverything/wp/2018/05/21/fascism-is-back-blame-the-internet/?utm_term=.a73641422a11.

68. Katherine Viner, « How technology disrupted the truth », *The Guardian*, 12 juillet 2016, https://www.theguardian.com/media/2016/jul/12/how-technology-disrupted-the-truth.

69. Yochai Benkler, Robert Faris et Hal Roberts, *Network Propaganda: Manipulation, Disinformation, and Radicalization in American Politics*, New York, Oxford University Press, 2018.

une remarquable analyse de l'élection présidentielle de 2016, dans laquelle ils identifient ce qu'ils appellent une écosphère médiatique de droite. Au sein de cette sphère relativement étanche, expliquent-ils, les « nouvelles » sont surtout un moyen de se légitimer politiquement. La désinformation, voire les simples erreurs d'information sont à peine relevées, car le public de ce « consortium du divertissement » politique de droite n'a aucun contact ne serait-ce qu'avec les sources d'information de centre droit, comme le *Wall Street Journal*[70]. Résultat, au-delà des erreurs, une franche désinformation – qui n'entretient plus aucun rapport avec les faits – voyage vite et loin. Un phénomène qui rappelle la « contagion de la déraison » dont parlait Walter Lippmann, non sans condescendance.

L'idée principale de nos chercheurs est la suivante : l'émergence de cette écosphère de droite, qui n'a pas d'équivalent à gauche, est bien antérieure à Internet. Elle date de la fin de la *Fairness Doctrine* en 1987 et de la montée en puissance des radios émettant en bande AM, qui sont devenues un réseau de talk-shows conservateurs et d'informations ultra partisanes (aujourd'hui encore, la radio est le média préféré des Américains[71]). De son côté, Fox News, créée en 1996, a augmenté le vote en faveur des républicains de 0,4 %-0,7 % (c'est peu, direz-vous, mais n'oubliez pas que George W. Bush a « emporté » la Floride

70. *Ibid.* L'expression « consortium du divertissement politique » vient de Steven Levitsky et Daniel Ziblatt, *How Democracies Die*, *op. cit.*

71. En 1980, plus de 90 % écoutaient une des grandes chaînes ; en 2005 ils étaient 32 %. Lawrence Lessig, *They Don't Represent Us*, *op. cit.*, p. 79.

avec moins de 500 voix. Fox News, selon ces estimations, a apporté aux républicains 10 000 voix supplémentaires[72]). La déréglementation qui a permis aux chaînes de télévision câblées et aux autres médias de prospérer était un choix politique, elle ne découlait pas naturellement des innovations technologiques. En retour, ce choix a permis une forme de polarisation qui, comme par hasard, s'est révélée être un marché extrêmement juteux, surtout pour le « journalisme de plaidoyer » ou le « journalisme d'opinion » autoproclamé de droite. Désormais, ce n'est plus le parti qui contrôle les journaux, comme à l'époque de Tocqueville, mais les médias électroniques qui contrôlent l'idéologie du parti (peu importe que ce soit un effet secondaire involontaire de la recherche maximale de profit[73]).

Il ne s'agit pas de dire que la re-réglementation abolirait la polarisation et la désinformation comme par magie. N'oublions pas que toute nouvelle technologie s'intègre à une infrastructure déjà existante qui peut exacerber, mais pas forcément créer de toutes pièces, les défis auxquels est confrontée la démocratie[74].

Il n'empêche, les derniers bouleversements économiques et technologiques risquent d'avoir un effet

72. Stefano DellaVigna et Ethan Kaplan, « The Fox Effect: Media Bias and Voting », https://www.nber.org/papers/w12169.

73. Tout cela est analysé dans Brian Rosenwald, *Talk Radio's America: How an industry took over a political party that took over the United States*, Cambridge, Harvard University Press, 2019.

74. L'absence d'informations produites par des professionnels ne condamne pas forcément les citoyens à se débrouiller avec les moyens

secondaire involontaire sur l'infrastructure de la démocratie. Les fausses informations et la franche désinformation sont plus faciles à diffuser – parce qu'il est plus simple de brouiller les sources, mais aussi parce que faire en sorte qu'une information devienne « virale » est devenu un art, voire une science. Au Brésil, lors des élections présidentielles de 2018, WhatsApp a servi de relais parfait (et gratuit) pour la campagne de désinformation massive financée par les entreprises soutenant le candidat d'extrême droite Jair Bolsonaro[75]. WhatsApp est utilisé par 120 millions de citoyens brésiliens sur un total de 210 millions, dans un pays où l'accès à Internet est très cher et où les forfaits mobiles incluent rarement des données illimitées. Ce qui explique que les Brésiliens utilisent les applications de messagerie sans toujours avoir accès à l'ensemble d'Internet, encore moins aux médias dont les informations sont vérifiées. Comme WhatsApp (qui appartient à Facebook) relie surtout les amis et la famille, les « informations » partagées sur cette

du bord. À part les producteurs de désinformations professionnels, il y a une foultitude d'acteurs payés pour influencer (sans mentir), mais sans le moindre engagement professionnel vis-à-vis de normes comparables à celles des journalistes : en 2014, il y avait encore 47 000 journalistes professionnels aux États-Unis ; le nombre de consultants en communications, lui, était de 264 000. Timothy Garton Ash, *Free Speech: Ten Principles for a Connected World*, Londres, Atlantic, 2016, p. 192.

75. Patrícia Campos Mello, « Empresários bancam campanha contra o PT pelo WhatsApp », *Folha de S.Paulo*, 18 octobre 2018, https://www1.folha.uol.com.br/poder/2018/10/empresarios-bancam-campanha-contra-o-pt-pelo-whatsapp.shtml.

application ont l'air plus crédibles que les autres : ceux qui les transmettent sont jugés dignes de confiance[76].

L'élection de Bolsonaro n'est sûrement pas due au hasard : les entreprises soutenant le candidat d'extrême droite on versé des sommes considérables pour soutenir son message. Une récente réforme du financement des campagnes limite bien les dons aux politiciens, mais elle n'évoque pas les réseaux sociaux, dont la brèche reste ouverte : Bolsonaro, plusieurs candidats et les médias avaient signé un pacte visant à ce que personne ne diffuse de *fake news*. La réalité, c'est que 98,1 % des électeurs de Bolsonaro ont été la cible de fausses informations et que 89,77 % y ont cru[77]. Comment, dès lors, s'étonner que les fans de Bolsonaro aient hurlé « Facebook, Facebook, Facebook » le jour de son investiture ? Une fois de plus, la création d'un système étanche n'est pas due au média en tant que tel, ni au fait que les gens sont crédules et ont tendance au tribalisme. Le système naît de décisions réglementaires et de choix économiques très clairs.

En Inde, une application nommée NaMo (comme Narendra Modi) a été vendue comme le meilleur moyen de suivre les annonces du gouvernement. Les utilisateurs ne sont pas censés savoir qu'elle est la propriété privée

76. Luca Belli, « WhatsApp skewed Brazilian election, proving social media's danger to democracy », https://theconversation.com/whatsapp-skewed-brazilian-election-proving-social-medias-danger-to-democracy-106476.

77. Silvana Krause *et al.*, « Die brasilianische Präsidentschaftswahl 2018: Ein neues Paradigma der Finanzierung, Anti-Politik und Soziale Netzwerke », *MIP*, vol. 25, 2019, p. 94-110 ; ici, p. 106.

de Narendra Modi et qu'elle sert à récolter des données. Comme le faisait remarquer l'ONG Freedom House, l'application « transmettait secrètement les informations personnelles des utilisateurs à une entreprise d'analyse comportementale dont les bureaux sont aux États-Unis et en Inde[78] ».

Ces outils bon marché jouent sur les fausses informations ou la désinformation pure et dure pour créer de nouveaux publics. En outre, ils sont brandis comme une arme contre les journalistes professionnels accusés de partialité et soupçonnés d'ignorer les « citoyens ordinaires » et leur droit à l'expression. Certains de ces journalistes cèdent à la pression et tâchent de prouver leur innocence. Au nom des principes d'objectivité et d'équilibre, ils préfèrent s'abstenir de commenter pour revenir à ce qui ressemble à une information neutre : on en revient au bon vieux « je reproduis ce qu'on me dit ». Sauf que dans un contexte de polarisation asymétrique – où un seul parti s'insurge contre les règles démocratiques élémentaires ou induit systématiquement le public en erreur sur des faits importants –, la symétrie se transforme en distorsion[79]. Adopter une position sciemment neutre a des effets qui ne le sont pas. Il existe une alternative sur laquelle je reviendrai au chapitre suivant, qui consiste soit à s'en tenir à l'objectivité, c'est-à-dire à fournir des informations

78. Freedom House, *Freedom on the Net Report 2019: The Crisis of Social Media*, https://www.freedomonthenet.org/report/freedom-on-the-net/2019/the-crisis-of-social-media.

79. Je suis redevable à Jay Rosen pour ce point.

exactes et vérifiables (voire revérifiables), soit à interpréter les événements en s'engageant clairement en faveur des principes démocratiques – ou même de principes partisans, tant que chacun sait de quoi il retourne.

Outre la pression financière énorme qui pèse actuellement sur les journalistes, je rappelle que la profession était déjà fragilisée par ce qu'on pourrait appeler le néolibéralisme. Le fait est que les professionnels – qu'il s'agisse d'universitaires, de médecins ou de journalistes – sont soupçonnés d'entretenir un cercle fermé que seules des études ou une formation spécialisée permettrait d'intégrer (peu importe que très peu de pays, sinon l'Italie, aient une certification officielle autorisant à être journaliste[80]). Une fois à l'intérieur du système qu'ils auraient eux-mêmes créé, ils ne feraient que ce qui leur plairait. Contrairement à ceux qui sont dans le dur des affaires et acceptent les revers infligés par les mécanismes impitoyables du marché, ils s'en tireraient en étant particulièrement indulgents vis-à-vis de ce qu'ils produisent. Il est clair qu'une Margaret Thatcher partait du principe que les professeurs (sauf s'ils enseignent les sciences dures) jetaient l'argent du contribuable par les fenêtres

80. Il faut tenir compte de différences importantes : les journalistes peuvent facilement devenir copains-copains avec les politiciens, du moins adopter une sorte de « style complice » (comme le critique des médias Jay Rosen le disait) pour montrer qu'ils font partie du petit monde politique ; en revanche, les médecins ne cherchent pas à être proches de leurs patients afin de limiter l'« accès » (à moins d'établir une analogie avec le cas où un médecin livre à son patient le diagnostic que celui-ci a envie d'entendre).

en débitant des absurdités de gauchistes devant une tasse de thé. Le tournant qui a vu l'introduction des simulations de marchés au sein des universités et du National Health Service – grâce à une « culture de l'audit » qui aurait fait pâlir d'envie les planificateurs de l'Union soviétique – visait à mettre en concurrence les professionnels, à les obliger à produire et, surtout, à ce qu'ils se rendent responsables vis-à-vis de toute la société (autrement dit des contribuables). Lesquels étaient censés penser que tout ce qui était professionnel était truqué et que les « élites libérales » ne faisaient que se reproduire dans un monde où, en réalité, il n'y avait pas de normes.

Le jour où Donald Trump a révélé la composition de son cabinet, certains se sont fait un plaisir de souligner une contradiction flagrante : comment un « populiste » pouvait-il s'entourer de super patrons et de loups de Wall Street dont la fortune cumulée s'élevait à 4,3 milliards de dollars – ce qui, après tout, est le comble de l'élitisme ? Ce que ces critiques ne comprenaient pas, c'est que très peu de ces êtres exceptionnels étaient de vrais professionnels : dans l'esprit de Trump, leur succès (et leur « dur labeur ») se mesurait objectivement, en dollars[81]. Ils étaient donc compétents et capables de mettre en œuvre la volonté du « vrai peuple », contrairement aux professionnels qui finissent toujours par la déformer tout en vous expliquant

81. Comme l'a déclaré Trump au cours d'un rassemblement dans l'Iowa en juin 2017 : « J'aime tous les gens, riches ou pauvres, mais pour ces postes-là, je ne veux pas de personnes pauvres. C'est clair ? »

qu'ils sont plus savants que vous parce qu'ils ont fait plus d'études.

Les populistes autoritaires de droite ne sont pas simplement « anti-élite » ; ils ciblent une élite très précise, notamment les journalistes qu'ils accusent d'être injustes et partiaux. C'était flagrant chez Trump, mais il existe des façons plus subtiles de nier les compétences des professionnels. Pendant la pandémie, par exemple, Boris Johnson a adopté un style de conférences de presse plus présidentiel et insistait pour commencer par répondre à « Michelle, qui vit dans les Cornouailles », histoire que tout le monde comprenne que n'importe qui pose des questions aussi importantes que les journalistes de métier (la question que Michelle, propriétaire d'un hôtel, a fini par poser était la suivante : « S'il vous plaît, est-ce qu'il est possible de savoir ce que vous allez faire pour le tourisme au Royaume-Uni dans les semaines qui viennent ?[82] »).

Dénigrer le professionnalisme ne date pas d'Internet : c'est une stratégie politique, et non la conséquence inévitable de telle ou telle technologie. Néanmoins, j'avancerai deux arguments très clairs pour expliquer en quoi les effets involontaires d'Internet sont préjudiciables à la démocratie. Le premier est très concret ; le second est plus abstrait et spéculatif.

82. La réponse ? « Vous allez voir, Michelle, nous allons faire en sorte que le Royaume-Uni rebondisse aussi fortement et rapidement que possible. »

Premièrement, la presse régionale a énormément souffert de la restructuration de l'économie au cours des deux dernières décennies. Avant, la publicité permettait de financer de vrais reportages. « Wallmart ne s'intéressait peut-être pas à notre agence de presse à Bagdad, mais, de fait, il subventionnait ses membres », faisait remarquer Clay Shirky, spécialiste des nouvelles technologies[83]. Peu à peu, les recettes publicitaires ont été accaparées par Google et Facebook, et la presse locale (en particulier) a vu fondre ses salles de rédaction. Aux États-Unis, un journal régional sur cinq a disparu depuis 2004 ; 5 millions d'Américains n'ont plus de journal local et 60 millions n'en ont qu'un seul[84].

La multiplication de ces « déserts de l'information » a de profonds effets politiques[85]. La corruption augmente, puisque plus aucun journaliste ne rend compte des réunions des conseils municipaux, notamment des décisions relatives aux marchés publics. Les gens s'intéressent moins à la politique : la disparition des quotidiens locaux entraîne une baisse du taux de participation aux élections, une diminution du nombre de candidats et une augmentation du nombre d'élus sortants. Par ailleurs, les citoyens sont moins

83. Clay Shirky, « Stop Press – and then What? », The *Guardian*, 13 avril 2009, https://www.theguardian.com/commentisfree/cifamerica/2009/apr/13/internet-newspapers-clay-shirky.

84. Clara Hendrickson, *Local Journalism in Crisis*, https://www.brookings.edu/research/local-journalism-in-crisis-why-america-must-revive-its-local-newsrooms/.

85. Sam Schulhofer-Wohl and Miguel Garrido, « Do Newspapers Matter? », https://www.nber.org/papers/w14817.

bien représentés à l'échelle nationale. Comme les journaux locaux et régionaux ne peuvent plus se permettre d'avoir un correspondant à Washington, il est plus difficile de comprendre ce que fait exactement un membre du Congrès ou du Parlement, et donc de lui demander des comptes.

De façon moins évidente, la raréfaction des informations locales renforce les tendances pernicieuses à la polarisation. Les habitants d'un quartier peuvent se mettre d'accord sur les problèmes qui se posent et discuter respectueusement des solutions concrètes, sans se lancer dans d'interminables guerres culturelles[86]. Mais comme les nouvelles locales – donc les débats locaux – disparaissent, les nouvelles nationales remplissent le vide[87]. Or les débats nationaux induisent plus de prises de position partisanes et incitent à recoder les conflits pour en faire des questions d'identité culturelle.

Second point : aujourd'hui, tout le monde le sait, les entreprises qui fournissent des services « gratuits » aux consommateurs (ou, pour reprendre les euphémismes habituels, aux « utilisateurs », à la « communauté », etc.) monétisent ces consommateurs. Elles recueillent les

---

86. Certes, nous risquons d'idéaliser la démocratie de proximité alors que les querelles de voisins peuvent être particulièrement amères. En tout cas, les problèmes locaux nécessitent souvent des solutions qui ne sont pas locales.

87. La situation des journaux régionaux ne reflète pas toujours celle de la presse nationale. Aux États-Unis, ce que l'on peut qualifier de presse de référence bénéficie d'un « boom Trump » depuis 2016 : les citoyens s'inquiètent de l'avenir de la démocratie américaine et sont prêts à investir pour avoir de vrais articles.

données qui les concernent pour les vendre aux annonceurs. Comme le dit David Runciman à propos de Google : « Chercher, c'est être cherché », variation de l'adage « Si le produit est gratuit, c'est que vous êtes le produit ».

Ce mécanisme ne date pas d'hier. Les partis politiques ont toujours fait du « micro-ciblage ». Le Parti communiste français ne tractait pas dans les quartiers chics de Paris. Les journaux vendaient des espaces publicitaires à des entreprises qu'ils ciblaient suivant ce qu'ils savaient de leurs lecteurs. Comme le résume Paul Starr, ils faisaient payer les annonceurs pour avoir du temps de cerveau disponible, mais les propriétaires des cerveaux payaient en retour. Les lecteurs achetaient leur quotidien au même prix, mais tous les lecteurs n'avaient pas la même valeur. Plus le journal arrivait à identifier les consommateurs fortunés pour les vendre aux annonceurs, mieux c'était pour ses finances.

Évidemment, les publicités étaient visibles par tous. Les *dark posts* micro-ciblés ne le sont pas[88]. Les partis, et plus largement les citoyens, n'ont plus la possibilité de leur opposer des informations différentes et des « points de vue contrastés », pour reprendre une expression de la *Fairness Doctrine*. Dans un système que Shoshana Zuboff analyse suivant le concept séminal de « capitalisme de surveillance[89] », l'affirmation continuelle d'identifications

88. David Runciman, *How Democracy Ends,* New York, Basic Books, 2018, p. 155.

89. D'où l'absurdité d'Alexander Nix, ex-directeur de Cambridge Analytica, déclarant en face de la Commission numérique, culture, médias et

politique est chaque jour renforcée. Zuboff fait remarquer que Google a sciemment construit son *business model* à partir du « surplus comportemental » généré par les recherches des internautes. Ces données permettent aux grandes entreprises technologiques d'améliorer « l'expérience des utilisateurs », mais elles peuvent aussi être vendues aux annonceurs qui ciblent les individus avec une précision de plus en plus impressionnante[90]. L'ogre Internet, prévient Zuboff, finit par réclamer toujours plus « d'expérience humaine [qui lui sert de] matière première gratuite pour des pratiques commerciales cachées d'extraction, de prédiction et de vente » – une colonisation de la vie ordinaire d'autant plus facile que les individus risquent d'être de plus en plus dépendants de l'Internet des objets, qui a le pouvoir de les surveiller sans relâche.

Cette surveillance constante s'accompagne d'une tendance à nous abreuver toujours plus des mêmes choses – une façon de nous manipuler pour qu'au fil du temps, nous les réclamions et adoptions le même comportement (ce qui revient à n'avoir aucun choix puisque seules ces choses apparaissent sur les écrans). Les algorithmes génèrent des prévisions fondées sur l'idée que notre comportement futur sera proche de notre comportement

---

sports de la Chambre des Communes : « Nous tâchons de faire en sorte que les électeurs aient des messages sur les thèmes et les politiques qui leur tiennent le plus à cœur [...] qui ne peuvent qu'être bons pour la démocratie. »

90. Shoshana Zuboff, *L'Âge du capitalisme de surveillance,* trad. de B. Formentelli et A.-S. Homassel, Paris, Zulma, 2020.

passé, et nous incitent à agir conformément à ces prévisions. Ce processus va à l'encontre d'un des fondamentaux de la démocratie, l'incertitude institutionnalisée. Si la démocratie n'est plus que l'activation systématique d'identités soi-disant données – à partir de profils de plus en plus précis obtenus par la surveillance –, son dynamisme, son ouverture, voire son caractère aléatoire disparaissent : on ne s'attend qu'à ce qui est attendu.

Certes, il est exagéré de parler d'ouverture illimitée : la démocratie moderne a toujours mobilisé des groupes unis par des images de soi bien précises, et des images qui n'étaient guère revues à l'occasion des élections ; au contraire, les partis les confortaient en incitant leurs adhérents à voter. Ces chambres d'écho sont nées dès que des hommes mus par des « sympathies communes » – pour citer John Start Mill – ont pu se rapprocher. Faut-il en conclure qu'aujourd'hui, les citoyens sont piégés dans des espaces politiquement homogènes ? J'aurais plutôt tendance à penser que le monde dans lequel ils évoluent hors ligne est politiquement plus uniforme que celui dans lequel ils évoluent en ligne (et que dans l'ensemble, la plupart ne s'intéressent guère à la politique[91]).

Néanmoins, le niveau potentiel de cloisonnement est propre à notre époque, car la capacité à générer de l'argent, ou un profit de nature politique, à partir de biais cognitifs

91. Andrew Guess *et al.*, « Avoiding the Echo Chamber about Echo Chambers: Why selective exposure to political news is less prevalent than you think », *Knight Foundation White Paper*, https://knightfoundation.org/reports/trust-media-democracy/.

est de plus en plus sophistiquée. Par ailleurs, les médias classiques, même au service de la politique, sont moins addictifs que les réseaux sociaux[92]. Ils ne partent pas d'algorithmes destinés à maximiser l'« engagement » (donc les revenus) des consommateurs pour les orienter vers des idées toujours plus extrêmes, et ce à des fins essentiellement commerciales[93].

Chacun de nous a un profil en ligne qui finit par devenir une prophétie autoréalisatrice. Notre comportement passé est le meilleur indicateur de notre comportement futur. Conforté par des incitations ou des *nudges* ciblés, ou exploité pour nous déstabiliser ou jouer sur notre quête de reconnaissance (j'ai combien de likes ?), ce comportement passé se reproduit d'autant plus facilement. Facebook est là pour prouver que l'humeur de ses utilisateurs peut être modifiée en un claquement de doigts ; par ailleurs, nous disposerions des preuves qui montrent que ces algorithmes confortent l'engagement des utilisateurs en les divisant.

---

92. David Runciman, *How Democracy Ends, op. cit.*, p. 158. Lawrence Lessig note que « la science de l'addiction au numérique est surtout le fait des entreprises de jeux », *They Don't Represent Us, op. cit.*, p. 115. Voir aussi le rapport de l'enquête du Groupe parlementaire sur les réseaux sociaux et le bien-être et la santé mentale des jeunes sur https://www.rsph.org.uk/static/uploaded/23180e2a-e6b8-4e8d-9e3da2a300525c98.pdf.
93. Manuel Horta Ribeiro *et al.*, « Auditing radicalization pathways on YouTube », https://dl.acm.org/doi/abs/10.1145/3351095.3372879, et Zeynep Tufekci, « YouTube, the Great Radicalizer », *New York Times*, 10 mars 2018, https://www.nytimes.com/2018/03/10/opinion/sunday/youtube-politics-radical.html.

Aujourd'hui, cette machinerie n'est pas exploitée à des fins vraiment néfastes, mais un jour, elle pourrait l'être. N'oubliez pas le portrait de l'oligarque que j'ai esquissé dans le premier chapitre. D'un côté, il est cupide (« j'empoche, j'empoche et j'empoche ») ; de l'autre, il a le pouvoir d'influer sur les structures politiques – y compris les corps intermédiaires – à volonté. Non seulement la concentration du pouvoir est telle que des individus n'ayant aucun compte à rendre peuvent influencer les élections, mais elle permet aussi à un gouvernement de faire pression sur des individus qui changeront de braquet politique pour préserver les profits de la plateforme. À titre individuel, un Trump et un Zuckerberg sont dangereux pour la démocratie ; les mille et une façons qu'ils ont de s'exploiter l'un l'autre aggravent considérablement ce danger.

La fin des partis ?

Et si les partisans remplaçaient les professionnels des médias ? La perspective inquiète beaucoup de gens qui y voient encore un « effet Fox ». Pourtant, c'est plutôt le contraire qui se produit dans de nombreux partis : le nombre d'adhérents – de membres officiels – diminue, alors que ce qui est parfois considéré comme une « nuée » de consultants, de sondeurs et de conseillers en communication augmente. On n'est pas obligé d'y voir une preuve supplémentaire de la loi d'airain de Robert Michels. Je dirais plutôt que ces grands partis bureaucratiques fonctionnent comme des entreprises qui externalisent une grande partie de ce qui était leurs activités principales. Ils ressemblent aussi à des entreprises d'une autre manière : quand ils le peuvent, ils forment des cartels. Ils n'ont alors plus besoin ni de l'argent ni du travail de terrain des adhérents ; ils obtiennent des subventions des États, et plutôt que le porte-à-porte, préfèrent apparaître sur l'écran de telle ou telle personne qu'ils ciblent pour la mobiliser (surtout dans les démocraties où il est devenu plus important d'inciter les adhérents à voter que de persuader les indécis – ce qui est le cas aux États-Unis depuis 2004 environ). Il arrive que les partis regroupés en cartels perdent les élections. Mais ils font en sorte que l'opposition se tienne à carreau ; l'essentiel, pour un cartel, quel qu'il soit, c'est qu'aucun nouveau joueur ne se manifeste et ne se batte pour réclamer des ressources à l'État[94].

Je reconnais que ce tableau, qui émane plutôt des politologues qui travaillent sur l'Europe, est une caricature, mais, comme dans toutes les bonnes caricatures, les principaux traits sont là. Les citoyens n'ont pas tort de penser que les partis sont déconnectés de la société. Ils n'ont pas non plus tort de se dire que ce qui ressemble à des tentatives de reconnexion ne sont que des stratagèmes visant à créer des entreprises « produisant » plus de pouvoir pour leurs fondateurs. L'entité Forza Italia, créée par Silvio Berlusconi, en est un exemple. En théorie c'est un parti,

94. Richard S. Katz et Peter Mair, « Changing Models of Party Organization and Party Democracy: The Emergence of the Cartel Party », *Party Politics*, vol. 1, 1995, p. 5-31

mais il a été monté par des experts en marketing et il est vécu comme un club de supporters de football (pendant les sommets de l'Union européenne, Berlusconi préférait parler de foot et de femmes que de sujets politiques « emmerdants »). Il est dévoué à une personnalité plutôt qu'engagé vis-à-vis de ce qui serait des principes partisans. Il ne laisse place à aucun pluralisme interne puisque pour son fondateur, c'est un moyen d'accéder au pouvoir et d'échapper à la prison. Finalement, c'est la télévision qui a permis au *Cavaliere* de se passer d'un appareil bureaucratique qui aurait pu faire le lien avec la société civile. Berlusconi s'adressait directement à *la gente* et, surtout, il vendait l'art de gouverner comme une émission de fin de soirée.

Ce que certains appellent les « partis de la télévision » appartient peut-être à une époque déjà révolue puisque les dix dernières années ont vu la naissance de « partis numériques » ou « partis-plateformes ». De fait, les réseaux sociaux ont renouvelé la promesse d'une participation politique qu'on ne peut pas réduire à un *fandom* (un royaume de fans). À contre-courant de la tendance générale, un certain nombre de partis ont même largement augmenté leur nombre d'adhérents : Momentum, l'association de jeunes citoyens de gauche qui soutiennent Jeremy Corbyn, se présente comme un « mouvement dynamique alimenté par le peuple » et a apporté des dizaines de milliers de nouveaux adhérents au Parti travailliste britannique. Réduit à 200 000 membres à peine sous Tony Blair, le Labour compte aujourd'hui plus d'un demi-million d'adhérents (ce qui en fait le plus grand parti politique d'Europe selon certaines estimations). La France insoumise revendique aussi plus d'un demi-million d'*adhérents*[95], et le parti de gauche espagnol Podemos, environ 540 000 *personas inscritas* (l'« ouverture » de Podemos est d'ailleurs remarquable puisqu'on peut s'y inscrire tout en étant membre d'un autre parti).

Comme l'a noté le chercheur en sciences sociales Paolo Gerbaudo, la plupart de ces nouveaux partis adoptent le *business model* des entreprises numériques : inscription gratuite, pas de cotisation, on adhère en donnant son adresse électronique et en cliquant sur « Agir » et « Je me connecte » (pour La France insoumise). Les coûts marginaux de la communication en ligne sont presque nuls. L'optimisation de l'« engagement » des adhérents génère toujours plus de données qui, à leur tour, contribuent à ce que deux conseillers de la campagne de Bernie Sanders en 2016 ont appelé une « organisation distribuée », c'est-à-dire le micro-ciblage des personnes les plus susceptibles d'agir et de faire un vrai travail de terrain[96]. Comme les réseaux sociaux en général, ce type de participation peut occuper de trop nombreuses soirées. Mais contrairement aux partis bureaucratiques, donc hiérarchisés, analysés par Robert Michels, ces partis promettent l'égalité. Une des devises du M5S est *Ognuno vale uno* (« Tout le monde

95. En français dans le texte.

96. Paolo Gerbaudo, *The Digital Party: Political Organisation and Online Democracy*, Londres, Pluto Press, 2019, p. 5-6 et p. 14.

vaut tout le monde ») – ce qui autrefois se disait : « Une personne, une voix » (même si cet engagement en faveur de l'égalité est contredit par la règle du M5S qui favorise les candidats de moins de quarante ans, y compris si les plus âgés obtiennent plus de voix : nous sommes aux antipodes d'Athènes où certains magistrats devaient avoir quarante ans *au moins*).

Les défenseurs des partis-plateformes expliquent que la participation directe et permanente des membres serait le prélude à une ère post-représentative : plutôt que de déléguer les décisions à des professionnels, les partisans engagés pourraient, avec un minimum d'efforts, faire eux-mêmes des choix via des consultations en ligne. Ou alors, comme dans la « démocratie liquide » des partis pirates – qui, à bien des égards, étaient les pionniers de l'approche des partis-plateformes actuels –, ils pourraient déléguer leur vote à un ami qu'ils trouveraient particulièrement compétent.

Ces nouveaux partis racontent qu'ils ont émergé spontanément d'immenses manifestations des rues et ils n'ont de cesse de se présenter comme des mouvements nés pour s'opposer aux partis traditionnels (que Beppe Grillo juge « néfastes »).

Cette histoire n'est pas totalement vraie, surtout pour le M5S qui a essayé de devenir un « vrai » parti (ses représentants sont désormais autorisés à avoir deux mandats consécutifs, et les alliances préélectorales avec les partis de la redoutée *casta* sont permises). En Espagne, les gigantesques manifestations où des banderoles affichaient

« Ils ne nous représentent pas » – « ils » étant la classe politique et les élites économiques – ont eu lieu en 2011. Podemos – littéralement « Nous pouvons » – n'a été créé qu'en 2014. Ses fondateurs étaient des politologues pour qui la principale leçon de ces manifestations était que les idées de gauche n'avaient plus d'écho parmi les citoyens. La ligne de partage n'était plus la gauche contre la droite, pensaient-ils, mais *la casta* contre *el pueblo* ou, plus simplement, *arriba* contre *abajo* (l'Espagne d'en haut contre l'Espagne d'en bas) – ou encore, pour prendre une métaphore animalière, le chat (les élites) et la souris (le peuple). « Si vous voulez faire les choses bien, ne faites pas ce que la gauche ferait », ajoutaient ces politologues, alors que leurs idées en matière de logement et d'emploi, par exemple, étaient proches de celles des sociaux-démocrates classiques. Il s'agissait d'une position « post-idéologique » consciente et partagée par Beppe Grillo, qui estimait que « le temps de l'idéologie [était] fini. [...] Le M5S n'[était] ni de gauche ni de droite. Il [était] au-dessus et au-delà ».

Autre point commun des nouveaux partis-plateformes d'Europe du Sud : l'accent mis sur un leadership fort et sans complexe (essentiellement masculin). Non que les gens du Sud tolèrent davantage le machisme : le fait est que nous sommes face à des personnalités charismatiques qui ont réussi à imposer une vraie marque. Au début, Podemos se contentait de se signaler par une photo de son leader, Pablo Iglesias, professeur de sciences politiques à Madrid, avec sa fameuse queue-de-cheval. Jusqu'au jour où il a été accusé par les siens d'*« hiperliderazgo »* et de

« léninisme en ligne ». Il s'est défendu en faisant allusion à un célèbre passage de Marx affirmant qu'on ne prend pas le ciel par le consensus, mais par l'assaut.

À l'origine, Pablo Iglesias s'était fait connaître parce qu'il animait un talk-show sur une chaîne câblée, talk-show qu'il a comparé à un « camp d'entraînement politique ». Les dirigeants de Podemos affirmaient alors que la télévision était à la politique ce que la poudre à canon était à la guerre et que « les studios de télévision étaient devenus les vrais Parlements » – un point de vue qu'ils reprendront pour affirmer que la participation en ligne est la seule façon de « pirater la démocratie ».

De son côté, Beppe Grillo avait été banni de la télévision italienne à cause de ses blagues sur la corruption des hommes politiques, jugées trop irrévérencieuses. Secondé par Gianroberto Casaleggio, gourou d'Internet et homme d'affaires, il créa un blog extrêmement influent et populaire qui mêlait des opinions tranchées à ce que Grillo vantait comme du journalisme d'investigation et une expertise fondée sur les faits. Le M5S se présentait comme un « antiparti », promettait l'avènement de la démocratie directe et la libération de « l'intelligence collective » grâce à la participation en ligne continue des citoyens ordinaires (après tout, tout le monde peut être expert en quelque chose). Casaleggio Associati, l'entreprise chargée de la partie opérationnelle du M5S, créa un système de participation en ligne baptisé, un peu lourdement, « Rousseau ». Il faut dire que Casaleggio affirmait qu'Internet « nous rend[ait] tous égaux en intelligence » et était « comme

Athènes », une idée moins sotte qu'il n'y paraît puisque le tirage au sort supposait des capacités à peu près équivalentes pour tous les citoyens. Comme par hasard, Grillo ne se contentait pas de dénoncer *la casta* des politiciens de métier, mais aussi celle des journalistes professionnels. Un de ses fameux V-Days – abréviation de *Vaffanculo* [« Va te faire foutre »] – fut consacré à dénoncer le financement public des journaux et à réclamer l'abolition de Ordre national des journalistes.

« La révolution ne se fera pas en embauchant du personnel », a un jour déclaré l'un des principaux conseillers de Bernie Sanders. Or, comme les déclarations lénifiantes et intéressées de Facebook sur la création de communautés, la réalité est évidemment tout autre. Il est vrai que ces vastes mouvements essaiment et donnent l'impression de se passer des pouvoirs intermédiaires pour faire de la participation directe une réalité, mais ils s'appuient toujours sur un médiateur : la plateforme elle-même, qui est leur principal support. Et le médium n'est pas neutre. Comme pour Facebook, la révolution se fait non seulement en embauchant, mais en embauchant une poignée d'initiés exceptionnellement puissants. D'un côté, nous avons un nombre impressionnant de membres apparemment égaux ; de l'autre, une hiérarchie à peine visible et très rigide[97]. Beppe Grillo a conservé les droits d'auteur des symboles du M5S et interdit leur utilisation à quiconque enfreint les règles du mouvement. En outre, il transgresse

97. David Runciman, *How Democracy Ends*, *op. cit.*

la loi italienne qui impose la démocratie au sein des partis en faisant valoir que le M5S n'est pas un parti et n'a pas d'adhérents, mais des personnes qui exploitent sa « franchise[98] ».

Davide Casaleggio, fils de Gianroberto et héritier de l'infrastructure en ligne du Mouvement, l'a déclaré un jour : « Il n'y a pas de raison de se contenter de la représentation quand on peut arriver à la *participation*[99] ». Sauf que la participation est systématiquement survendue. Comme le note Paolo Gerbaudo, elle se traduit essentiellement par d'immenses plébiscites en ligne qui servent à valider les positions de l'*hiperlider* par des majorités qui feraient pâlir d'envie Staline. La réalité de « Rousseau » – le système en ligne de M5S – confirme donc les prémonitions de Rousseau – le penseur : les représentants ne dialoguent pas avec les membres et ne justifient pas leurs positions ; ils ne simulent même pas l'égalité[100].

La volonté de priver de leur pouvoir les élites des partis – les intermédiaires au sein des intermédiaires, en somme – est justifiée par l'argument qui veut que les notables locaux soient l'apanage des partis établis (un argument également avancé par Emmanuel Macron). Mais sans eux, c'est le vide entre les dirigeants et la population :

98. Karin Priester, « Bewegungsparteien auf der Suche nach mehr Demokratie », *Forschungsjournal Soziale Bewegungen*, vol. 31, 2018, p. 60-67 ; ici, p. 65.

99. Cité dans Paolo Gerbaudo, *The Digital Party*, *op. cit.*, p. 81.

100. Enrico Biale et Valeria Ottonelli, « Intra-party Deliberation and Reflexive Control within a Deliberative System », *Political Theory*, vol. 47, 2019, p. 500-526.

pas d'administration intermédiaire et pas de personnel politique expérimenté. Plus que sur l'expérience, ces nouveaux partis mettent l'accent sur une certaine expertise technique. Par exemple, plus de la moitié des candidats du parti de Macron aux élections législatives de 2017 n'avaient jamais eu de fonctions politiques (90 % des candidats de LREM étaient des professionnels ou des chefs d'entreprise, ce qui représente environ 13 % de la société française).

Les nouveaux partis promeuvent une idéologie du « participationnisme », pour reprendre le mot de Paolo Gerbaudo. Et la réalité est rarement à la hauteur de ces promesses d'engagement permanent. Cela dit, n'oublions pas ce que nous avons vu dans le chapitre précédent : la représentation n'est pas l'antithèse de la participation. Quelle que soit leur politique, il ne fait aucun doute que ces partis-plateformes proposent de nouvelles visions des lignes de partage de la société. En Europe du Sud, écrit Paolo Gerbaudo, de nouvelles formes de représentation collective, destinées à une population « jeune, connectée et fauchée », ont été inventées. Podemos, M5S et Syriza ont réussi à faire en sorte que le principal conflit en Europe du Sud – pour faire court, austérité/anti-austérité – soit représenté au sein du système politique.

Le fait de représenter un conflit et de tracer une ligne de front n'est pas grand-chose, insistent les critiques extrêmes qui rappellent que ces partis ont dû abandonner la promesse de mettre fin à l'austérité une fois au pouvoir. Certes, mais c'est beaucoup si on compare à l'impression que les jeunes Européens du Sud avaient face aux partis tels qu'ils existaient : le paysage se composait de deux grandes formations politiques qui non seulement alternaient au pouvoir, mais échappaient rarement à la corruption tout en menant des politiques relativement proches – comme tous les cartels. Podemos et M5S, eux, ont réussi à mener aux urnes des étudiants qui s'étaient retrouvés au chômage ou condamnés à des emplois pour lesquels ils étaient surqualifiés. Il n'était pas évident que des jeunes dont les chances avaient été lourdement compromises par la crise de l'euro commencent par manifester sur des places, votent pour de nouveaux partis, rentrent chez eux puis retentent leur chance quand ces partis n'avaient pas obtenu la majorité (il suffit de se rappeler la jeunesse des années 1970 dont certains justifiaient le terrorisme pour défendre des idéaux de gauche).

Reconnaissons que, si l'on s'en tient à leurs critères, nombre de ces partis ont échoué : ils n'ont pas su élaborer une vision dépassant la gauche et la droite. Les fondateurs de Podemos, *partido de profesores*, se définissaient comme des « artisans des mots », mais leur langue n'était pas très différente de celle du bon vieux gauchisme. C'est aussi vrai, dans une certaine mesure, pour Beppe Grillo et son successeur Luigi Di Maio. Ce qui les distingue, c'est la création de ce qu'on pourrait appeler le « techno-populisme », une formule qui peut sembler paradoxale[101]. Leurs déclarations

101. Chris Bickerton et Carlo Invernizzi Accetti, *Technopopulism: The New Logic of Democratic Politics*, Oxford, Oxford University Press, 2021.

d'amour bruyantes en faveur des petites gens allaient de pair avec la prise de pouvoir de technocrates sans parti, à commencer par l'ancien Premier ministre italien, professeur de droit civil. Beppe Grillo a lui-même dit que les députés du M5S étaient des « techniciens », alors qu'il promettait de remplacer les professeurs d'économie par des mères au foyer à la tête du ministère des Finances.

La contradiction n'est qu'apparente. Technocratie et populisme sont moins antithétiques qu'il n'y paraît et se ressemblent au moins sur un point : les technocrates estiment qu'à chaque problème politique, il existe une unique solution rationnelle. Les populistes affirment qu'il existe une unique volonté authentique du peuple et qu'elle vise le bien commun. Réunissez les deux et vous avez le gouvernement italien de 2018, improbable et pourtant étrangement cohérent : dirigé par deux hommes qui avaient abandonné leurs études – Matteo Salvini de la Ligue du Nord (extrême droite) et Luigi Di Maio – et vécu toute leur vie pour (et hors de) la politique. Une fois au pouvoir, ils ont continué à se présenter comme les chantres du peuple tout en nommant des experts hautement qualifiés et officiellement apolitiques à la tête des grands ministères. La technocratie et le populisme sont antipluralistes, et même antipolitiques, si « politique » implique l'idée que les solutions ne viennent jamais de la simple expertise ni de la fiction d'une volonté populaire parfaitement uniforme.

Pour résumer : les partis et les médias fournissent l'infrastructure essentielle de la démocratie ; ils aident les citoyens à s'associer entre eux. Les réseaux sociaux ont été utiles aux « partis-plateformes », mais ils représentent une menace mortelle pour certaines formes, au moins, de journalisme professionnel. Un réseau social n'est pas un journal, il ne publie pas de contenu produit par des professionnels – il n'est pas non plus comparable à un réseau téléphonique plus ou moins neutre. Les réseaux sociaux permettent aux individus de proposer des représentations collectives qui rappellent la fusion des partis et des journaux qui prévalait aux États-Unis au XIXe siècle. Idéalement, ils facilitent aussi la conversation (même si nous hésiterions à qualifier Twitter de salon en ligne[102]).

Contrairement à ce que pensent les tenants du déterminisme technologique, la technologie en soi n'est pas un danger pour la démocratie. Le problème, c'est qu'une technologie qui permet aux individus d'être en contact soit le rouage d'une machine de surveillance de plus en plus apte à prédire le comportement, voire à le formater de sorte qu'il soit prévisible (pire encore, à conforter la polarisation et le ressentiment, puisque ceux-ci peuvent aussi être monétisés). C'est là que le bât blesse. Il blesse également quand on voit que les réseaux sociaux sont si peu nombreux et que nous avons si peu de choix. Oui, nous pouvons agencer nos partis et nos sources d'information et d'opinion différemment. Pour autant, cela ne répond pas à la question de savoir ce que nous devrions, idéalement, vouloir.

102. Je suis redevable aux écrits de Jack Balkin sur ces points.

Réouverture

« Le problème n'est pas de savoir comment 180 millions
d'Aristote peuvent diriger une démocratie,
mais comment organiser une communauté de 180 millions
de personnes qui soit toujours sensible à leurs besoins.
C'est un problème de leadership, d'organisation, d'alternatives
et de systèmes de responsabilité et de confiance. »

E. E. Schattschneider

« Les partis politiques peuvent bien diriger, mais ils
ne gouvernent pas. Le public est tellement embrouillé et si
éclipsé qu'il ne peut même pas utiliser les organes par lesquels il
est censé faire transiter l'action et l'administration politiques. »

John Dewey

« Nous avons besoin, dans chaque communauté,
d'un groupe d'angéliques fauteurs de troubles. »

Bayard Rustin

Que devons-nous attendre des pouvoirs intermédiaires, en particulier des partis et des médias ? Ces pouvoirs doivent être largement accessibles ; leur accès ne doit pas devenir un privilège pour ceux qui sont déjà favorisés. Ils doivent être fiables, c'est-à-dire que les jugements et les opinions politiques, comme le disait Hannah Arendt, doivent être soumis aux faits, même si, comme elle le précisait, les faits sont fragiles. Ils doivent également être autonomes, c'est-à-dire ne pas dépendre d'acteurs plus ou moins cachés et vaguement corrompus. Les citoyens doivent être en mesure de les évaluer. Conséquence de tout ce qui précède, ils doivent rendre des comptes. Maintenant, que signifient concrètement ces généralités ?

Commençons par l'accès aux pouvoirs intermédiaires, qui a une dimension institutionnelle et individuelle : avec quelle facilité un parti devrait-il pouvoir s'établir dans un système de partis, et dans quelle mesure chacun devrait-il pouvoir s'y inscrire, voire créer son propre parti ? La plupart des pays exigent un nombre d'adhérents minimum qui prouve que le parti s'engage sérieusement à se présenter aux élections, mais les chiffres diffèrent du tout au tout : en Australie, il est de 500, alors qu'au Royaume-Uni, on peut fonder un parti officiel avec deux dirigeants et des frais d'inscription non remboursables de 150 livres. La création officielle d'un parti n'est pas la seule question qui se pose, car les partis et les systèmes électoraux interagissent : même s'il est facile de créer un parti, il sera beaucoup plus difficile de figurer sur les bulletins de vote puisqu'il faut alors proposer des candidats partout ou se lancer dans des procès coûteux (aux États-Unis, les partis indépendants y consacrent parfois la plus grande partie de leurs fonds de campagne). Une fois qu'on figure sur les bulletins de vote, la représentation oblige à certaines règles qui pénalisent nettement les plus petits : aux États-Unis, par exemple, les électeurs ne sont souvent autorisés à participer qu'à une seule primaire, ce qui les incite à se ranger du côté des grands partis, de peur de n'avoir aucune influence sur le résultat final[1].

Quiconque est attaché à l'idée que la démocratie doit être ouverte à de nouvelles formes de représentation vous dira que le processus politique doit être aussi accessible que possible. Cela ne va pas de soi, cependant : l'accès pour tous peut devenir synonyme de structure pour personne : trop d'acteurs, trop de bruit, et, potentiellement, la possibilité pour les plus puissants – pour reprendre l'élégante formule de Steve Bannon – d'« inonder la zone de merde » afin de maximiser la confusion. Car la confusion joue toujours en faveur des plus puissants.

La version la plus inoffensive de cette appréhension consiste à dire que plus l'accès est facile, plus les partis bidon incitant les citoyens à gaspiller leurs votes risquent

1. Dans le dossier *Figueroa v. Canada* (2003), la Cour suprême canadienne a fourni des raisons invalidant l'idée d'exiger des partis qu'ils aient des candidats dans cinquante circonscriptions au moins, et, plus généralement, confortant le rôle des petits partis dans le processus démocratique parce qu'ils « mettent en valeur le sens de la participation individuelle ».

de proliférer. Les candidats bouffons nuisent à l'ensemble de la vie politique. Sauf que, si l'on se penche sur ceux qui ont réussi, force est de reconnaître qu'ils ont des arguments extrêmement sérieux. Tiririca est un humoriste brésilien qui s'est présenté au Congrès en 2010. Son slogan « Ça ne peut pas être pire » était tout ce qu'il y a de plus désarmant (il était loin de se douter de l'existence d'un Bolsonaro). Il flattait les électeurs en leur demandant : « Que fait un député fédéral ? À vrai dire, je me le demande. Mais votez pour moi et je vous répondrai[2]. » Apparemment, les gens l'ont pris au mot puisqu'il a eu plus de soutien que chacun de ses rivaux aux élections de 2010. Plutôt que de condamner Tiririca parce qu'il préfigurait celui que les critiques considèrent comme un sinistre clown d'extrême droite – Bolsonaro –, il est plus juste de se dire que la satire est une forme de représentation parfaitement légitime pour des citoyens désespérés (Tiririca s'était engagé à aider toutes les familles brésiliennes, dont la sienne). Le Meilleur Parti islandais, qui a remporté les élections municipales de Reykjavik en 2010, avait fait campagne en affirmant que, puisque tous les partis étaient secrètement corrompus, il le serait ouvertement (un comédien est effectivement devenu maire et s'en est parfaitement sorti). Enfin, je rappelle qu'un des partis satiriques les plus anciens et les plus connus, le Monster Raving Loony Party britannique, a été fondé par le musicien David Sutch

2. « No joke as Brazil clown tops votes for Congress », https://www.bbc.com/news/world-latin-america-11465127.

(alias Screaming Lord Sutch), qui militait pour le National Teenage Party dès les années 1960. Il faisait campagne pour que l'âge du droit de vote soit abaissé à 18 ans, en expliquant que si les adolescents étaient suffisamment âgés pour être appelés et mourir à la guerre, ils l'étaient aussi pour voter.

Comme toutes les bonnes satires, les partis satiriques appuient là où ça fait mal ; en tout cas, ils font réfléchir les gens. Comme l'a affirmé un tribunal américain, le droit de voter pour Donald Duck doit être protégé par la Constitution parce qu'on peut y voir une « critique satirique sérieuse des pouvoirs en place ». Les partis-blagueurs ne sont pas toujours de la blague. Avoir peur que les gens se méprennent sur leur vraie nature, c'est franchement sous-estimer la capacité de jugement des citoyens.

Il y a plus condescendant encore : dire que les électeurs risquent de se perdre sous prétexte qu'il y aurait trop de partis[3]. C'est pourtant l'argument avancé par plusieurs tribunaux américains pour permettre aux deux grands partis du pays d'imposer un tarif disproportionné aux nouvelles formations qui souhaitent s'enregistrer. Ces tribunaux partent du principe qu'il n'y a pas le choix : la seule solution est l'alternance entre deux partis modérés dont les « marques » sont installées et faciles à identifier. Le reste aboutirait à un « gouvernement irresponsable » ou au factionnalisme. Le raisonnement remonte à Martin

3. Ce type de raisonnement sert aussi à défendre l'approche antitrust de la concurrence politique : les « duopoles » sont tolérables du moment

Van Buren, dont l'idéal était d'avoir deux partis centristes stables, absorbant toutes les demandes politiques de la société. En pratique, sa thèse a toujours permis à ceux qui bénéficient de la vision « deux partis et un gouvernement responsable » de « verrouiller les marchés politiques[4] ».

La fabrique de la confusion est une vieille tactique à laquelle les régimes ou les tempéraments autoritaires n'hésitent pas à avoir recours. Je donnerai plusieurs exemples. En 1998, au premier tour des élections municipales de Saint-Pétersbourg, le député sortant Oleg Sergeev, principale figure de l'opposition, a découvert que sa circonscription électorale proposait deux autres Oleg Sergeev. Le parti majoritaire s'était débrouillé pour trouver un retraité et un plombier ayant les mêmes nom et prénom. Il suffisait d'indiquer « Oleg Sergeev » sur un bulletin pour semer la confusion et aller dans le sens du parti déjà majoritaire. Les Russes n'ont rien inventé : aux États-Unis, un portier nommé Joseph Russo fut inscrit sur la liste électorale des primaires de la Chambre des représentants parce qu'il portait le même nom que l'un des prétendants dont l'adversaire s'appelait John F. Kennedy ; le père de ce dernier avait soudoyé le portier pour qu'il se

---

qu'ils bénéficient aux électeurs considérés comme des « consommateurs de politique » (argument parallèle à celui de Robert Bork affirmant que les monopoles sont tolérables du moment qu'ils bénéficient aux consommateurs).

4. Samuel Issacharoff et Richard H. Pildes, « Politics as Markets: Partisan Lockups of the Democratic Process », *Stanford Law Review*, vol. 50, 1998, p. 643-717.

présente[5]. Enfin, trois partis sont nés de nulle part dans la Hongrie rurale. Comme par hasard, ils étaient officiellement enregistrés au nom de la mère, du père et du fils de la même famille. Ces partis fantômes sont aussi des partis bidon, sauf que la blague se fait au détriment de l'électorat.

Les gens qui sont contre l'élargissement de l'accès au vote démocratique expliquent que les citoyens doivent être en mesure d'évaluer correctement les options qui se présentent à eux. Cela vaut aussi pour les médias : le problème n'est pas que certaines idées soient diffusées par des bots informatiques ou des pantins russes, c'est que les gens ne savent pas qu'ils ont à faire à des bots informatiques ou à des pantins (pour le dire comme Trump, « l'époque de l'informatique fait que personne ne pige rien à ce qui se trame. ») Une enquête montre qu'au printemps 2020, la moitié des comptes Twitter participant à la discussion consacrée à la « réouverture » de l'Amérique étaient sans doute des bots – une opération dont l'influence se révéla certainement énorme, mais dont très peu de citoyens étaient conscients[6]. Avoir des followers bidon qui servent à se vanter de sa popularité, cela revient à publier des sondages d'opinion falsifiés en sa faveur[7].

En vérité, la transparence, c'est un peu comme l'éducation : tout le monde est pour et c'est toujours la solution à

5. Brian Klaas, *The Despot's Apprentice: Donald Trump's Attack on Democracy*, New York, Hot Books, 2017, p. 106.
6. Voir https://www.cs.cmu.edu/news/nearly-half-twitter-accounts-discussing-%E2%80%98reopening-america%E2%80%99-may-be-bots.
7. Julia Cagé, *Le Prix de la démocratie*, Paris, Fayard, 2018, p. 317-318.

tout. Lorsqu'il s'agit des partis et des médias, cependant, la notion est pertinente. En politique, ce qui se voit n'est pas toujours ce qui se passe, mais ce qui se passe devrait se voir. Les citoyens ont besoin d'être sûrs de l'indépendance de ce pour quoi ils optent, que ce soit une formation politique ou une source d'information. Cette exigence d'indépendance n'est pas une exigence d'impartialité : il va de soi que les partis ne sont pas impartiaux ; les médias, eux, peuvent parfaitement et légitimement souscrire à certaines valeurs qui servent de fil directeur à ce dont ils se font l'écho, du moment que ce fil est clairement énoncé et reconnaissable. Ce que l'historien Timothy Garton Ash appelle la « partialité transparente ». Orwell en est un excellent exemple puisqu'il prévient le lecteur que son reportage sur la guerre civile espagnole, *Hommage à la Catalogne,* obéit au point de vue singulier d'un partisan engagé. Il ne revendique pas ce que Timothy Garton Ash appelle « un point de vue de nulle part[8] ». C'est justement parce qu'il ne prétend pas être « juste et équilibré » que nous le croyons[9].

Que signifie, plus concrètement, l'indépendance ? Les corps intermédiaires sont rarement indépendants financièrement. Les partis ne vivent pas des cotisations des

8. Timothy Garton Ash, *Free Speech, op. cit.*, p. 204.

9. La présentation de soi que propose Fox News oscille entre l'objectivité (« nous rapportons, vous décidez ») et une partialité supposément transparente, quand, par exemple, Bill O'Reilly affirme qu'il livre des informations et des analyses à partir du point de vue de la classe ouvrière. Reece Peck, *Fox Populism: Branding Conservatism as Working Class*, New York, Cambridge University Press, 2019.

adhérents ; les grands journaux et les chaînes de télévision ne peuvent pas non plus se contenter de l'argent de leurs abonnés pour être viables (et je ne parle pas de rentabilité). En apparence, donc, leur autonomie est d'emblée compromise ; du point de vue financier, ils dépendent forcément de quelqu'un ou de quelque chose. La question consiste à savoir s'il s'agit de l'État ou du marché (ou des oligarques), car toutes ces options ne se valent pas. Comme nous l'avons vu dans le premier chapitre, le problème de l'oligarchie est que les plus fortunés exploitent les partis et les médias partisans pour modifier la réglementation et mettre en avant leurs intérêts de façon parfaitement opaque. En Occident, la dépendance des politiciens britanniques et australiens (y compris ceux qui se disaient de gauche, comme Tony Blair) à l'égard de Rupert Murdoch, qui joue systématiquement sur le levier politique pour en tirer des profits (publicité contre politique), en est l'exemple le plus flagrant[10].

Si de puissants acteurs privés peuvent utiliser des intermédiaires pour accroître leur pouvoir, le secteur public, qui a l'avantage de promouvoir l'égalité des chances, semble la solution évidente. Le fait est que certaines démocraties considèrent les partis et les diffuseurs comme des « services publics » qu'elles financent et réglementent en conséquence[11]. On considère en effet les partis

10. *Ibid.*, p. 69-70.

11. Ingrid van Biezen, « Political Parties as Public Utilities », *Party Politics*, vol. 10, 2004, p. 701-722, et Leon D. Epstein, *Political Parties in the American Mold*, Madison, The University of Wisconsin Press, 1986.

et les sources d'information fiables comme des éléments de l'infrastructure nécessaire à la démocratie : après tout, ils produisent des « biens publics » dont la nature est telle que personne ne peut en être exclu (au même titre que la défense nationale, par exemple, ou les routes, en tout cas dans la majorité des pays). Cela implique que ces biens ne seront jamais suffisamment subventionnés par quiconque dont l'objectif est de faire du chiffre[12].

Les subventions publiques ont un inconvénient : en l'occurrence, « public » signifie État, État signifie gouvernement, lequel renvoie aux partis. Ceux qui font l'objet de réglementations sont donc ceux qui les déterminent, et le risque est justement de voir se former des cartels de partis qui ont plus intérêt à écarter les nouveaux arrivants qu'à être élu dans tel ou tel contexte précis.

Mais que se passerait-il si le public se confondait réellement avec le peuple ? Et si l'entretien de l'infrastructure de la démocratie ne reposait pas seulement sur ses éléments constitutifs, tels que les partis, mais sur les citoyens eux-mêmes ?

La démocratie n'est pas en accès libre et elle ne l'a jamais été : les Athéniens ont dû mettre au point des appareils de

12. La supervision des systèmes de partis et de médias devrait être confiée à des conseils politiquement équilibrés ou totalement apolitiques. La mission de ces corps non partisans n'est pas d'empêcher l'engagement, mais de réguler les rivalités politiques et professionnelles. En pratique, cela se traduit par des instances régulatrices dont les membres ont différentes sensibilités politiques. Les populistes autoritaires comme le PiS polonais modifient tout de suite la composition de ces instances de façon à ce qu'elles reflètent la majorité parlementaire.

tirage au sort très élaborés et des amphithéâtres à même d'accueillir une vaste assemblée. En outre, ils jugeaient normal de payer les gens pour qu'ils participent (au grand dam des philosophes antidémocratie qui disaient que c'était le régime le plus coûteux, alors que les dépenses annuelles pour l'assemblée équivalaient à celles nécessaires pour nourrir les chevaux de la cavalerie athénienne, forte de 1 000 hommes[13]). La démocratie que nous connaissons coûte aussi très cher, qu'il s'agisse des machines à voter (scandaleusement obsolètes dans certaines régions des États-Unis), du transport des bulletins de vote par correspondance (là aussi, scandaleusement sous-financé dans certaines régions des États-Unis), des partis et des campagnes (scandaleusement surfinancées aux États-Unis[14]). La question est la suivante : qui paie ? Aux États-Unis, le financement à l'échelle fédérale a disparu (même Bernie Sanders est contre) ; les campagnes sont donc financées par ceux qui concentrent les richesses et par certains citoyens qui apportent une modeste contribution.

Tout le monde sait que le coût des campagnes américaines est exorbitant, mais on n'est pas obligé de prendre modèle sur la folie des grandeurs américaine. En Europe occidentale, les dons émanent également des plus riches (ainsi que des grandes entreprises dans les pays qui

13. Mogens Hansen, *La Démocratie athénienne, op. cit.*, p. 316.
14. D'après Lawrence Lessig, aux États-Unis, les personnes qui financent représentent moins de 0,5 % de la population.

l'autorisent : en Allemagne, par exemple, l'industrie automobile et Philip Morris, le fabricant de cigarettes, dépensent sans compter pour les deux plus grands partis de gauche et de droite, le géant du tabac sponsorisant également les conventions des partis et les « festivals d'été » de Berlin – dépenses qui, inutile de le dire, sont faciles à dissimuler[15]). Au Parti travailliste britannique, les dons privés ont fini par dépasser les cotisations des membres (mais ils se sont taris sous la direction de Jeremy Corbyn).

Certes, de nombreux pays ont adopté la solution du financement public des partis, mais ces mêmes pays fixent souvent des plafonds très bas aux contributions privées[16]. Autre chose, moins évidente : les États qui, de manière plus démocratique, « confient » le financement au peuple – en proposant des déductions fiscales pour les dépenses en faveur de l'indépendance, pour ainsi dire – ne se rendent pas compte d'un effet pervers important : comme les plus riches paient des impôts nettement plus élevés, ils bénéficient du système à outrance. Julia Cagé l'explique dans un essai important, intitulé *Le Prix de la démocratie* : les pauvres finissent par payer pour les préférences politiques des riches (qui ont évidemment tendance à être beaucoup plus conservateurs en matière économique).

15. En France et au Royaume-Uni, ce sont 10 % des « méga-donneurs » qui représentent les deux tiers du total des donations, d'après les travaux de Julia Cagé.

16. Sans surprise, le financement public est remis en question par les populistes. Le M5S a créé une situation où le financement public des partis a effectivement cessé.

En France, selon l'auteure, le don moyen à un parti d'un citoyen modeste, parmi les 10 % des Français aux revenus les plus faibles, est de 23 euros, alors que les 10 % des plus riches ont bénéficié de 29 millions d'euros d'allégements fiscaux[17]. Tout se passe comme si les démocraties étaient revenues à l'époque où la participation politique dépendait de la propriété : chacun a droit à un bulletin, mais certains ont droit à un deuxième (voire plus), selon l'épaisseur de leur portefeuille (ce qui rappelle la loi électorale française de 1820, où les plus imposés pouvaient effectivement voter deux fois[18]).

Julia Cagé, ainsi que plusieurs constitutionnalistes américains (et quelques membres du Congrès du côté démocrate), ont proposé une alternative qui permettrait de financer l'infrastructure de la démocratie[19] : des bons individuels que les citoyens pourraient allouer progressivement (ou en une seule fois) aux partis et aux candidats de leur choix, avec la possibilité de contribuer en espèces jusqu'à un certain plafond (couramment fixé à 250 dollars[20]). Les dons plus importants – notamment

17. Julia Cagé, *Le Prix de la démocratie*, *op. cit.*, p. 102-103.

18. *Ibid.*, p. 248.

19. Lawrence Lessig, *Republic, Lost: How Money Corrupts Congress – and a Plan to Stop It*, New York, Twelve, 2011 ; Bruce Ackerman et Ian Ayres, *Voting with Dollars: A New Paradigm for Campaign Finance*, New Haven, Yale University Press, 2004.

20. Les partis pourraient aussi imposer un tarif d'adhésion. Ce qui a rarement servi à financer un parti, mais ça ne veut pas dire que ce n'est pas important : les lois qui régulent le financement public peuvent être conçues de façon à récompenser l'aptitude à attirer de nombreux adhérents (l'Allemagne est un exemple).

ceux des grandes entreprises qui s'achètent une voix politique – seraient interdits. Les candidats auraient une condition à satisfaire pour recevoir ces bons : s'ils se présentent au nom d'un nouveau parti, celui-ci doit être en mesure de collecter des fonds auprès d'un nombre suffisant de citoyens ou d'obtenir un soutien minimum dans les sondages. Les bons non utilisés pourraient être distribués en fonction du résultat des élections précédentes (c'est ce qui se passe à l'heure actuelle dans de nombreux pays).

Ce système a plusieurs avantages. C'est un moyen efficace (certes, imparfait) de contrôler l'exploitation politique de la concentration des richesses, autrement dit de contrer la pente oligarchique des démocraties dont j'ai parlé. De manière moins évidente, cela conforterait le caractère ouvert et dynamique de certaines démocraties où le financement des partis dépend du résultat des élections précédentes. Les nouveaux arrivants pourraient bénéficier d'un réel soutien, y compris au beau milieu d'un cycle électoral. Les perdants – disons, les partis traditionnels – perdraient moins si leurs soutiens profitaient des élections pour les sanctionner, sans pour autant être rayés de la carte (exemple : les Français de gauche qui ont voulu faire payer le parti socialiste pour la présidence peu glorieuse de François Hollande tout en conservant une alternative efficace à Emmanuel Macron). Enfin, dans une démocratie, même si les montants sont infimes, le fait de contribuer à quelque chose procure un sentiment d'efficacité (« Moi aussi, je peux donner et avoir un certain poids, il n'y a pas que Bill Gates et George Soros ![21] »). Ce serait encore plus vrai si le système obligeait les politiciens à s'engager auprès d'un plus grand nombre d'électeurs qu'aux États-Unis, par exemple, où les membres du Congrès passent au moins quatre heures par jour à solliciter des dons auprès des grandes fortunes, ce qui en fait plus des télévendeurs s'adressant à un segment extrêmement étroit de la population que des représentants de tous leurs électeurs[22].

De quelles sommes parle-t-on ? Julia Cagé propose un bon de 7 euros pour chaque électeur, ce qui ferait une somme totale honnête. C'est à peu près ce que l'État allemand dépense chaque année pour les fondations proches des partis qui, entre autres, contribuent à élaborer les politiques et participent à l'« éducation politique ». Aux États-Unis, certains proposent des « coupons de la démocratie » de 100 dollars, divisés en tranches de 20 dollars, ou des « dollars de la démocratie » de 50 dollars, qui seraient crédités sur le compte bancaire associé à la carte de crédit de chacun – un système mis au point par Bruce Ackerman, professeur à la Yale Law School, et Ro Khanna, membre du Congrès.

---

21. Dans la ville de New York, ce qu'on appelle les « subventions de contrepartie » (de six à un) pour les petites contributions encouragent ce type de réaction – cela dit, les contributions viennent encore en majorité de ceux qui gagnent plus. Dans un système plus équitable, les citoyens ayant un budget serré n'auraient pas l'impression d'une contribution si coûteuse.
22. Daniel Markovits, *The Meritocracy Trap*, *op. cit.*, p. 53. Zephyr Teachout affirme que les représentants passent entre 30 % et 70 % de leur temps chaque semaine à lever des fonds, voir *Corruption in America*, Cambridge, Harvard University Press, 2014, p. 252.

Maintenant, une question se pose : faut-il que les dépenses de chacun soient publiques ? Comment réagiraient les entreprises si elles découvraient que leurs employés donnent de l'argent à un parti anticapitaliste ? Et si les chefs d'entreprise faisaient pression sur leurs employés pour qu'ils donnent à tel ou tel candidat ? Julia Cagé s'en tient à l'idée de financer des candidats ou des partis en partant de la déclaration de revenus de chacun, accordant éventuellement un crédit exceptionnel aux millions de personnes gagnant trop peu pour payer des impôts (ce qui signifie au moins la moitié des électeurs éligibles dans de nombreux pays). Cela éviterait que quiconque puisse acheter des bons au prix fort ou même à leur valeur nominale – comme certains investisseurs malins d'Europe centrale qui ont accumulé les bons de privatisation dans les années 1990. Par ailleurs, il serait possible d'effacer les données au bout d'une période relativement courte, ce qui en ferait une sorte d'*isoloir* en ligne.

Ces projets ne sont pas complètement utopiques. La ville de Seattle a adopté ce système pour des élections locales. Les citoyens ont reçu des bons par courrier. Malheureusement, beaucoup de gens ont cru que les enveloppes contenaient de la pub ; d'autres les ont laissés traîner et ont oublié de verser leurs « dollars de la démocratie[23] ». Les pessimistes, ceux qui doutent des capacités

23. Sarah Kliff, « Seattle's radical plan to fight big money in politics », *Vox*, 5 novembre 2018, https://www.vox.com/2018/11/5/17058970/seattle-democracy-vouchers.

des petites gens, se réjouiront de savoir que seuls 3,3 % des habitants de Seattle ayant reçu des bons les ont utilisés. En revanche, le nombre global de petites contributions a augmenté et certains indicateurs montrent que les candidats n'ayant pas accès à de riches donateurs ont bénéficié du système.

Les mesures visant à favoriser le contrôle financier exercé directement par les citoyens sur l'infrastructure de la démocratie renforceraient la confiance desdits citoyens dans le processus électoral[24]. Ils démentiraient l'impression largement répandue (et souvent correcte) que les votes comptent, mais que les décisions appartiennent à ceux qui détiennent les ressources (pour reprendre une formulation du politologue norvégien Stein Rokkan). De nombreux citoyens en concluent non seulement que ce type de dépendance pervertit le processus, mais qu'il ne sert à rien de s'engager – résignation qui, en retour, donne plus de poids aux personnes disposant de ressources conséquentes.

Il est évident que certains bons seraient gâchés. Les citoyens ne peuvent pas se consacrer corps et âme à la politique et trouveraient fastidieux de distribuer leurs bons. De même que les gens ne profitent pas de leur droit de vote, ils ne profiteraient pas de ce qui s'apparente à un

24. Faire en sorte que l'impression d'intégrité soit un critère est risqué dans des contextes où l'intégrité sert à exclure les électeurs. Pamela Karlan, « Citizens Deflected: Electoral Integrity and Political Reform », *in* Robert C. Post, *Citizens Divided,* Cambridge, Harvard University Press, 2016, p. 141-151.

« don d'argent ». Il existe une alternative moins stricte : fonder ce financement sur une sorte de sondage annuel qui rythmerait la démocratie autrement que suivant les élections[25]. Et deviendrait *de facto* l'équivalent fonctionnel d'une élection, mais avec un effet secondaire : obliger les partis à faire campagne chaque année (au lieu de se concentrer sur la politique quotidienne), ce qui nécessiterait davantage de ressources...

Ce genre de systèmes semble se rapprocher de notre idéal d'égale influence ; après tout, chacun ne disposerait que de 7 euros. En réalité, il n'est pas certain qu'il garantisse l'égalité des chances. Les gens qui ont du temps à consacrer à la politique ou qui occupent des postes haut placés, dont les chefs d'entreprises et les patrons de syndicats, auront toujours plus facilement accès au jeu politique, donc plus d'influence. Ceux que George W. Bush et sa charmante (voire innocente) brusquerie appelaient *« the have-mores »* (« les plus-nantis ») auront toujours une position plus avantageuse que ceux qu'il appelait simplement *« the haves »* (les « nantis »)[26]. Sauf qu'ils ne seraient

25. Cette proposition de sondage qui serait un outil quasi constitutionnel se trouve dans Stein Ringen, *Nation of Devils: Democratic Leadership and the Problem of Obedience,* New Haven, Yale University Press, 2013, p. 202-203.

26. Comme le dit Bush à un dîner de levée de fonds où il était entouré d'hommes blancs en smoking : « Certains disent que vous êtes l'élite. Moi je dis que vous êtes ma base. » Le dîner annuel d'Al Smith est censé être l'occasion de faire des blagues d'autodérision. Ce jour-là, l'autodérision de Bush a révélé la vérité de façon très crue (comme tant de commentaires qu'il faisait avec un petit sourire narquois). Voir https://www.c-span.org/video/?c4506459/user-clip-haves-mores.

plus sur une autre planète et ne pourraient plus faire sécession pour vivre selon leurs propres règles. Inversement, les plus démunis auraient un petit plus, outre leur vote (alors qu'aujourd'hui, ils n'ont pas la moindre ressource les autorisant à faire un don, même modeste, pour la campagne d'un candidat). Tout cela ne garantirait en rien de meilleurs résultats politiques, mais ce serait le moyen d'ouvrir la porte de la démocratie à de nouveaux représentants et de leur donner un coup de pouce avant qu'ils se présentent à des élections. De manière moins évidente, ce serait aussi une façon de rappeler que la responsabilité du maintien de l'infrastructure critique de la démocratie ne revient pas à ce que les Américains appellent la « classe des donateurs » (ou, diraient les critiques, la classe des assistés – il suffit de voir les réductions d'impôt de 2017). Au contraire, elle revient à tous les citoyens.

Rien n'empêche d'imaginer un dispositif comparable pour les médias – rien, si ce n'est la peur de voir de vénérables institutions de service public comme la BBC brusquement privées de fonds, si d'aventure des citoyens étaient « manipulés » pour allouer toutes les ressources à des concurrents privés (lesquels auraient toutes les raisons de leur dire que les journalistes du public font partie des « élites libérales », etc.) En tout cas, en 2018, une initiative suisse visant à fortement réduire le financement de la télévision publique – qualifiée de « télévision d'État » de gauche – a lamentablement échoué : 71,6 % ont voté contre la suppression de la redevance annuelle de 450 francs suisses (un impôt indirect non négligeable pour beaucoup[27]). Et comme nous l'avons vu dans le premier chapitre, quand ils sont au pouvoir, les populistes de la droite radicale préfèrent noyauter les médias publics plutôt que de les supprimer.

Le système de bons serait également un formidable coup de pouce pour le journalisme qui en a grand besoin ; sans compter qu'on pourrait imaginer d'en attribuer une part non négligeable au journalisme régional et local. La même Julia Cagé a proposé la création de « sociétés de médias à but non lucratif » qui combineraient les avantages d'une société anonyme et ceux d'une fondation privée[28]. Grands et petits donateurs pourraient « acheter » des parts de la société à but non lucratif et bénéficier de déductions fiscales, et ils pourraient distribuer leurs « chèques média » comme bon leur semble. Le risque évident est l'accaparement des médias par des grosses fortunes qui donneraient pour dominer (là encore, les pauvres finiraient par payer pour les préférences politiques de riches jouissant de déductions fiscales considérables). Le problème des fondations privées, c'est qu'elles ont une influence politique difficile à contrôler et bénéficient d'avantages fiscaux pour ce faire (outre qu'elles emploient les proches

27. L'initiative a poussé le service public à entreprendre un certain nombre de réformes présentées comme des réformes importantes : plus d'investissement dans la collecte d'informations, mais moins de textes librement accessibles en ligne pour ne pas créer de concurrence déséquilibrée vis-à-vis du privé.

28. Julia Cagé, *Sauver les médias : Capitalisme, financement participatif et démocratie*, Paris, Seuil, coll. « La République des idées », 2015.

du fondateur, souvent bons à rien, les enfants des amis du fondateur et ainsi de suite).

Julia Cagé propose ingénieusement de *diminuer* le poids du vote en fonction des contributions déductibles des impôts de chacun afin que les grands donateurs bénéficient d'avantages fiscaux significatifs (et de la satisfaction qui peut naître de l'engagement en faveur d'une cause), mais ne dominent pas. En d'autres termes, contrairement aux sociétés anonymes usuelles, les minorités – dont les petits donateurs qui pourraient unir leurs forces dans ce qu'elle appelle des « sociétés de lecteurs » – exerceraient un vrai contrôle. Les médias seraient accessibles, n'importe qui pourrait devenir membre d'une société de médias à but non lucratif. Ces sociétés pourraient naturellement fonctionner suivant le principe de « partialité transparente » : une incitation majeure, pour une personne éprise de justice sociale (ou, pourquoi pas, passionnée par le droit naturel catholique), à en devenir membre.

La convergence entre des médias ouvertement partisans et des partis transparents ne manquera pas d'inquiéter certains : les premiers ne sont-ils pas censés demander des comptes aux seconds ? Faut-il vraiment politiser une institution dont on attend plutôt l'encadrement impartial de la vie démocratique ? C'est un vrai sujet d'inquiétude, mais n'oublions pas que les partis et la presse ont souvent été associés, et pas toujours pour le pire. De nombreux dirigeants de partis socialistes ont commencé par être journalistes, voire par être à la fois parlementaires, agitateurs, théoriciens et journalistes. Certains historiens affirment que l'idée même de partis socialistes révolutionnaires est née d'un type de journalisme radical (plutôt que de syndicats, du mouvement ouvrier, etc.). Karl Marx a été journaliste avant de diriger un parti (le *Manifeste du parti communiste* a été écrit alors qu'aucun parti communiste n'existait, et Marx et Engels ont justement cosigné cet essai pour créer le premier[29]). Autre exemple, en 1920, les élections présidentielles américaines opposaient deux rédacteurs en chef de journaux (tous deux originaires de l'Ohio). Enfin, il n'y a rien d'intrinsèquement rédhibitoire à ce qu'un parti naisse d'un talk-show (Podemos) ou d'un blog (le M5S) du moment qu'il ne dit pas de mensonges et agit en toute indépendance. La logique vaut dans l'autre sens : il n'y a rien de répréhensible à ce qu'un journal émane d'un parti. Aux États-Unis, le problème de certaines publications de petites villes rurales n'était pas leur caractère partisan, mais le fait que leur financement et leur positionnement politique étaient volontairement tenus secrets[30].

La création de médias à but non lucratif, qui tiennent compte du pouvoir structurel accordé aux membres

29. Stephanie L. Mudge, *Leftism Reinvented: Western Parties from Socialism to Neoliberalism*, Cambridge, Harvard University Press, 2018, p. 74-75. Mirabeau serait le premier journaliste moderne faisant ouvertement campagne. Gramsci est un autre exemple. Peut-être Boris Johnson. Évidemment, Marx a fini par bénéficier du financement d'un capitaliste, autrement dit Engels. Merci à Cas Mudde.

30. N'oublions pas non plus le problème du journalisme supposé non partisan et à but non lucratif qui vit grâce à des ressources partisanes. Voir Magda Konieczna, *Journalism Without Profit: Making News When the Market Fails*, New York, Oxford University Press, 2018, p. 59-61.

individuels, n'est pas la panacée. Dans le système que propose Julia Cagé, une minorité bien organisée, ayant un projet très précis, pourrait modifier l'orientation politique de ce média, si bien que les gros donateurs, politiquement plus modérés – dont la contribution déductible d'impôts serait bloquée – ne pourraient rien y faire. Sauf que ce média, ainsi pris en otage, rebuterait les citoyens dès que cette mainmise serait mise au jour.

Si un tel système existait, la partialité d'un média ne serait pas le meilleur argument de vente pour que les gens aient envie d'y investir ou de lui allouer leurs bons. Les espoirs suscités par le « journalisme citoyen » ont parfois été déçus ; mais en théorie, les gens qui se plaignent de la presse régionale pourraient financer des organes accueillerant des non-professionnels sans être trop amateurs. Il en va de même pour le « journalisme public », qui s'adresse, comme son nom l'indique, au public[31]. Par exemple, au lieu de couvrir les élections comme si c'était une course hippique – avec juste ce qu'il faut de suspense et des journalistes neutres (puisqu'après tout, c'est une question de chiffres et de sondages), les journalistes « publics » pourraient s'engager auprès des citoyens pour savoir quelles sont leurs préoccupations et faire pression sur les politiciens pour qu'ils y répondent plus précisément (ce que le professeur de journalisme Jay Rosen appelle une « approche qui tient compte des citoyens »). En outre,

31. Jay Rosen, « Questions and Answers About Public Journalism », *Journalism Studies*, vol. 1, 2000.

quand c'est la démocratie qui est en jeu – puisque les politiciens ne se gênent pas pour franchir les frontières dures évoquées plus haut –, il n'est pas choquant que les journalistes se présentent eux-mêmes comme ses défenseurs. Ce qui comporte évidemment des risques : le cliché du vaillant journaliste résistant qui oublie que tous ses petits penchants ne sont pas forcément démocratiques, ou alors le cerveau, style Bannon, qui manipule les médias pour qu'ils assument le rôle de l'opposition et que tout ce que les journalistes avancent soit discrédité et jugé biaisé idéologiquement. En réalité, si les journalistes pouvaient s'expliquer – ils ne sont pas des machines à enregistrer et leur travail dépend d'un certain nombre de règles démocratiques qu'ils entendent protéger –, les citoyens n'auraient aucun mal à faire la différence. Ils comprendraient aussi que ce n'est pas parce qu'ils ont face à eux des opinions différentes que les choses sont faussées, mais qu'elles reflètent la réalité à partir du moment où des partis populistes autoritaires – mais pas leurs rivaux – franchissent la frontière pour faire de la politique-fiction et attiser la haine (un observateur américain disait que « l'analyse équilibrée d'un phénomène déséquilibré finit par déformer la réalité[32] »).

Une fois de plus, corriger l'infrastructure de la démocratie dépend d'une chose : les corps intermédiaires doivent être non seulement accessibles et indépendants,

32. Norman Ornstein cité par Jay Rosen dans un texte clairvoyant, « America's Press and the Asymmetric War for Truth » qui m'a inspiré plusieurs idées de ce paragraphe. Il est lisible sur www.nybooks.com/daily/2020/11/01/americas-press-and-the-asymmetric-war-for-truth/.

mais « redevables », comme le dit la philosophe britannique Onora O'Neill[33]. S'ils contribuent au jugement des citoyens, il faut que ces derniers puissent les juger en retour : comment sont-ils financés (qui sont leurs propriétaires quand ce sont des médias) ? Quelles sont leurs feuilles de route ? Est-il possible qu'un parti soit entièrement au service d'une personne dont les intérêts sont peu clairs (rappelez-vous le parti de la télé de Berlusconi) ? Le pouvoir qui se cache derrière tel candidat serait-il ce que les Américains appellent un « parti de l'ombre » ou un « para-parti » – par exemple, un comité de campagne qui milite pour un candidat en dépensant sans compter et qui injecte de l'« argent sale » dans le processus politique[34] ? Ou un parti étranger, comme pour le M5S, dont la plateforme « Rousseau » reconnaît ouvertement qu'elle est financée par des « partis étrangers » – anonymes – ainsi qu'une foultitude de petits donateurs ?

À son tour, une organisation « para-médiatique » peut être impartiale, mais pas totalement indépendante (elle peut être à la merci d'un oligarque), ou indépendante, mais pas impartiale, ce qui est moins choquant à partir du moment où elle joue cartes sur table. Le problème

33. Voir Onora O'Neill, « The Rights of Journalism and the Needs of Audiences », http://kingsreview.co.uk/articles/the-rights-of-journalism-and-the-needs-of-audiences/.

34. Samuel Issacharoff, « Outsourcing Politics: The Hostile Takeover of our Hollowed-Out Political Parties », *Houston Law Review*, vol. 54, 2017, p. 845-880 ; Daniel Schlozman et Sam Rosenfeld, « The Hollow Parties , *in* Frances E. Lee et Nolan McCarty (dir.), *Can America Govern Itself?*, New York, Cambridge University Press, 2019, p. 120-150.

d'une chaîne comme Fox News n'est pas qu'elle prétende parler d'un « point de vue conservateur et ouvrier » (pour reprendre les mots de l'ancien présentateur Bill O'Reilly) – que ce soit vrai ou non, la classe ouvrière peut très bien en juger elle-même –, c'est qu'elle diffuse des informations inexactes, c'est le moins qu'on puisse dire (quand elle affirme, par exemple, que de mystérieux « ils » faisaient voter des morts aux élections, apportant de l'eau au moulin des déclarations longtemps démenties de Trump sur la fraude électorale généralisée).

Une société de médias peut également dire une chose tout en en faisant une autre. Hélas, c'est toujours le même accusé qui revient sur le banc : au printemps 2020, les présentateurs de Fox News militaient pour « l'ouverture de l'économie » et pour que les gens se réunissent en dépit de la pandémie ; pendant ce temps-là, les bureaux de la chaîne étaient fermés et les employés avaient ordre de rester chez eux. Les recommandations officielles de la chaîne contredisaient ses pratiques en interne.

La transparence est une condition nécessaire, mais non suffisante pour se faire son opinion. L'organisation interne des entreprises de médias et des partis doit pouvoir être évaluée : il faut que l'on sache qui prend les décisions et dirige l'ensemble de l'institution[35]. La démocratisation apparente d'un parti – « Que les membres décident ! » – est

35. On doit également pouvoir évaluer son pluralisme interne (même si nous avons vu que le pluralisme est un critère délicat : il est possible de savoir si l'on peut vraiment débattre ; mais on ne peut pas demander aux adhérents ou aux journalistes de ne pas être d'accord).

vide de sens si la direction a la mainmise sur les listes de candidats, suivant la célèbre observation de Boss Tweed au XIXe siècle : « Je me fous de savoir qui vote, du moment que c'est moi qui nomme[36]. »

Jusqu'ici, j'ai insisté sur l'accès et l'indépendance parce que ce sont des critères d'ordre politique, fondés sur les principes fondamentaux de la démocratie. Ces critères doivent nous permettre de savoir ce que nous attendons de la part d'institutions précises et dans quelle mesure celles-ci s'y conforment. Mais ils doivent également permettre de fixer un cadre juridique de fait. Comme pour le système des bons, dire qu'il n'existe qu'une solution, ce serait être solutionniste et technocrate. Les citoyens doivent être en mesure de débattre de la réglementation qu'ils souhaitent voir adopter. Pour le dire très clairement, ces débats auront plus de chances d'aboutir si les citoyens participent en sachant que ceux qui bénéficient du système tel qu'il est auront du mal à accepter tel ou tel changement. Par exemple, les partis qui bénéficient des systèmes de financement établis ne réclameront jamais l'ouverture de la démocratie au « petit bonhomme qui se tourne vers un candidat avec un petit bon » (pour paraphraser Churchill parlant du « petit bonhomme qui entre dans son petit box »). Reste à savoir comment les changements structurels peuvent devenir une réalité.

---

36. Les principes fondamentaux du conflit démocratique s'appliquent aussi dans ce cas-là : l'opposition a son mot à dire, la majorité obtient ce qu'elle veut. Les partis qui dérogent à ces principes seront à juste titre considérés comme des paniers de crabes et le paieront aux élections.

Pour ce qui est de la première question, revenons à la lotocratie dont nous avons parlé dans le deuxième chapitre. L'idée de confier le pouvoir de décision à des individus choisis au hasard pour remplacer la démocratie représentative nous semblait impensable, du moins pour ce qui concerne la continuelle élaboration des politiques. Mais je mentionnerai une exception importante : le tirage au sort peut servir à sortir d'une impasse sur la réforme du processus démocratique lui-même (ses défenseurs ont raison de dire qu'il peut aussi, à l'occasion, contribuer à trancher des questions morales essentielles, comme l'avortement). Dans les deux cas, toute décision prise par des citoyens choisis au hasard doit être soumise à l'ensemble de l'électorat par référendum.

Le financement des campagnes, le volume du corps législatif, la durée des mandats : autant de questions qui pourraient obliger les représentants à se priver d'avantages évidents. Il faut dire – sans être démophobe – que ces questions se prêtent difficilement à une réponse simple – oui ou non. On imagine très bien des politiciens proches de la classe des donateurs militer contre le financement public de la politique avec des slogans du style : « Jamais je ne paierai pour ces sondages à la noix ! »

C'est là qu'intervient la technique du tirage au sort, plus ou moins imperméable à la corruption : on pourrait présenter plusieurs changements envisageables de procédure à des citoyens choisis au hasard, qui émettraient des recommandations à l'ensemble de l'électorat sur les amendements les plus pertinents. L'idée n'est pas complètement fantaisiste : c'est plus ou moins ce qui s'est passé en Irlande lors de la Convention sur la Constitution qui s'est déroulée de 2012 à 2014. Aux États-Unis, la sélection d'un échantillon représentatif (informé par des experts) suivie par un référendum est connue sous le nom de « modèle Oregon ». Le système a le mérite de ne pas priver tous les citoyens ou presque de leur pouvoir, ce qui est le cas avec le tirage au sort (en dépit de l'avantage mis en avant par les Athéniens : les personnes choisies au hasard sont beaucoup plus difficiles à corrompre).

La méthode adoptée par l'Oregon – appelée officiellement *« Citizens' Initiative Review »* – existe depuis 2010 : des groupes représentatifs de vingt à vingt-cinq électeurs sont choisis ; les partisans et les opposants à une mesure qui doit être soumise au vote (réforme de la justice pénale ou réforme scolaire) leur exposent leurs arguments ; puis les experts interviennent ; les citoyens choisis résument très simplement ce qu'ils estiment être les principaux arguments pour et contre la proposition à avaliser (ils sont rémunérés au salaire moyen ; encore une fois, la démocratie n'est pas gratuite[37]). À l'issue de ce processus, un document qui comprend tous ces arguments est envoyé à chaque foyer : ces informations fournies *par* des électeurs ordinaires *pour* des électeurs ordinaires sont officiellement présentées comme une « déclaration citoyenne pour » et une « déclaration citoyenne

37. L'association Healthy Democracy a mis au point un processus Citizens Initiative Review : https://healthydemocracy.org/cir/.

contre ». Les citoyens se font donc une opinion à l'aide de réflexions formulées par des personnes « comme eux ». Ils ne suivent pas toujours ce que certains théoriciens considéreraient comme des représentants de leur « moi mieux informé », mais tout porte à croire que les informations sur lesquelles ils se fondent sont plus justes que celles qu'ils obtiendraient ailleurs[38]. Comme nous l'avons vu plus haut à propos de John Stuart Mill, il est difficile d'aller plus loin s'agissant de questions très controversées sur lesquelles des citoyens raisonnables ne sont pas d'accord.

Notez que les *demagogoi* – au sens neutre du terme – sont en général très engagés dans les campagnes référendaires : les partis et les commentateurs dans les médias adoptent et défendent mordicus telle ou telle position. Pour certaines personnes engagées dans le renouvellement de la vie démocratique, c'est le problème : les solutions rationnelles choisies par des citoyens tirés au sort – conçus comme des représentants de notre « meilleur moi », c'est-à-dire notre moi mieux informé – seront torpillées et coulées par des professionnels qui ont intérêt à ce que le résultat soit différent[39]. C'est possible – il est prouvé que des partis, voire, plus discrètement, des médias, s'opposent aux expériences de type Oregon, car elles sapent leur pouvoir. En outre, les sceptiques

38. John Gastil *et al.*, « Assessing the Electoral Impact of the 2010 Oregon Citizens' Initiative Review », *American Politics Research*, 2017, p. 1-30.

39. Lawrence Lessig, *They Don't Represent Us*, *op. cit.*

vous diront que les partis n'autoriseront jamais le tirage au sort, quoi qu'il arrive. La meilleure réponse à leur opposer, c'est que la pression sociale est suffisante, du moins qu'elle peut permettre la création d'assemblées choisies au hasard : l'Irlande et l'Islande en sont des exemples. L'origine de la pression était évidemment la crise financière qui a largement discrédité la classe politique des deux pays (le Meilleur Parti d'Islande en est directement issu).

Enfin, ces projets ont un avantage, en tout cas pour certains partis : comme pour le système des bons, le fait de savoir que son vote compte dans un référendum enclenche un cycle vertueux d'engagement politique[40]. C'est ce qui s'est passé en Irlande après les référendums sur l'avortement et le mariage homosexuel. Aujourd'hui, les jeunes – qui ont toujours été les moins enclins à voter – suivent

40. Cela dépend beaucoup des circonstances précises et des structures politiques plus larges dans lesquelles les référendums ou les initiatives s'inscrivent. Tout porte à croire qu'en Suisse, la démocratie directe fonctionne bien puisque 641 référendums y ont été organisés de 1848 à 2018 (nous n'entendons parler que des référendums apparemment irrationnels ou illibéraux, comme celui qui portait sur l'interdiction des minarets). La mauvaise réputation des référendums date de ces dernières années, notamment du Brexit – un référendum consultatif dépourvu de proposition concrète et claire, pour lequel l'État n'a pas réussi à garantir un terrain de jeu équitable. En outre, l'ordre dans lequel ce référendum s'est déroulé n'était pas le bon : les électeurs devaient approuver un traité sans contenu avec l'UE, puis l'on confiait à un gouvernement la responsabilité de négocier le contenu. Voir John G. Matsusaka, *Let the People Rule: How Direct Democracy Can Meet the Populist Challenge*, Princeton, Princeton University Press, 2020, p. 85-87 et p. 150. C'est Dominic Cummings qui avait proposé qu'il y ait deux référendums : un sur la sortie, un sur une proposition concrète.

de plus près les élections des membres de l'*Oireachtas*, le Parlement irlandais[41].

Fermer la démocratie pour sauver la démocratie ?

Et si le récit de la démocratie que nous venons de faire était un peu panglossien ? Ouverture et accès : qui est contre, en théorie ? Mais qui, en pratique, peut se réjouir de vivre avec un système de partis de plus en plus fragmenté et l'incertitude qui résulte, par exemple, d'une absence de gouvernement pendant 589 jours, comme en Belgique en 2010-2011 ? La fracturation du système des partis est une des caractéristiques les plus frappantes de notre époque. C'est en soi une preuve de la crise de la démocratie, ce que montre très intelligemment l'analyse d'Adam Przeworski[42].

La vie politique était évidemment plus prévisible quand les citoyens avaient une identité politique stable dès la

41. Dans une oligarchie, une façon encore plus directe de résister serait d'établir des institutions ouvertement « plébéiennes », comparables aux tribuns de la république romaine. Une sorte de *panel de pauvres choisis au hasard* aurait le pouvoir de mettre son veto à un projet de loi une fois par an ou de destituer certains lobbyistes ou certains législateurs, ou de refuser une décision de la Cour suprême une fois par mandat. Appuyer à ce point-là les conflits de classe va évidemment contre l'idée d'égalité des chances politiques dont nous avons parlé plus tôt. Rien ne permet non plus de dire comment ce genre de structure réagirait face aux changements dans la façon dont les conflits sont compris. Pour quelques propositions concrètes allant dans ce sens, voir John P. McCormick, *Machiavellian Democracy*, New York, Cambridge University Press, 2011. Voir aussi Jeffrey Edward Green, *The Shadow of Unfairness: A Plebeian Theory of Liberal Democracy*, New York, Oxford University Press, 2016.
42. Adam Przeworski, *Crises of Democracy*, *op. cit.*

naissance – un ouvrier votait socialiste, point barre. Mais ce temps est révolu, et la transition vers quelque chose de plus fluide (et nécessairement incertain) ne peut pas ne pas être déstabilisante. Reprenant le fameux « brouillard de la guerre » de Clausewitz, E. E. Schattschneider évoque le brouillard inévitable des conflits politiques. Plus les sociétés évoluent, plus le brouillard épaissit. Il est plus difficile d'émettre des jugements politiques, mais ce n'est pas toujours une preuve de crise, ni le signe que l'accès et l'ouverture sont des objectifs problématiques. Le problème est plutôt la « stabilité », l'incapacité totale des systèmes de partis à répondre aux nouveaux défis.

En réalité, les notions d'accès et d'ouverture soulèvent un problème encore plus grave. Qu'en est-il – pour faire court – des acteurs nuisibles, déterminés à saper la démocratie ou à ne jouer le jeu démocratique que de mauvaise foi ? Il est possible de se dire que, même si ces êtres pernicieux arrivaient au pouvoir, leurs lois nocives ne résisteraient pas à un examen par les tribunaux dans le cadre du contrôle juridictionnel. Même s'ils n'accèdent pas au pouvoir, ils sont soumis au droit pénal, comme en témoigne le procès intenté à Geert Wilders pour incitation à la haine contre des concitoyens d'origine marocaine (Wilders avait demandé à une foule enthousiaste : « Vous voulez moins de Marocains ? » La foule avait répondu : « Moins, on en veut moins ! » et il avait répliqué : « On va s'en occuper[43]. »)

43. Wilders a finalement été poursuivi pour insultes racistes, mais a échappé aux accusations de discrimination et d'incitation à la haine.

Le raisonnement est rassurant, mais un peu rapide. Les élections ne sont pas seulement l'occasion d'agréger les préférences des citoyens pour savoir qui gouvernera. Elles impliquent de longues périodes de mobilisation[44]. Là encore, l'argument de la représentation – suivant lequel la politique non seulement reflète, mais crée la perception qu'ont les gens d'eux-mêmes – est essentiel. Début 2016, le mouvement trumpiste n'existait pas. Quelques années plus tard, beaucoup d'Américains se disent trumpistes (et ce sera le cas longtemps après la disparition de Trump de la scène nationale).

C'est pourquoi certains États ont mis en place ce qu'on appelle une « démocratie militante » – l'idée étant qu'une démocratie doit restreindre certains droits pour défendre sa propre existence contre des partis (et des individus) déterminés à miner le système[45]. Il ne s'agit pas simplement de sévir contre des personnes qui ont recours à la violence ou qui ont un comportement déjà sanctionné juridiquement. Une démocratie militante fixe un certain nombre d'interdits politiques. On parle aussi – ce qui clarifie l'intention sous-jacente – de « démocratie combative », notamment en Allemagne, et du « paradigme de

44. Samuel Issacharoff, *Fragile Democracies: Contested Power in the Era of Constitutional Courts*, New York, Cambridge University Press, 2015, p. 37.

45. La formulation originale de l'idée de démocratie militante se trouve dans Karl Loewenstein, « Militant Democracy and Fundamental Rights I », *American Political Science Review*, vol. 31, 1937, p. 417-432, et Karl Loewenstein, « Militant Democracy and Fundamental Rights II », *American Political Science Review*, vol. 31, 1937, p. 638-658.

la défense de la démocratie » en Israël. L'idée ne date pas d'hier : les Athéniens ostracisaient les individus trop puissants qui menaçaient la démocratie. Contrairement au cliché de la foule qui s'en prend à un innocent, il s'agissait plutôt de personnalités ayant des ressources financières et rhétoriques que les Athéniens jugeaient dangereuses. Il arrivait que des oligarques soient obligés de s'exiler une dizaine d'années, ce qui peut surprendre aujourd'hui. Car aucun stigmate ne leur était vraiment attaché (et ils pouvaient éventuellement revenir). En revanche, l'*atimia* – le châtiment sanctionnant un crime politique avéré – entraînait la perte définitive des droits politiques.

Plus près de nous, l'Allemagne de Weimar cristallise parfaitement le problème – qui, à bien des égards, consiste à savoir s'il faut tolérer les intolérants. Le Parti national-socialiste (NSDAP) s'était présenté aux élections. Une fois au pouvoir, il s'est attaché à abolir la démocratie conformément à ce qu'avaient ouvertement annoncé Joseph Goebbels et plusieurs dirigeants nazis. Dès 1928, Goebbels avait affirmé que les siens se battraient avec des « armes prises dans l'arsenal de la démocratie ». Plus tard, il jubila en déclarant : « Ce sera toujours une des plus grosses farces de la démocratie de savoir qu'elle a fourni elle-même les moyens de l'anéantir à ses ennemis mortels[46]. »

---

46. Les récits de la disparition de la république de Weimar en 1933 ont souvent tendance à oublier des détails qui n'en sont pas. On oublie notamment qu'aucune législature démocratique fonctionnant n'a autorisé la fin effective du gouvernement démocratique. Le Reichstag qui a voté la « loi d'habilitation » de mars 1933 ne peut pas être considéré

En 1940, il reconnaissait aussi qu'« il aurait suffi d'emprisonner quelques-uns d'entre [eux] en 1925, et tout aurait été terminé ».

Après la Seconde Guerre mondiale, la leçon était très claire : les démocraties devaient se munir d'outils juridiques pour pouvoir affronter les menaces existentielles incarnées par les acteurs antidémocratiques abusant de « l'arsenal de la démocratie ». Plus précisément, elles devaient être en mesure de restreindre certains droits. En pratique, cela s'est surtout traduit par l'interdiction de certains partis – en limitant le droit d'association –, mais il est possible d'étendre l'interdiction à des individus. L'article 18 de la Loi fondamentale allemande précise que les citoyens peuvent perdre leurs droits politiques fondamentaux. Le recours à cet article a été tenté quatre fois ; chaque fois, ce fut un échec, soit parce que les tribunaux estimaient que les individus visés n'étaient pas

---

comme une vraie législature démocratique ; plusieurs députés avaient déjà été emprisonnés et d'autres étaient harcelés (même si la question de savoir si la « prise de pouvoir » des nazis s'est faite dans un cadre constitutionnel démocratique ou hors de celui-ci est sujette à caution). En outre, Weimar disposait de nombreux outils de répression pour faire face à l'extrémisme, et beaucoup ont été utilisés – la République a connu pas moins de 28 interdictions de partis. De fait, en 1923, le parti nazi a été interdit, mais il a pu être refondé en 1925 ; la police politique de Prusse a surveillé le NSDAP jusqu'en 1932, mais il ne l'a jamais freiné de manière décisive. Voir Gereon Flümann, *Streitbare Demokratie in Deutschland und den Vereinigten Staaten: Der staatliche Umgang mit nicht gewalttätigem politischem Extremismus im Vergleich,* Wiesbaden, Springer VS, 2015, p. 94. Les tenants de la démocratie militante sous-entendent trop facilement l'idée que les masses choisissent sciemment l'« extrémisme » ou la dictature dans les urnes.

suffisamment menaçants, soit parce qu'ils avaient déjà été éliminés de la circulation politique, pour ainsi dire, parce que leur cas relevait du droit pénal.

Le concept de « démocratie militante » a été essentiellement élaboré dans l'Allemagne de l'après-guerre (l'idée de l'inscrire dans la Constitution vient sans doute d'un fonctionnaire qui faisait partie des Forces d'occupation françaises à Baden[47]). On considérait qu'il était indissociable d'un antitotalitarisme refusant explicitement l'identification entre démocratie et relativisme selon Hans Kelsen. Au contraire, il s'agissait d'identifier la démocratie à des valeurs objectives et substantielles, notamment la dignité humaine, et de défendre fermement ces valeurs. Un des effets commodes de cette doctrine mise au point pendant la guerre froide fut de braquer les projecteurs sur les horreurs du communisme et d'occulter le passé nazi. Ainsi, le parti qui succéda au NSDAP fut interdit en 1953, mais on accorda bien plus d'attention au parti communiste qui subit le même sort trois ans plus tard.

Ce militantisme n'est pas un phénomène exclusivement lié à l'Europe de l'après-guerre, une erreur que commettent souvent les constitutionnalistes américains. Après la guerre de Sécession, le Nord refusa que les démocrates du Sud qui n'acceptaient pas la Reconstruction siègent au Congrès : donc ils restreignaient donc leurs

47. Edoardo Caterina, « Die Ursprünge des Art. 21 GG: die Idee der Parteiregulierung in Verfassungsdebatten der Nachkriegszeit », *MIP*, vol. 25, 2019, p. 60-73.

droits au nom de la démocratie[48]. Autre exemple : Roosevelt a demandé au Congrès d'enquêter pour savoir si la Louisiane, gouvernée par le démagogue Huey Long, était fidèle aux règles démocratiques les plus élémentaires parce qu'il envisageait une intervention militante (Huey Long a été assassiné avant que l'enquête aboutisse ; par ailleurs, Roosevelt avait d'autres préoccupations en tête puisque Huey Long envisageait de se lancer dans la course à la présidence, menaçant ses chances de réélection[49]). Enfin, depuis le milieu des années 1960, plusieurs États du Sud sont obligés de soumettre à l'approbation du gouvernement fédéral le moindre changement des modalités de vote, ce qui revient à dire que le Voting Rights Act est une forme de démocratie militante : les droits des États ont dû être restreints pour protéger les libertés politiques fondamentales des Afro-Américains. Il est vrai que la solution la plus courante consiste à interdire les partis, ce qui ne s'est jamais produit aux États-Unis (même au plus fort du maccarthysme, le CPUSA, le parti communiste américain, ne fut pas officiellement interdit – soit dit en passant, il existe toujours[50]). De même en Grande-Bretagne où, dans les années 1930, les fascistes ont été politiquement écartés, mais pas exclus du jeu démocratique par l'État.

---

48. Alexander Kirshner, *A Theory of Militant Democracy,* New Haven, Yale University Press, 2014.
49. Gerard N. Magglioca, « Huey P. Long and the Guarantee Clause », *Tulane Law Review,* vol. 83, 2008, p. 1-44.
50. Il ne s'agit pas de nier les horreurs du maccarthysme : le Smith Act de 1940, qui criminalisait tout encouragement à renverser le gouvernement américain, a été très nocif.

Il arrive que ce ne soit pas seulement un parti, mais tout le jeu politique qui est stoppé net. C'est ce qui s'est passé en Algérie en 1992, quand un parti islamique fut sur le point de l'emporter au second tour des élections nationales. Ce parti affirmait que « l'Islam [était] la lumière [...] et que l'obscurité [vivait] dans la démocratie ». Les militaires ont tout simplement annulé le vote. Les États-Unis ont approuvé la décision, et leur ambassadeur a annoncé que son pays était en faveur du fameux « Une personne, une voix », mais pas « Une personne, une voix, une seule fois[51] ». Pouvait-il prévoir que cette annulation de la démocratie serait le prélude à dix ans de guerre civile ?

Ce militantisme est lié à l'idée que la démocratie est un régime dont le seul risque est qu'il s'abolisse lui-même. Donc le seul à pouvoir décider de se supprimer de manière parfaitement légale et légitime. Sauf que ce

51. Outre qu'elle tâche d'empêcher la mort par le suicide, la démocratie militante est paradoxale : les pays qui ont la possibilité d'être une démocratie militante n'en ont sans doute pas besoin alors que ceux qui en ont besoin ne peuvent pas se le permettre. En d'autres termes, dans le cadre d'une Constitution où les acteurs les plus puissants peuvent s'accorder sur ce qui menace vraiment la démocratie (que ces menaces viennent de la droite ou de la gauche), surtout s'ils peuvent compter sur l'évaluation par les pairs, il y a sans doute un consensus démocratique assez fort pour que ce qui la défie s'effondre naturellement. Inversement, dans les contextes politiques très polarisés et instables, quand les désaccords sont profonds et que la légitimité de l'adversaire a tendance à être niée, la démocratie militante prend tout son sens – mais la polarisation et les désaccords risquent d'empêcher sa naissance. Même si la démocratie militante était possible, l'évaluation par les pairs serait sans doute exclue, car les partis autres ne seraient pas considérés comme des pairs et on ne leur ferait pas confiance. Je remercie Christoph Möllers pour ce point.

n'est pas complètement vrai. En théorie, un monarque ou un dictateur pourrait, à lui seul, décider que sa domination doit céder le pas à une forme de démocratie. Les citoyens pourraient se soumettre, ou non, à sa volonté, mais cette incertitude est aussi caractéristique d'une démocratie qui s'abolit. Il est plus raisonnable de se dire (ce que j'analyse dans le deuxième chapitre de ce livre) que les majorités doivent autoriser les minorités à devenir un jour des majorités. Imaginons que 51 % de l'électorat décide d'abolir les droits politiques fondamentaux dont tous les citoyens bénéficient : en quoi est-ce démocratique ? Seule l'approbation à 100 % du passage à l'autoritarisme justifierait l'idée que la démocratie a quelque chose d'intrinsèquement paradoxal (alors qu'un monarque ou un dictateur qui abdique ne se contredit aucunement). Comme par hasard, personne n'a jamais vu de passage légitime à l'autoritarisme.

Les adversaires de la démocratie militante ont du mal à accepter l'idée que la démocratie ait besoin de se protéger. Une démocratie qui se défend en limitant les droits politiques fondamentaux, est-elle encore une démocratie ? À eux seuls, les efforts que la démocratie déploie pour sa sauvegarde finiront par se retourner contre elle. Attenter au pluralisme au nom du pluralisme n'a aucun sens. C'est aussi illusoire que de combattre le feu par le feu ; la maison démocratie risque de finir en cendres.

Hans Kelsen utilisait une autre image pour dire qu'un démocrate conséquent ne pouvait pas ne pas accepter la volonté de la majorité d'en finir avec la démocratie.

C'est ainsi qu'en 1932, il déclara : « Il faut être fidèle à son drapeau, même quand le bateau coule. » Et d'ajouter : « Le pouvoir du peuple ne peut pas se maintenir contre son propre peuple. [...] Quiconque est pour la démocratie ne peut pas se laisser piéger par la contradiction fatidique qui consiste à tendre vers la dictature pour sauver la démocratie. »

La dictature n'est peut-être pas la seule option. En général, ce sont les tribunaux qui décident de limiter les droits, et souvent avec une extrême prudence, puisque interférer dans le processus politique menace leur légitimité. La raison est simple : les tribunaux sont censés être les gardiens impartiaux des règles du jeu démocratique[52]. La réalité est souvent différente – les tribunaux sont loin d'échapper au politique. Ils ont tendance à épouser les changements à long terme de l'opinion, ce que reconnaîtraient beaucoup de leurs défenseurs qui voient en eux des piliers de la démocratie militante. Cela dit, ces défenseurs nous rappellent aussi qu'en dépit de ses défauts, le pouvoir judiciaire ne dispose pas des mêmes outils pervers que les partis politiques – le recours à des mesures militantes pour se débarrasser de certains acteurs du jeu démocratique. Les juges ne cherchent pas non plus à marquer des points auprès de l'électorat en s'attaquant aux minorités vulnérables ou aux idées politiques impopulaires.

Prenons l'exemple de la loi australienne de 1950 sur la dissolution du parti communiste, au motif qu'elle était

52. Samuel Issacharoff, *Fragile Democracies*, *op. cit.*

« nécessaire pour la sécurité et la défense de l'Australie et pour l'exécution et le maintien de la Constitution et des lois du Commonwealth[53] ». La loi, approuvée à 80 % dans les sondages d'opinion, a finalement été invalidée par la Haute Cour. La raison principale était que le Parlement fédéral avait outrepassé ses pouvoirs, mais le jugement comprenait un avertissement d'ordre général sur le paradoxe de la démocratie militante : « L'Histoire, et pas seulement l'Histoire ancienne, montre que dans les pays où les institutions démocratiques ont été supprimées anticonstitutionnellement, il n'est pas rare que cela ait émané de personnes détenant le pouvoir exécutif. Il arrive que certains types de gouvernements aient besoin d'être protégés contre des dangers susceptibles de surgir au sein même des institutions à protéger[54]. »

Les démocraties militantes sont pourtant nombreuses à avoir des partis politiques qui jouent un vrai rôle, lequel n'est pas très loin de l'*évaluation par les pairs*. De ce point de vue, l'Allemagne a une valeur de paradigme. Seuls le gouvernement, le Parlement ou les principaux dirigeants des Länder – qui représentent différents *partis* – peuvent initier un processus d'interdiction d'un parti au nom de la démocratie. À elle seule, la Cour constitutionnelle ne peut pas décider d'enquêter et éventuellement d'interdire un parti. C'est essentiel : l'article de la Loi fondamentale

53. Svetlana Tyulkina, *Militant Democracy: Undemocratic Political Parties and Beyond*, Londres, Routledge, 2015, p. 72.
54. *Ibid.*

qui traite de la question stipule que les partis hostiles à la Constitution peuvent être interdits ; il ne dit pas qu'ils *doivent* être interdits. Aucun acteur entièrement déconnecté de la politique - une commission indépendante d'experts, par exemple, ou une sorte de procureur politique indépendant - ne peut donc s'en prendre à une formation politique. Les partis sont invités à juger eux-mêmes un des leurs, qu'ils soupçonnent de porter atteinte à la démocratie, pour savoir s'il leur *ressemble* suffisamment. Concrètement : tel parti souscrit-il au consensus général sur les principes démocratiques élémentaires ? Il est évident que les partis que nous avons décrits comme des cartels pourraient abuser du système et harceler les nouveaux venus gênants dans le système des partis.

Si les partis n'abusent pas de cette prérogative de la démocratie militante, c'est pour une raison évidente : ils veillent sur leur image. Je ne parle pas seulement de l'impossibilité d'interdire un parti qui a pris trop d'ampleur (interdiction qui pourrait entraîner un début de guerre civile). Même l'interdiction récurrente de petits partis serait perçue par les citoyens comme la tentative systématique d'évacuer la concurrence du système politique et de défendre le pluralisme en réduisant ce pluralisme.

Imaginons que les partis établis agissent en toute bonne foi ; les citoyens pourraient se dire qu'ils n'ont plus confiance en eux pour éliminer des rivaux jugés menaçants – ce qui pourrait avoir pour effet d'affaiblir le soutien des citoyens à l'ensemble du système démocratique. Défendre la démocratie en restreignant des droits est donc une forme de défaitisme. Les vieux partis sont tellement persuadés que les nouveaux sont là pour s'emparer du système politique que la seule solution qu'ils imaginent est la répression – une conclusion défaitiste qui risque de contaminer les citoyens. Le problème est exacerbé si les acteurs interdits sont assez habiles pour se présenter comme des martyrs (un rôle qu'Erdoğan a joué avec brio après l'interdiction du Parti de la prospérité, accusé de vouloir miner l'État de droit). C'est encore plus vrai si les acteurs trouvent le moyen de revenir sur la scène électorale avec un parti ayant un nouveau nom (ce qu'a fait Erdoğan avec le Parti de la justice et du développement, l'AKP).

Plutôt que d'interdire brutalement le moindre parti susceptible de menacer le système, pourquoi ne pas imaginer une sorte d'évaluation des partis par les pairs, une forme de *pouvoir discrétionnaire*[55]. Au lieu de s'en prendre à chaque

55. La Commission de Venise, évidemment attentive aux interdictions abusives dans un pays comme la Turquie, a explicitement admis la notion de « filtre politique » – c'est-à-dire de filtre qui ne laisse passer que les menaces très graves. Usant d'une langue légèrement différente, elle a précisé que les interdictions devaient être une décision d'ordre politique et non purement juridique. Le problème, c'est que les partis, par opposition aux procureurs, par exemple, sont censés être ce que la Commission appelle des freins et des contrepoids « politiques démocratiques ». « Politique », ici, n'est pas un vilain mot ; c'est plutôt la preuve que l'on croit au processus politique (et qu'il est possible que les politiciens soient les mieux placés pour évaluer d'autres politiciens). Voir Commission de Venise (soit la Commission européenne pour la démocratie par le droit), *Opinion on the Legal and Constitutional Provisions relevant to the Prohibition of Political Parties in Turkey* (2009, http://www.venice.coe.int/webforms/documents/default.aspx?pdffile=CDL-AD(2009)006-e).

formation potentiellement problématique, il est possible d'attendre pour voir comment évolue non seulement un parti, mais l'ampleur de la menace réelle qu'il représente pour l'ensemble du système politique. Aux États-Unis (et dans d'autres pays), ce pouvoir discrétionnaire fait partie de la procédure d'*impeachment* : la destitution n'est pas une obligation, c'est le jugement de politiciens – et non de juges – qui détermine si un président a commis des « crimes et délits graves » et, surtout, s'il y a bien un type de conduite qui laisserait penser au Congrès que le chef de l'exécutif met la République en danger[56].

On peut également prévoir des incitations à la modération. Un parti démocratique peut fixer certaines conditions préalables à une alliance avec des partis jugés d'extrême gauche ou d'extrême droite. Exemple : les sociaux-démocrates autrichiens ont mis au point un *Kriterienkatalog* (un catalogue de critères) en expliquant qu'ils étaient ouverts à la discussion avec tous les partis qui correspondaient à ces critères. Le but était de pousser vers le centre le Parti de la liberté d'Autriche, populiste

56. Laurence Tribe et Joshua Matz explicitent la logique de l'évaluation par les pairs quand ils écrivent ce qui suit : « À certains égards, la dimension politique du Congrès peut être une vertu et non un vice. L'*impeachment* est un outil politique brandi par des politiciens cherchant à résoudre un problème politique. Leur maîtrise de la chose politique font de ces législateurs des juges très avisés – à la fois des accusations précises et des circonstances plus larges. Dans le gouvernement fédéral, personne ne comprend mieux l'usage du pouvoir et l'abus de pouvoir, personne n'est plus apte à savoir si le président a vraiment franchi la ligne. » Laurence Tribe et Joshua Matz, *To End a Presidency: The Power of Impeachment*, New York, Basic Books, 2018, p. 141.

et de droite radicale (qui a fini par former une coalition avec les chrétiens-démocrates et n'a pas eu à prouver qu'il satisfaisait à ces critères pour entrer au gouvernement).

Alors, y a-t-il un critère entièrement satisfaisant pour interdire un parti ? Ce pourrait être le suivant : les formations qui, parce qu'elles visent à mobiliser, nient *systématiquement* la liberté et l'égalité d'autres membres de la communauté politique *sont* candidates à l'interdiction[57]. Les partis ne sont pas des individus. On peut imaginer que des êtres sensés ne soient pas d'accord et hésitent à sanctionner telle ou telle personne, outre les sanctions d'ordre social[58]. Mais c'est une chose de dénigrer autrui

57. Jonathan Quong, « The Rights of Unreasonable Citizens », *Journal of Political Philosophy*, vol. 12, 2004, p. 314-335.

58. Pour les défendre, on dit souvent que ces personnes tâchent de contribuer au débat public et qu'on ne peut pas leur demander de respecter la loi sans qu'elles aient eu leur mot à dire, même si elles tiennent des propos haineux. Cette indulgence est problématique : même si ces personnes haineuses n'arrivent pas au pouvoir, il y a des victimes. Un professeur de droit peut toujours dire que brûler des croix dans un quartier afro-américain fait partie du processus démocratique, ce n'est pas lui qui souffre de ces gestes agressifs. Plus important encore, il y a quelque chose de paternaliste à fermer les yeux sur, disons, des remarques racistes qui sont censées nous indiquer, à nous, les médecins de la société et les experts en sociologie, les prétendus vrais problèmes (« angoisse d'ordre économique », n'est-ce pas ?). Le libertarisme indulgent de certains défenseurs de la liberté d'expression libère des intervenants potentiels qui, du coup, n'ont pas à réfléchir à des alternatives (réflexion au cours de laquelle ils pourraient se poser des questions et remettre en cause leur position : j'essaie de prouver que seules les minorités commettent des crimes et obtiennent des emplois, mais je suis surpris de voir que je n'ai pas de preuves empiriques). Voir Ronald Dworkin, « The Right to ridicule », *New York Review of Books*, 23 mars 2006, https://www.nybooks.com/articles/2006/03/23/the-right-to-ridicule/. À propos de l'interdiction des discours haineux, voir Jeremy Waldron, *The Harm*

du haut d'une plateforme improvisée ou sur Twitter, c'en est une autre de créer un parti visant à prendre la tête de l'État pour pratiquer ce dénigrement de façon systématique – on en revient à la *frontière dure* des conflits sur la notion de peuple analysée dans les deux premiers chapitres. Le danger que représente le dénigrement systématique ou structuré va au-delà de la création de partis. Je pense à ce suprémaciste américain blanc qui, petit à petit, a acheté des terrains à Leith, une bourgade du Dakota du Nord, pour en faire un village modèle de pureté raciale[59]. Le leader du Mouvement national-socialiste américain *(sic !)* lui a rendu visite. Des citoyens d'autres régions ont protesté, et le grand ordonnateur de cette entreprise de politique néonazie a finalement été condamné parce qu'il semait la panique dans la ville. L'affaire ne s'arrête pas là : apparemment désespéré, le maire a tenté de dissoudre son conseil municipal parce qu'il avait peur de nouvelles tentatives de noyautage de sa petite ville qui commençait à se dépeupler.

Cette histoire montre qu'il est très difficile de savoir où exactement commence la menace. Soyons réalistes, les partis *ouvertement* racistes n'ont aucune chance de siéger dans un gouvernement fédéral, ni en Allemagne,

---

in Hate Speech, Cambridge, Harvard University Press, 2014. Pour avoir des preuves qu'aux élections de 2016, le ressentiment racial a joué sur la perception du statut et des perspectives économiques, voir John Sides, Michael Tesler et Lynn Vavreck, *Identity Crisis: The 2016 Presidential Campaign and the Battle for the Meaning of America*, Princeton, Princeton University Press, 2018.

59. Voir le documentaire *Welcome to Leith*.

où l'interdiction d'un parti néonazi (le NPD) a failli être prononcée en 2013, ni aux États-Unis. La Cour constitutionnelle allemande a fini par déclarer que le NPD était « hostile à la Constitution », mais représentait un danger trop insignifiant vis-à-vis de la démocratie pour justifier l'interdiction (tout en prévoyant la possibilité d'exclure le NPD du système de financement public des partis – ce qui soulève une question intéressante : un tel parti aurait-il droit aux bons évoqués plus haut ?).

Mais que dire si un petit parti terrorise les citoyens à l'échelle locale ? Si personne ne réagit parce que cela ne pose pas de problème au niveau national, les citoyens risquent d'y voir le message suivant de la part de l'État démocratique : « Après tout, ce n'est pas si grave. » Il est évident qu'un État peut engager le dialogue avec des antidémocrates sans restreindre leurs droits ; le silence, l'idée qu'« il y a des gens bien des deux côtés » et l'interdiction ne sont pas les seules options. Un gouvernement peut célébrer la mémoire de Martin Luther King, fêter le jour de l'Émancipation (des esclaves) ou insister sur l'éducation civique pour enseigner la tolérance à titre officiel[60]. Mais, du moins dans les pays où les interdictions sont possibles, les partis officiellement mal vus par l'État démocratique peuvent accuser le gouvernement d'hypocrisie. Ils peuvent lui rétorquer : « Puisque nous sommes

60. Pour découvrir un ensemble de possibilités intelligentes de cet ordre, voir Corey Brettschneider, *When the state speaks, what should it say?*, Princeton, Princeton University Press, 2012.

si épouvantables, pourquoi ne nous interdisez-vous pas ? Si vous ne le faites pas, n'êtes-vous pas en train de trahir le principe d'égalité des chances de tous les candidats en exploitant la puissance publique pour nous dénigrer aux yeux du peuple ? »

Ce sont de vraies questions. Sauf que certaines datent du XXe siècle – qu'on nous pardonne – et sont dépassées. Car à l'origine, les théoriciens de la démocratie militante partaient de l'idée que les partis annonçaient ouvertement leur intention de violer les droits fondamentaux des citoyens dans leurs programmes. Ce qu'aujourd'hui peu de partis font. Nous ne sommes plus à Weimar. Il est vrai que les populistes de droite insinuent que certains citoyens ne font pas partie du « vrai peuple », mais ils tâchent d'arrondir les angles (rappelez-vous la remarque de Trump à propos des migrants mexicains : « Certains, j'imagine, sont des gens bien »). Nos démocraties sont confrontées à des menaces moins explicites. Elles sont plus vulnérables au noyautage des piliers de la démocratie tels que les tribunaux, les sentinelles nichées au sein de la bureaucratie ou des commissions électorales, et au remaniement systématique du processus politique qui vise à réduire l'incertitude institutionnalisée[61]. Il suffit de penser à la guerre que menait Trump contre les inspecteurs qui risquaient de révéler la corruption de son administration, ou à sa rupture avec la tradition qui consiste à nommer les

61. Stephen Gardbaum, « Comparative Political Process Theory » (à paraître).

experts de la Commission électorale fédérale suivant la règle bipartisane, afin que son parti ait la majorité au sein de cet organe de contrôle essentiel[62].

Le poids de l'oligarchie évoquée dans le premier chapitre est à la fois la cause et la conséquence de cette volonté de fausser le jeu démocratique. Certes, l'oligarchie n'était pas le principal problème de la démocratie militante, mais ni les tribunaux, ni les médiateurs, ni même les partis ne sont impuissants face à cette situation. Autant il est très rarement justifié de priver des citoyens ordinaires de leurs droits, autant les acteurs puissants – notamment les oligarques – pourraient être exclus du jeu démocratique dont ils violent les règles. Un Berlusconi ou un Trump n'ont pas seulement commis des fautes ponctuelles, ils cherchaient constamment à saper les règles du jeu (ce qui finalement justifiait l'*impeachment* de Trump, une procédure politique légitime qui n'exige nulle preuve de comportement criminel avéré). En revanche, exclure à jamais ce type de personnages – en supposant qu'ils ne se soient rendus coupables d'aucun comportement criminel – est plus délicat. Comme nous l'avons vu, la démocratie repose sur l'idée que personne n'est politiquement irrécupérable et que tout le monde peut changer d'avis. Après avoir passé de nombreuses années au pouvoir (et donc bénéficié de l'immunité), Silvio Berlusconi a fini par être accusé

62. Pour faire bonne mesure, un républicain a démissionné peu après la nomination du candidat de Trump et l'approbation du Sénat pour être sûr que cet organe n'ait pas le quorum une année d'élections.

de fraude fiscale ; puis, après avoir effectué une peine de travaux d'intérêt général, il a été élu au Parlement européen. De son côté, Trump n'a pas exprimé le moindre remords après l'invasion du Capitole, ce qui en fait un candidat plus convaincant à l'exclusion.

Les Cours constitutionnelles sont souvent chargées de préserver l'intégrité du processus politique. Une Cour qui annule une loi en apparence pour des raisons de fond est peut-être en train de corriger l'incapacité des législateurs à délibérer en bonne et due forme, à donner la parole à l'opposition, etc. Il arrive aussi que ces institutions cherchent à rectifier un déséquilibre du pouvoir. La Cour constitutionnelle d'Afrique du Sud, par exemple, a systématiquement incité l'Assemblée nationale à demander des comptes au président Jacob Zuma, accusé de corruption.

En réalité, ce sont des exceptions. Ce qui a vraiment fait tomber Zuma, ce sont les défections au sein de l'ANC (dues au fait que sa corruption était flagrante). Aujourd'hui, les aspirants autocrates font tout pour respecter les procédures et élaborer des lois formellement irréprochables (si ce n'est calquées sur celles des démocraties modèles, telles que les scandinaves[63]). Mais l'effet secondaire – voulu – est précisément d'éliminer l'incertitude du jeu politique. Or ces stratégies fonctionnent même face à l'opposition manifeste de la population : en Pologne, quand le parti Droit et Justice a voulu faire main basse sur le Tribunal

63. Kim Lane Scheppele, « Autocratic Legalism », *University of Chicago Law Review*, vol. 85, 2018, p. 545-583.

constitutionnel (puis sur la Cour suprême), de nombreux citoyens sont descendus dans la rue et ont projeté le slogan « C'est notre Cour » sur la façade du tribunal. Non seulement ils ont diffusé des morceaux de piano de Chopin, mais ils ont chanté la Constitution (55 personnes entonnant ses différents articles) et l'hymne national[64]. En Inde, le préambule de la Constitution a été lu à voix haute au cours de manifestations contre les lois de Modi restreignant la citoyenneté. L'enregistrement a circulé sur Twitter, YouTube et TikTok, mais ni la lecture ni le « tiktokage de la Constitution » n'ont servi à quoi que ce soit (du moins, c'est ce qu'il semble à l'heure où j'écris ces lignes[65]).

Si même le peuple ne peut pas sauver la démocratie, qui le peut ? Une fois de plus, ne renonçons pas trop vite aux « citoyens ordinaires ».

Si tout le reste échoue ? La désobéissance démocratique

Les citoyens (et, bien sûr, les entreprises privées comme Twitter) peuvent toujours tenter ce que les politiciens

64. La metteuse en scène Marta Górnicka dirigeait les gens qui chantaient la Constitution sur scène – le spectacle réunissait 55 personnes représentant tout le spectre politique. Susanne Baer, « The Rule of – and not by any – Law. On Constitutionalism », *Current Legal Problems*, vol. 71, 2018, p. 335-368 ; ici, p. 337-338.

65. Voir aussi Adam Clinton et Mila Versteeg, « Courts' Limited Ability to Protect Constitutional Rights », *University of Chicago Law Review*, vol. 85, 2018, p. 293-336.

professionnels devraient s'attacher à faire : obliger les populistes autoritaires à ne pas dépasser la frontière dure des débats sur la notion de peuple, du moins signaler au public ce que l'antipluralisme a de délétère dans une démocratie. Les personnes « normales » peuvent arriver à contourner les barrières qui isolent la sphère des médias d'extrême droite et engager directement le dialogue avec les autres : dans les rues, sur les places, voire chez eux. Cela dit, n'idéalisons pas ces rencontres ; il y a longtemps que les chercheurs en sciences sociales sont réservés sur l'hypothèse du contact (qui veut que rencontrer des gens sur qui on a des préjugés est susceptible de vous faire changer d'avis).

Et s'il fallait réagir plus fermement ? Face à la montée globale du populisme et de l'autoritarisme, on parle beaucoup de « résistance » (qui comprend aussi ce qu'on ne peut qu'appeler le kitsch de la résistance), notamment aux États-Unis. Mais la « résistance » est un terme un peu vague puisqu'il désigne à la fois la mobilisation quotidienne en faveur des candidats de l'opposition et les risques extrêmes qu'ont pris les personnes ayant choisi la clandestinité pour s'opposer à l'occupation nazie par le sabotage (inutile de le dire, la résistance n'est pas la propriété exclusive de la gauche[66]).

Cette imprécision est utile si l'on veut toucher le plus de citoyens possible, mais elle risque de brouiller la

66. Pour avoir un exemple moins évident que celui des milices d'extrême droite, voir l'appel à la désobéissance face à l'administration

réflexion sur ce que nous pouvons faire concrètement et ce que nous cherchons à obtenir. La désobéissance civile est donc une alternative plus précise à la « résistance ». En théorie, cette désobéissance serait une arme efficace contre les populistes autoritaires[67], mais elle se heurte à deux problèmes redoutables. Le premier est lié à l'incompréhension généralisée de ce qu'elle implique. Le second, beaucoup plus grave, a trait aux changements structurels que nous avons déjà évoqués : les sphères publiques sont tellement faussées que cela affecte la possibilité même de protester.

La définition classique de la désobéissance civile a été formulée par le philosophe américain John Rawls au début des années 1970 : il s'agissait de la transgression ouverte de la loi, mais pas de n'importe laquelle, d'une transgression décidée en conscience, non violente et, surtout, visant à persuader d'autres citoyens que telle loi devait être modifiée parce qu'elle était profondément

---

de l'État, appel signé Charles Murray, dans *By The People: Rebuilding Liberty Without Permission*, New York, Crown, 2015.

67. À première vue, la violation de la loi paraît peu appropriée si les populistes n'ont pas le pouvoir ; par définition, ils ne peuvent pas avoir adopté des lois que l'on jugerait particulièrement injustes, donc que l'on viole ouvertement, consciencieusement et à grand renfort de publicité. Mais, comme nous l'avons vu plus haut, il arrive qu'un courant dominant et opportuniste adopte des lois réclamées par les populistes. Il n'est donc pas évident que ces lois soient antipluralistes – après tout, comme cela a également été suggéré, les politiques ne sont pas tous soit populistes soit non populistes. Mais on peut opter pour une stratégie indirecte de désobéissance civile et enfreindre la loi pour signaler à une majorité le fait que les populistes profitent de l'opportunisme du courant prétendument dominant pour gagner du pouvoir.

injuste, notamment parce qu'elle violait certains droits fondamentaux. Pour John Rawls, les contrevenants à la loi devaient accepter la sanction de leurs actes et activement faire preuve de « fidélité à la loi » dans son ensemble (à condition que la société et ses institutions soient ce que Rawls appelle prudemment « presque justes »).

Or, aujourd'hui, même une revendication qui ne viole en rien la loi est taxée d'« incivilité » ou accusée d'aggraver les fractures de sociétés déjà polarisées. Quelques exemples : à l'automne 2018, à Washington (au Sénat), des citoyens ont pris à partie des politiciens pendant qu'avaient lieu les audiences du candidat à la Cour suprême Brett Kavanaugh ; on s'est moqué d'eux en parlant de « populace ». Le mouvement Black Lives Matter a été accusé d'être trop agressif et de semer la discorde. En Hongrie, des manifestants qui s'opposaient au gouvernement de Budapest ont été qualifiés d'« anarchistes libéraux ».

Le risque est de confondre désobéissance civile et civilité au sens de politesse ou de respectabilité. Il est vrai que John Rawls faisait écho à Martin Luther King qui insistait pour dire que la désobéissance civile, bien comprise, était l'expression du « parfait respect de la loi ». En d'autres termes, il s'agissait d'en appeler aux principes de la justice qui sous-tendent le droit et d'enfreindre les lois, mais de façon à ce que la coopération entre concitoyens ne soit pas impossible. Martin Luther King estimait qu'il fallait désobéir aux lois « avec amour ».

La formule n'avait rien de lénifiant, et rien ne disait que les « désobéisseurs » devaient éviter la confrontation ni que la violation de la loi ne devait jamais contrarier quiconque. Ne pas se fâcher alors que l'injustice est flagrante risque de donner l'impression qu'il n'y a pas lieu de se fâcher. La colère n'est pas une passion virulente et dénuée de raisons ; au contraire, elle a toujours une raison, et dans une démocratie, elle naît notamment de l'impression qu'on est victime d'un traitement injuste, qu'on est systématiquement privé de parole[68].

Aujourd'hui, il existe une version aseptisée et sentimentale de l'histoire du mouvement des droits civiques qui veut que, dans les années 1950 et 1960, les appels aux principes fondamentalement américains de liberté et d'égalité aient suffi à convaincre les Blancs d'en finir avec la ségrégation. En réalité, c'était un mouvement très stratégique, qui cherchait à provoquer la police et les avocats de la suprématie blanche, donc voué à la confrontation. De fait, ces affrontements ont donné lieu à des images de brutalité de la part de Blancs, images qui ont eu le mérite d'inciter des citoyens à revoir leur défense inconditionnelle des lois Jim Crow, qu'ils jugeaient légitimes, et de « la loi et l'ordre » en général.

Comme l'ont montré deux chercheuses en sciences sociales, Erica Chenoweth et Maria Stephan, les tactiques du mouvement des droits civiques étaient non violentes, mais elles étaient dures et conflictuelles et elles ont été remarquablement efficaces. Les chercheuses ont

68. Amia Srinivasan, « The Aptness of Anger », *The Journal of Political Philosophy*, vol. 26, 2018, p. 123-144.

couvert une période de plus d'un siècle pour découvrir que ce qu'elles appelaient la résistance civile avait deux fois plus de chances d'aboutir aux objectifs visés que les alternatives violentes. Leurs chiffres montrent qu'il suffit que 3,5 % de la population soutienne activement un mouvement pour provoquer un changement politique fondamental[69].

L'histoire concrète du mouvement des droits civiques met également en évidence un problème propre à notre époque. John Rawls, Martin Luther King et les tenants de la désobéissance civile partaient de l'idée que les appels aux principes de la justice toucheraient une majorité de citoyens sans être déformés. Or, dans certains des pays dont il est longuement question dans ce livre, les publics sont devenus tellement fragmentés qu'on peut difficilement parler d'une « opinion nationale », pour reprendre les termes de Luther King. Faire appel à ce que Rawls appelait le « sens public de la justice » n'est plus vraiment possible. Quand il s'agit d'un gouvernement populiste-autoritaire, ces appels sont soit réduits au silence, soit, plus vraisemblablement, gravement détournés, ignorés ou, pour le dire crûment, noyés dans les « info-fécales »

69. Erica Chenoweth et Maria J. Stephan, *Why Civil Resistance Works: The Strategic Logic of Nonviolent Conflict*, New York, Columbia University Press, 2013. Évidemment, tout n'est pas aussi facile et aucune stratégie n'est garantie. Les gens qui résistent doivent avoir une vision alternative pour l'avenir, mobiliser des participants issus de toute la société et trouver des moyens pour provoquer des défections dans le pouvoir. Une campagne non violente dure trois ans en moyenne.

suivant la tactique recommandée par Bannon, à savoir « inonder la zone de merde[70] ».

Quelles leçons en tirer pour les personnes tentées par la désobéissance civile ? Il ne faut pas tomber dans le piège de la respectabilité. La violation contrôlée de la loi ou le mépris des règles ne sont pas synonymes d'anarchie. En Hongrie, le jour où des responsables de l'opposition ont interrompu les travaux du Parlement en sifflant et en bloquant l'accès à la tribune du président (et en trollant Orbán sous ses yeux), ils ont été accusés de tentative de putsch[71]. En réalité, ils voulaient simplement signifier que leur assemblée nationale – entachée de nombreuses irrégularités de procédure et d'entorses au règlement en faveur du gouvernement – n'était plus un organe représentatif digne de ce nom, qui adoptait des lois légitimes. Ils pointaient du doigt, non pas une injustice spécifique, mais un problème fondamental du processus démocratique[72]. De ce point de vue, ils ont agi comme des tenants de la démocratie militante et sont intervenus à titre

---

70. Comme l'a montré Margaret Roberts à propos de la Chine, les dirigeants autoritaires intelligents se débrouillent pour éviter la censure directe quand c'est possible : la censure attire l'attention sur un cas particulier et incite à braver le « Bouclier doré ». Inonder, ou noyer les nouvelles, ou créer des frictions (en ralentissant l'accès et les connexions, par exemple) est plus efficace. Voir *Censored: Distraction and Diversion Inside China's Great Firewall*, Princeton, Princeton University Press, 2018.

71. Voir le clip sur https://www.facebook.com/TordaiBencePM/videos/456964691658893/?utm_source=InsightHungary&utm_campaign=4265fc2322-EMAIL_CAMPAIGN_2018_12_12_11_00&utm_medium=e-mail&utm_term=0_af2f0a89f2-4265fc2322-106033493.

72. Daniel Markovits, « Democratic Disobedience », *op. cit.*, p. 1897-1952.

individuel en voyant que les institutions chargées de garantir l'incertitude institutionnalisée étaient noyautées et impuissantes. Ou, pour reprendre les mots de Thoreau, ils ont agi comme un « contre-frottement pour arrêter la machine ». Ce type de résistance est évidemment risqué et on peut y voir une réaction de mauvais perdant. Mais elle est explicitement encouragée par les Constitutions – dont celle de l'Allemagne – qui garantissent un droit à la résistance au nom de la défense de la démocratie – une ultime tentative quand tout le reste a échoué[73].

Les désobéisseurs devront trouver les moyens de relever le défi structurel que posent les sphères publiques fragmentées ou, pour le dire moins poliment, hautement polluées. Ils pourront peut-être contourner les obstacles : la révolution risque de ne pas être télévisée, mais la désobéissance peut être diffusée en *live streaming* et donner au public une image plus fidèle (ce qu'a fait le collectif indépendant américain Unicorn Riot lors des manifestations de 2020 contre les violences policières, ou Nexta, la chaîne de la messagerie Telegram, fondée par un « nomade numérique » autodésigné pendant les manifestations contre Loukachenko en Biélorussie). Or ce n'est pas toujours faisable. Et nous voilà revenus à notre

---

73. Autre paradoxe : si la démocratie est solide, le droit de résister n'a pas lieu d'être ; si la démocratie est anéantie, la codification de ce droit ne saurait servir d'excuse aux résistants. Le seul scénario plausible, ce sont des acteurs extérieurs à l'État dont la résistance porte ses fruits contre toute attente.

réflexion sur les corps intermédiaires : si ces corps ne sont pas accessibles, indépendants et responsables, les tentatives de disruption ont moins de chances de réussir. C'est donc un cercle vicieux.

Ces impasses ont le mérite de proposer une réponse à la question de savoir pourquoi exactement il faut enfreindre les lois. En effet, si c'est pour avoir de la publicité, il y a d'autres moyens : par exemple, les manifestations contre l'extrême droite dont la devise était simplement « Nous sommes plus nombreux[74] ». Mais si c'est pour asseoir la crédibilité de votre engagement et rappeler qu'il est urgent de s'atteler aux problèmes du processus démocratique, qui dit qu'une majorité qui n'est pas d'accord avec vous sur le fond changera parce qu'elle voit que vous êtes prêt à aller en prison pour avoir violé la loi ?

Le défi est particulièrement difficile à relever pour ceux qui ont choisi la *désobéissance démocratique,* c'est-à-dire ceux qui ne violent pas de droits fondamentaux en tant que tels, mais tiennent à montrer que le processus politique est bloqué (ou a été bloqué à dessein). Revenons en arrière et prenons l'exemple des manifestants qui ne niaient pas qu'une démocratie puisse déclarer la guerre et enrôler des jeunes tout en affirmant que la guerre du Vietnam n'avait jamais été dûment légitimée (et, surtout, qu'elle n'avait pas fait l'objet d'un vrai débat). Ce type de

74. Voir le concert #wirsindmehr à Chemnitz, par exemple : https://www.youtube.com/watch?v=p4GxBY_uXgg.

blocage est plus susceptible d'arriver dans une démocratie dont l'infrastructure est défaillante : n'oubliez pas les cartels et la façon dont ils se sont coupés de la société.

Les avocats du processus démocratique doivent se demander dans quelles conditions ils accepteraient de s'avouer vaincus sur des questions politiques de fond et, de ce fait, d'admettre que leurs critiques du processus démocratique n'ont pas eu d'écho auprès des citoyens. Ne pas obtenir la législation que je soutiens n'est pas une raison suffisante pour que je désobéisse. Il doit y avoir des raisons pour lesquelles, au fil du temps, vu les distorsions systématiques du processus politique et l'absence d'engagement mutuel des citoyens, les perdants ne peuvent pas, en conscience, consentir aux choix politiques ni se juger, au moins indirectement, coauteurs d'une décision collective (pour revenir au sujet du deuxième chapitre[75]). Si ce sont toujours les mêmes qui se sacrifient pour maintenir la cohésion de la sphère politique, c'est que quelque chose cloche. Aux États-Unis, Black Lives Matter était surnommé « Not Your Grandfather's Civil Rights Movement » pour dire que le racisme systémique persiste en dépit de ce qui semble être, en comparaison, une législation antidiscrimination très avancée.

Reste une zone grise où personne n'enfreint la loi, mais où des formes de confrontation inciviles ont lieu, visant à faire changer d'avis les témoins de ces escarmouches

75. Daniel Markovits, « Democratic Disobedience », *op. cit.*

entre des citoyens et des acteurs encourageant ou soutenant franchement le populisme autoritaire. Je pense aux épisodes où on a refusé de servir, ou hurlé sur, des membres de l'administration Trump au restaurant. Ou à ce groupe d'activistes qui est allé chez le présentateur de Fox News, Tucker Carlson (il était absent, contrairement à sa famille), avant de scander : « On sait où vous découchez toutes les nuits[76] ! » Ou encore aux citoyens prenant à partie Dominic Cummings, conseiller spécial de Boris Johnson, devant chez lui, à Londres, parce qu'il avait enfreint les règles qu'il avait signées pour lutter contre la pandémie. Dernier exemple : la personne qui a volé les vêtements du leader d'extrême droite allemand Alexander Gauland, puis pris des images de cet homme de 77 ans rentrant chez lui en caleçon ; le voleur ou la voleuse aurait crié : « Kein Badespaß für Nazis ! » (« Pas de baignade pour les nazis ! »)

Affronter autrui ne veut pas dire qu'on ne respecte pas son statut au sein de la communauté politique. L'incivilité ne pose pas de problème du moment qu'un certain nombre de conditions sont réunies. Premièrement, la confrontation doit toucher directement la personne accusée des pratiques injustes sur lesquelles on cherche à attirer l'attention. Ce qui signifie : aucune légitimité pour les dommages collatéraux. Terroriser des gamins chez un

76. Peter Beinart, « Left-Wing Protests Are Crossing the Line », *The Atlantic*, 16 novembre 2018, https://www.theatlantic.com/ideas/archive/2018/11/protests-tucker-carlsons-home-crossed-line/576001/.

super-propagateur de messages d'extrême droite n'a rien de très glorieux. Deuxièmement, la confrontation doit faire passer un message crédible sur une injustice réelle ou un défaut précis du processus démocratique. Hurler contre un politicien peut, ou non, être un bon moyen d'en appeler à des majorités qui ne sont pas encore d'accord avec vous sur telle ou telle injustice. La « prière punk » des Pussy Riots dans la cathédrale de Moscou exprimait peut-être, ou peut-être pas, une critique pertinente de l'autocratie de Poutine, mais elle n'a sans doute pas convaincu les Russes ordinaires. Ridiculiser un vieil homme sur les réseaux sociaux en le forçant à exhiber son corps flasque ne transmet aucun contenu précis sur une injustice. Troisièmement, il n'y a pas de mal à être « incivil » du moment que la désobéissance est liée à la chose civique, c'est-à-dire aux fondements du politique, par opposition aux désaccords politiques usuels. Autrement dit, la désobéissance est d'autant plus convaincante qu'elle défend la frontière dure définie dans le premier chapitre, à savoir l'égalité et la liberté de tous les membres d'une démocratie. Auquel cas, ce n'est pas l'élément perturbateur qui est « incivil », mais ceux qui minent les fondements mêmes de la citoyenneté, y compris les plus cordiaux, en costume-cravate[77].

La démocratie militante propose de combattre le feu par le feu. C'est un pari risqué, mais il se justifie à partir du moment où il s'agit de faire respecter la frontière dure

77. Robin Celikates, « Disobedience and the ideology of civility », *Contemporary Political Theory*, 2020.

de la démocratie – notamment parce qu'il n'empêche pas les citoyens de jouer un vrai rôle dans la vie politique (seule la restriction permanente des droits individuels les en empêcherait). Les citoyens qui désobéissent à la loi pour défendre cette frontière dure combattent eux aussi le feu par le feu – ce qui se justifie également du moment qu'ils ne brûlent pas la maison des témoins (ou la leur) en passant.

CODA : Cinq raisons justifiant l'espoir démocratique (qui n'est pas l'optimisme)

De toute évidence, des millions de personnes dans le monde sont insatisfaites de la démocratie dans laquelle elles vivent, mais elles ne remettent pas en cause la démocratie en tant qu'arsenal d'idées. Parmi celles qui sont déçues mais ne sont pas prêtes à s'en débarrasser, notons les *millennials*, que l'on soupçonne d'être moins attachés à la démocratie qu'ils ne le devraient[1]. C'est une bonne raison d'espérer, et c'est ce qui les distingue des citoyens du XXe siècle, qui pensaient que les institutions comme les Parlements étaient profondément discrédités.

1. Erik Voeten, « No, People Really Aren't Turning Away from Democracy », *Washington Post*, 9 décembre 2016, https://www.washingtonpost.com/news/monkey-cage/wp/2016/12/09/no-people-really-arent-turning-away-from-democracy/ et l'échange en ligne : https://www.journalofdemocracy.org/wp-content/uploads/2018/12/Journal-of-Democracy-Web-Exchange-Voeten_0.pdf.

C'est aussi ce qui explique que les partis et les mouvements déterminés à saper la démocratie ne dénoncent pas ouvertement ses idéaux et que les dirigeants autoritaires déploient tant d'ingéniosité (et de ressources) à simuler la démocratie. À l'occasion, les citoyens les croient quand ils affirment qu'ils leur proposent une variante de la démocratie (dont la « démocratie illibérale »), voire une forme de « statut autonome » amélioré. Ils ont l'impression de vivre dans une démocratie alors que celle-ci est bafouée ou totalement neutralisée. Cette hypocrisie est aussi une raison d'espérer : beaucoup de dirigeants autoritaires continuent à se réclamer des idéaux démocratiques. Cela ne les affaiblit pas, mais c'est un signe d'ouverture que l'on chercherait en vain dans d'autres types de régimes autocratiques.

N'oublions pas une vérité plus difficile à entendre : tous les électeurs qui soutiennent les dirigeants autoritaires ne sont pas aveuglés. Ils sont nombreux à préférer les compromis et accepter une rhétorique et une gouvernance contraires à la démocratie au nom d'intérêts partisans. Le drame, c'est que chacun a de bonnes raisons de fermer les yeux (les oligarques comptant parmi les pires).

Cette réaction est encore plus prévisible dans les pays où les populistes autoritaires ont transformé le paysage politique de façon à ce que les citoyens aient l'impression de ne pas avoir le choix, comme s'ils étaient bloqués derrière une sorte de frontière interne. Les guerres culturelles que nous connaissons contribuent à l'émergence de ce type de personnages, mais ne les déterminent pas. La culture n'est pas la « cause » de l'affaiblissement de la démocratie ;

les vrais coupables sont les deux sécessions dont j'ai parlé et, de façon plus générale, les inégalités croissantes. Plus important encore : ce que la politique engendre, elle peut le défaire. La polarisation et le tribalisme ne sont pas des invariants de la nature humaine ; ils sont le produit contingent de la façon dont les conflits sont présentés et affrontés. C'est une troisième raison d'espérer.

La démocratie est fondée sur l'égalité et la liberté. Ces deux principes sont en tension l'un avec l'autre. La liberté – surtout si elle s'accompagne d'une inégalité des ressources – peut renforcer, voire exacerber l'inégalité politique, mais sans liberté, il n'y a pas moyen de lutter contre les atteintes à l'égalité.

La démocratie est synonyme non seulement d'égalité des droits, mais de respect – d'une vie en commun où chacun sent qu'il peut regarder autrui les yeux dans les yeux et l'aborder sans la déférence, ni la simple crainte, qui caractérise les sociétés de castes féodales ou raciales. Le respect ne signifie pas l'absence de désaccords. Il est possible de ne pas être d'accord avec quelqu'un sans lui manquer de respect : toutes les divergences d'opinions ne sont pas des divergences de principes, et toutes les divergences de principes n'impliquent pas de nier le statut de celui ou de celle dont les idées ne sont pas les nôtres.

Dans une société libre, le conflit est inévitable ; reste à savoir comment ces conflits sont pris en charge. Une démocratie sans perdants est inconcevable ; reste à savoir si le jeu permet aux gens de se sacrifier à tour de rôle pour maintenir la cohésion de la sphère politique. Il est plus facile d'y parvenir si l'on sait que son adversaire politique peut avoir raison. Et plus facile si l'on peut imaginer se retrouver un jour à sa place.

La démocratie nécessite des règles qui sont à la fois un blanc-seing et une limite. Dans une démocratie représentative, les règles institutionnalisent l'incertitude. Voilà qui a quelque chose de rebutant : personne n'aime l'incertitude, à part les spectateurs d'un match qui rêvent de suspense (tous les supporters ne le souhaitent pas : savoir que leur équipe est plus forte et que la victoire leur est garantie peut aussi les satisfaire). Pour autant, l'incertitude des résultats, encadrée par certaines règles, met en valeur le côté dynamique, voire créatif (idéalement) de la démocratie. Laquelle doit toujours être ouverte à de nouvelles formes de représentation des idées, des intérêts et des identités.

Qui est le plus susceptible d'accomplir ce travail politique ? Max Weber disait que les partis étaient « les enfants de la démocratie, du suffrage universel, de la nécessité de recruter et d'organiser les masses » (hélas, ces enfants sont aussi les orphelins de la théorie politique et de la théorie du droit). Aujourd'hui, les gamins ont grandi, certains ont vieilli, d'autres sont morts, mais de nouvelles générations sont nées. Les partis ne sont pas toujours « source de division, de distraction et de danger », comme le veut le préjugé antiparti qui a toujours fait de l'ombre à la démocratie représentative[2]. On n'a pas trouvé mieux pour

2. Richard Hofstadter, *Idea of a Party System*, *op. cit.*, p. ix ; Nancy Rosenblum, *On the Side of the Angels: An Appreciation of Parties and*

garantir la valeur des droits démocratiques individuels et prendre en charge les différends collectifs (y compris les différends sur la définition du peuple en tant que tel). Il n'est pas dit que l'évolution des systèmes de partis soit la preuve d'une crise de la démocratie, pas plus que l'évolution de la sphère publique qui permet à de nouveaux acteurs d'apparaître. La vision d'une « hyper-démocratie sans partis, dont les citoyens sont au centre » (Beppe Grillo) implique soit une politique plus difficile à suivre, soit la domination plus ou moins cachée de certains (comme Grillo).

Les partis sont le mécanisme politique le plus apte à contrer les deux sécessions ou, pour le dire crûment, à mobiliser les gens du bas de l'échelle et contenir ceux du haut. « Tout dépend des outils institutionnels et des politiques sociales et fiscales que l'on se donne, écrit Thomas Piketty, afin de permettre à des groupes d'origines diverses de comprendre que ce qui les rassemble l'emporte sur ce qui les divise[3]. » Bien sûr, rien n'est garanti, mais le fait que certains systèmes de partis offrent aux citoyens de nouveaux outils (et donc de nouveaux choix) est un signe d'espoir.

Les partis et les médias professionnels doivent être réglementés de façon à ce qu'ils puissent remplir leurs fonctions, essentielles pour la démocratie représentative : matérialiser le conflit politique en proposant une

---

Partisanship, Princeton, Princeton University Press, 2008.

3. Thomas Piketty, *Capital et Idéologie,* Paris, Seuil, 2019, p. 1102.

vision des divisions ; incarner un pluralisme interne et externe ; structurer le temps politique. Il est important que les critères d'admission de ces institutions soient relativement souples ; en même temps, il est parfaitement légitime que les institutions existantes soient fidèles à leurs engagements et leur éthique, même si cela se traduit par l'exclusion de certains points de vue ou l'octroi de plus de pouvoir à certains membres.

Les corps intermédiaires doivent être accessibles, justes, autonomes, redevables, donc responsables. Cela ne signifie pas qu'ils ne puissent pas être partisans (c'est évident pour les partis, mais moins pour les médias professionnels). Leur objectif n'est pas d'établir la vérité ; ils sont là pour que les citoyens puissent avoir différents points de vue sur les conflits, un processus auquel les faits contribuent tout en le limitant, même si ces faits sont toujours fragiles. À l'heure où de nombreux observateurs sont inquiets de voir que les réseaux sociaux fragilisent la démocratie, il est important de rappeler que ces nouveaux intermédiaires sont un moyen d'accès sans précédent pour les citoyens. Une fois de plus, le problème vient moins des personnes que d'une réglementation inadéquate. C'est mal vu de le dire, mais ce meilleur accès au débat public est aussi un signe d'espoir. Reste à savoir si les monopoles de fait peuvent être brisés et si les *business models* qui ne sont fondés ni sur la « viralité » ni sur l'« engagement » (qui récompense la radicalisation) pourraient fonctionner dans un cadre juridique différent. Réjouissons-nous de voir qu'une entreprise de surveillance comme Facebook

– il se trouve qu'elle a un réseau social – a créé un conseil d'administration. Mais tant que Facebook sera libre d'ignorer ce que recommande ce conseil, ce ne sera pas un moyen de réglementation, mais une opération de com'. Les démocraties représentatives fonctionnaient bien quand le rôle que les pouvoirs intermédiaires comme la presse et les partis jouaient pour les citoyens était reconnu par tous – et elles ont particulièrement bien fonctionné quand ces rôles étaient juridiquement reconnus par les États qui appuyaient leurs réglementations sur les principes démocratiques fondamentaux[4].

Ce que j'ai appelé l'infrastructure critique de la démocratie est en mauvais état dans un certain nombre de pays. La meilleure solution est de réglementer les choses suivant ces principes et d'encourager les citoyens à assumer la responsabilité de cette restauration en leur allouant les ressources nécessaires pour financer les partis et les médias. Personne ne sait si les citoyens stressés et sollicités de toutes parts accepteront la responsabilité qui consiste à intervenir en permanence sur l'infrastructure politique ; n'oublions pas que beaucoup ont renoncé à voter. Les gens qui ont plus de ressources (et s'intéressent plus à la vie politique) se seront jamais à court d'idées pour maintenir leur influence. Voilà pourquoi les sceptiques parlent d'une loi du mouvement politique quasi newtonienne ou, pour rester dans la physique, ne croient plus qu'il existe ce qu'on pourrait appeler une hydraulique de l'argent

4. Je dois cette formulation à Jack Balkin.

politique : vous avez beau bloquer le flux de finances dans un sens, il trouvera le moyen de s'écouler dans un autre[5].

Quand Claude Lefort définit la démocratie comme un « un régime fondé sur la légitimité d'un débat sur le légitime et l'illégitime – débat nécessairement sans garant et sans terme[6] », il souligne son ouverture et son indétermination. La démocratie est en effet un régime qui n'a aucune garantie ni finalité prédéterminée (permettant d'affirmer : « Cette fois-ci, nous sommes dans une démocratie accomplie ! »). Mais il y a des limites. L'incertitude – et l'exercice de la liberté en général – doit être contenue au sein de deux frontières dures : les gens n'ont pas le droit d'attenter au statut de leurs concitoyens en tant que membres libres et égaux de la communauté politique ; par ailleurs, chacun a droit à ses opinions, mais chacun n'a pas le droit de faire n'importe quoi.

Insister sur ces frontières n'implique pas que la politique se réduise au respect des règles ou à la police permanente des limites. Il arrive que l'action démocratique consiste à enfreindre et refonder les règles, ce que John Lewis, ancien membre de la Chambre des représentants et figure du mouvement des droits civiques, appelait *« good trouble, necessary trouble »* (« agitation bienvenue, agitation nécessaire »). Cette action se justifie surtout quand les lois existantes violent les notions fondamentales de liberté et

5. Samuel Issacharoff et Pamela S. Karlan, « The Hydraulics of Campaign Finance Reform », *Texas Law Review*, vol. 77, 1999, p. 1705-1738.
6. Claude Lefort, « Les droits de l'homme et l'État-providence » (1984), dans *Essais sur le politique (XIXe-XXe siècles)*, Paris, Seuil, 1986, p. 53.

d'égalité politiques. Il existe aussi une forme de désobéissance parfaitement démocratique qui se justifie quand un processus politique est bloqué ou ne fonctionne plus. Précisons que les personnes qui désobéissent doivent être en mesure d'expliquer pourquoi leur rébellion n'est pas seulement une réaction partisane de mauvais perdants. Que cette désobéissance ait été possible (mais sans toujours aboutir) est un signe d'espoir.

Rien ne nous autorise à être optimistes pour la démocratie à ce stade. Les personnes qui sont déterminées à la subvertir sont au moins aussi pressées de parfaire un art de la gouvernance populiste-autoritaire que ses défenseurs sont pressés de publier des manuels de crise. Dans ces conditions, il n'est pas évident que les tribunaux puissent nous sauver, pas plus que les autres professionnels. Seuls les citoyens mobilisés le peuvent.

Martin Luther King distinguait l'optimisme de l'espoir. L'optimisme est une question de probabilités. L'espoir consiste à ouvrir des voies, quelle que soit la probabilité que quelqu'un les emprunte. Les voies sont là, le reste dépend de nous. La démocratie n'est pas une question de confiance (que ce soit dans les individus ou les institutions), c'est une question d'effort. Un commentaire que nous devons à Edward Snowden, une des figures emblématiques de notre époque, briseur de règles ayant à cœur de retrouver l'esprit de ces règles.

Remerciements

Parce qu'ils ont lu attentivement certaines parties du manuscrit et m'ont fait des commentaires et des suggestions très utiles, je remercie Hubertus Breuer, Robin Celikates, Peter Giraudo, Carlo Invernizzi Accetti, Dan Kelemen, Yannis Kevrekidis, Steve Macedo, John Morijn, Sam Moyn, Cas Mudde, Heidrun Müller, Grigo Pop-Eleches, Annie Stilz et Nadia Urbinati. Si j'ai oublié quelqu'un, je m'en excuse ; si j'ai fait des erreurs, je m'en excuse aussi et j'en assume l'entière responsabilité.

J'ai beaucoup profité des conversations sur la théorie démocratique avec Chris Achen, Carles Boix, Charles de la Cruz, Madhav Khosla, Erika A. Kiss, Bálint Magyar, Wolfgang Merkel, Christoph Möllers, Kim Lane Scheppele, Paul Starr, Silvia von Steinsdorff, Balázs Trencsényi et Nadia Urbinati. Merci à Jamal Greene, Anna Kaiser et Corey Brettschneider pour leur aide sur certaines questions juridiques complexes, et merci à Jay Rosen d'avoir suivi mon séminaire sur les médias et la démocratie (par Zoom) et avoir provoqué un débat très instructif alors que beaucoup de médias américains manquaient à leurs devoirs démocratiques. Merci également à Nenad Stojanović : grâce à lui, j'ai découvert le modèle de l'Oregon, et il m'a invité à une conférence à Genève sur l'exploitation des aspects normatifs et pratiques de ce modèle.

Peter Giraudo fut un excellent assistant de recherche. Son travail, dans les circonstances de plus en plus difficiles de la pandémie, se reflète dans de nombreuses parties du livre.

Je suis très reconnaissant à mon agente, Sarah Chalfant, et son assistant, James Pullen, d'avoir cru à ce projet qui n'est pas, j'espère, un énième produit de l'industrie de la défense démocratique. Je remercie également mes éditeurs Alex Star, Casiana Ionita, Ian Van Wye et Heinrich Geiselberger. Il y a des années que je poursuis un échange intellectuel riche avec Alex et Heinrich qui me poussent, mais sans être pressants.

Merci également au département de sciences politiques de Princeton, en particulier à son président, Alan Patten, et son généreux personnel qui, quand tout a été suspendu en 2020, a continué à faire tourner la machine. Je suis aussi reconnaissant au Center for Human Values de Princeton. J'ai une dette importante envers le Wissenschaftskolleg zu Berlin, notamment sa directrice et son secrétaire général, Barbara Stollberg-Rilinger et Thorsten Wilhelmy. Cet Institut d'études avancées m'a permis d'avoir du temps, ainsi qu'un espace sûr et une infrastructure vraiment critique pour la fin de l'écriture et la révision de mon texte. Merci aussi pour le soutien du groupe de recherche SCRIPTS à Berlin.

Certaines parties de ce livre ont été inspirées par « Populism and the People », publié dans la *London Review of Books* le 23 mai 2019 ; par « Democracy and the Public Sphere », publié dans *The Future of Democracy,* sous la direction de Nadia Urbinati (Feltrinelli, 2019) ; par ma contribution à *Constitutionalism Under Stress* (Oxford University Press, 2020), sous la direction de Uladzislau Belavusau et Aleksandra Gliszczyńska-Grabias, consacrée à l'infatigable combattant de la démocratie, Wojciech Sadurski ; par « Italy: the Bright Side of Populism », publié dans la *NYR Daily* le 8 juin 2018 ; et par « The Critical Infrastructure of Democracy », publié par *Philosophy & Social Criticism* ; ainsi que par un certain nombre d'articles publiés par *Project Syndicate,* dont je remercie mon éditeur de longue date, Ken Murphy.

Ce livre a été écrit à l'ombre du quarante-cinquième président des États-Unis et de la pandémie. Mais il ne s'agit ni d'une contribution à la « trumpologie », ni d'une analyse des conséquences politiques de la pandémie de Covid-19. Néanmoins, il témoigne d'une époque périlleuse qui nous a obligés, entre autres, à une forme de *riduzione verso il principio.* C'est une période où ma famille est restée soudée et a tenu bon avec moi. Cet ouvrage leur est dédié, ainsi qu'à tous mes étudiants, à Princeton et ailleurs, qui m'ont beaucoup appris et ont gardé foi en la démocratie.

Table

Premier Parallèle

Faïza Zerouala, *Des voix derrière le voile.*

Götz Hamann, Khuê Pham, Heinrich Wefing, *The United States of Google.*

Camille Polloni, *La Lente Évasion. Alain, de la prison à la liberté* (en coédition avec Rue89).

Sophie Bouillon, *Elles. Les prostituées et nous.*

Troels Donnerborg et Jesper Gaarskjær, *L'homme qui se souvient de tout. Un voyage dans les coulisses de la mémoire.*

Gérard Haddad, *Dans la main droite de Dieu. Psychanalyse du fanatisme.*

Cristina Nehring, *L'Amour à l'américaine. Une nouvelle police des sentiments.*

Bénédicte Manier, *Made in India. Le laboratoire écologique de la planète.*

Galia Ackerman, *Traverser Tchernobyl.*

Collectif, *En compagnie des robots.*

Jérôme Blanchart, *Crimes du futur.*

Sébastien Martinez, *Une mémoire infaillible. Briller en société sans sortir son smartphone.*

Jan-Werner Müller, *Qu'est-ce que le populisme ? Définir enfin la menace.*

Gérard Haddad, *Le complexe de Caïn. Terrorisme, haine de l'autre et rivalité fraternelle.*

Mathilde Ramadier, *Bienvenue dans le nouveau monde. Comment j'ai survécu à la coolitude des startups.*

Collectif, *L'Âge de la régression. Pourquoi nous vivons un moment historique.*

Olivier Haralambon, *Le Coureur et son ombre.*

Lise Barnéoud, *Immunisés ? Un nouveau regard sur les vaccins.*
Ivan Krastev, *Le Destin de l'Europe. Une sensation de déjà vu.*
Cristina Nehring, *23 et demi. Les aventures d'une mère, de sa fille et d'un chromosome surnuméraire.*
David Wahl, *Le Sale Discours. Ou géographie des déchets pour distinguer au mieux ce qui est sale de ce qui ne l'est pas.*
David Rieff, *Éloge de l'oubli. La mémoire collective et ses pièges.*
Laureen Ortiz, *Porn Valley. Une saison dans l'industrie la plus décriée de Californie.*
Sébastien Martinez, *La mémoire est un jeu.*
Eva Illouz et Edgar Cabanas, *Happycratie. Comment l'industrie du bonheur a pris le contrôle de nos vies.*
Mathieu Burniat et Sébastien Martinez, *Une mémoire de roi.*
Gérard Haddad, *Ismaël et Isaac.*
Eva Illouz (sous la direction), *Les Marchandises émotionnelles. L'authenticité au temps du capitalisme.*
Perrine Hanrot, *Crier, parler, chanter. Mystères et pouvoirs de la voix.*
Zygmunt Bauman, *Retrotopia.*
Olivier Haralambon, *Mes coureurs imaginaires.*
Galia Ackerman, *Le Régiment Immortel. La guerre sacrée de Poutine.*
Joëlle Zask, *Quand la forêt brûle. Penser la nouvelle catastrophe écologique.*
Frédéric Joly, *La Langue confisquée. Lire Victor Klemperer aujourd'hui.*
Michael Walzer, *Manuel d'action politique.*
Samuel Challéat, *Sauver la nuit. Comment l'obscurité disparaît, ce que sa disparition fait au vivant, et comment la reconquérir.*
Olivier Tesquet, *À la trace. Enquête sur les nouveaux territoires de la surveillance.*

Philippe Garnier, *Mélancolie du pot de yaourt. Méditation sur les emballages.*

Ivan Krastev, *Est-ce déjà demain. Le monde paradoxal de l'après-Covid-19.*

Jan-Werner Müller, *La Peur ou la Liberté. Quelle politique face au populisme ?*

Joëlle Zask, *Zoocities. Des animaux sauvages dans la ville.*

Catherine Larrère et Raphaël Larrère, *Le Pire n'est pas certain. Essai sur l'aveuglement catastrophiste.*

Zygmunt Bauman, *Étrangers à nos portes. Pouvoir et exploitation de la panique morale.*

Collectif, *Pourquoi lire. 13 bonnes raisons (au moins).*

Olivier Tesquet, *État d'urgence technologique. Comment l'économie de la surveillance tire parti de la pandémie.*

Sophie Bouillon, *Manuwa Street.*

Joëlle Zask, *Face à une bête sauvage.*

Lise Barnéoud, *Vaccins. Petit guide par temps de covid.*

Olivier Haralambon, *Comment lire des livres qu'on ne comprend pas.*

Susan Neiman, *Grandir. Éloge de l'âge adulte à une époque qui nous infantilise.*

Coralie Lemke, *Ma santé, mes données. Comment nous semons nos informations les plus précieuses et pourquoi elles sont si convoitées.*

Gil Bartholeyns et Manuel Charpy, *L'étrange et folle aventure du grille-pain, de la machine à coudre et des gens qui s'en servent.*

Mikaëla Le Meur, *Le mythe du recyclage.*

Rebecca Benhamou, *Sur la bouche. Une histoire insolente du rouge à lèvres.*

David Enon, *La vie matérielle mode d'emploi.*

Correction : Marie-Édith Chauveau
Composition : Céline Jézéquel

Achevé d'imprimer par Corlet Imprimeur - 14110 Condé-en-Normandie
N° d'imprimeur : 21120622 - Dépôt légal : décembre 2021 — *Imprimé en France*